Managementwissen für Studium und Praxis

Herausgegeben von
Professor Dr. Dietmar Dorn und Professor Dr. Rainer Fischbach

Bisher erschienene Werke:

Behrens · Kirspel, Grundlagen der Volkswirtschaftslehre
Bichler · Dörr, Personalwirtschaft – Einführung mit Beispielen aus SAP® R/3® HR®
Blum, Grundzüge anwendungsorientierter Organisationslehre
Bontrup, Volkswirtschaftslehre
Bontrup, Lohn und Gewinn
Bradtke, Mathematische Grundlagen für Ökonomen
Bradtke, Statistische Grundlagen für Ökonomen
Busse, Betriebliche Finanzwirtschaft, 4. Auflage
Clausius, Betriebswirtschaftslehre I
Dorn · Fischbach, Volkswirtschaftslehre II, 3. Auflage
Ellinghaus, Werbewirkung und Markterfolg
Fank, Informationsmanagement
Fank · Schildhauer · Klotz, Informationsmanagement: Umfeld – Fallbeispiele
Fiedler, Einführung in das Controlling
Fischbach, Volkswirtschaftslehre I, 10. Auflage
Frodl, Dienstleistungslogistik
Haas, Marketing mit EXCEL, 2. Auflage
Hardt, Kostenmanagement
Heine · Herr, Volkswirtschaftslehre
Hofmann, Globale Informationswirtschaft
Hoppen, Vertriebsmanagement
Koch, Marketing
Koch, Marktforschung, 2. Auflage
Koch, Gesundheitsökonomie: Kosten- und Leistungsrechnung
Krech, Grundriß der strategischen Unternehmensplanung
Kreis, Betriebswirtschaftslehre, Band I, 5. Auflage
Kreis, Betriebswirtschaftslehre, Band II, 5. Auflage
Kreis, Betriebswirtschaftslehre, Band III, 5. Auflage

Lebefromm, Controlling – Einführung mit Beispielen aus SAP® R/3®, 2. Auflage
Lebefromm, Produktionsmanagement – Einführung mit Beispielen aus SAP® R/3®, 4. Auflage
Martens, Statistische Datenanalyse mit SPSS für Windows
Mensch, Kosten-Controlling
Olivier, Windows-C – Betriebswirtschaftliche Programmierung für Windows
Peto, Einführung in das volkswirtschaftliche Rechnungswesen, 5. Auflage
Piontek, Controlling
Piontek, Beschaffungscontrolling, 2. Auflage
Piontek, Global Sourcing
Posluschny, Kostenrechnung für die Gastronomie
Posluschny · von Schorlemer, Erfolgreiche Existenzgründungen in der Praxis
Reiter · Matthäus, Marketing-Management mit EXCEL
Rudolph, Tourismus-Betriebswirtschaftslehre
Rüth, Kostenrechnung, Band I
Sauerbier, Statistik für Wirtschaftswissenschaftler
Schaal, Geldtheorie und Geldpolitik, 4. Auflage
Scharnbacher · Kiefer, Kundenzufriedenheit, 2. Auflage
Schuchmann · Sanns, Datenmanagement mit MS ACCESS
Schuster, Kommunale Kosten- und Leistungsrechnung
Stahl, Internationaler Einsatz von Führungskräften
Steger, Kosten- und Leistungsrechnung, 2. Auflage
Stock, Informationswirtschaft
Weindl · Woyke, Europäische Union, 4. Auflage
Zwerenz, Statistik

Einführung in das volkswirtschaftliche Rechnungswesen

Von
Professor
Rudolf Peto

5., überarbeitete Auflage

R. Oldenbourg Verlag München Wien

Die Deutsche Bibliothek - CIP-Einheitsaufnahme

Peto, Rudolf:
Einführung in das volkswirtschaftliche Rechnungswesen / Rudolf Peto. – 5., überarb. Aufl. – München ; Wien : Oldenbourg, 2000
  (Managementwissen für Studium und Praxis)
  ISBN 3-486-25380-8

© 2000 Oldenbourg Wissenschaftsverlag GmbH
Rosenheimer Straße 145, D-81671 München
Telefon: (089) 45051-0, Internet: http://www.oldenbourg.de

Das Werk einschließlich aller Abbildungen ist urheberrechtlich geschützt. Jede Verwertung außerhalb der Grenzen des Urheberrechtsgesetzes ist ohne Zustimmung des Verlages unzulässig und strafbar. Das gilt insbesondere für Vervielfältigungen, Übersetzungen, Mikroverfilmungen und die Einspeicherung und Bearbeitung in elektronischen Systemen.

Gedruckt auf säure- und chlorfreiem Papier
Druck: Grafik + Druck, München
Bindung: R. Oldenbourg Graphische Betriebe Binderei GmbH

ISBN 3-486-25380-8

Vorwort zur 5. Auflage

Die vorliegende Neuauflage bringt eine Aktualisierung des Zahlenmaterials und eine Erweiterung um die neuen Bundesländer und Gesamtdeutschland.
Die gesamtwirtschaftlichen Konten wurden stärker als bisher auf den Indikator „Inlandsprodukt" ausgerichtet, was durch die Änderung der Berichterstattung des Statistischen Bundesamtes seit 1992 notwendig wurde.
Das Zahlungsbilanzkapitel mußte völlig neu geschrieben werden, da die Deutsche Bundesbank die Zahlungsbilanzsystematik grundlegend geändert hat.
Das Kapitel „Beschäftigung" wurde erweitert und versucht, die Beschäftigungshöhe mit anderen Globalzielen zu verknüpfen.
Da seit 1992 vom Statistischen Bundesamt mehr Informationen zum Volksvermögen vorliegen, wurde auch dieses Kapitel erweitert.
Bei der Darstellung der Geldmengen wurden die Sektoreneinteilung und die Geldmengen der Europäischen Zentralbank berücksichtigt und das Kapitel „Geldmengen" zum Kapitel „Europäische Währungsunion" umgestaltet.
Schließlich mußte das bereits Mitte April 1999 fertiggestellte druckreife Manuskript in wesentlichen Punkten nochmals überarbeitet werden, da das Statistische Bundesamt am 29.4.99 die erste Fassung seiner Revision auf der Basis des Europäischen Systems Volkswirtschaftlicher Gesamtrechnungen (ESVG 95) im Internet publizierte.
Das ESVG 95 führte nicht nur zu einer Neugestaltung der Kreislaufbilder, sondern natürlich auch zu einer kompletten Änderung aller Konten. Daneben sind einige gewohnte Grundbegriffe wie „Sozialprodukt" und „Unternehmen" umbenannt worden oder völlig verschwunden. Es war daher notwendig, neue Bezeichnung zu kreieren.
Anderseits bin ich froh darüber, daß das Statistische Bundesamt endlich davon Abstand genommen hat, aller Begriffe einzudeutschen. So heißt die Ausfuhr endlich „Export" und der Verbrauch „Konsum", wie das seit eh und je in der deutschsprachigen Fachliteratur üblich war.

Meine Mitarbeiterin, Frau Jialan Tong, hat große Teile des Manuskripts in eine druckreife Fassung gebracht, wofür ich ihr zu besonderem Dank verpflichtet bin. Ich danke aber auch meinem Mitarbeiter Liming Lu, der das Manuskript nochmals nach Fehlern durchgesehen hat.
Alle Fehler, die dieses Buch dennoch enthält, gehen wie immer zu meinen Lasten.

Rudolf Peto

Vorwort zur 1. Auflage

Dieses Buch wurde für Studierende der Wirtschaftswissenschaften und interessierte Praktiker als eine Einführung in das volkswirtschaftliche Rechnungswesen geschrieben.

Von diesen Zielgruppen ausgehend, habe ich folgende Punkte besonders beachtet:

- Durch eine einfach gehaltene Sprache soll der Zugang zu diesem Gebiet erleichtert werden.
- Vielfach wurden Wiederholungen eingearbeitet, beziehungsweise bewußt spätere Kapitel vorbereitet, so z. B. durch die bildhafte Darstellung des Wirtschaftskreislaufs als Vorstufe zur Darstellung in Kontenform. Bei der Kontendarstellung wurden für die Positionen gleichzeitig Symbole eingeführt, um die Darstellung in Gleichungsform zu erleichtern.
- Diese Einführung dient auch dazu, den Studierenden eine quantitative Vorstellung der Volkswirtschaft der Bundesrepublik Deutschland zu geben, weshalb die Ergebnisse der Volkswirtschaftlichen Gesamtrechnungen des Statistischen Bundesamtes und anderer Quellen für verschiedene Jahre herangezogen wurden.
- Im Mittelpunkt der Untersuchung steht das Sozialprodukt in unterschiedlicher Form mit seinen einzelnen Komponenten. Auch wenn heute die Frage nach der Brauchbarkeit des Sozialprodukts als Wohlfahrtsmesser gestellt wird, kann auf das Sozialprodukt nicht verzichtet werden, da es als Ausgangsbasis neuartiger Wohlfahrtsindikatoren dient.
- Neben der Sozialproduktsuntersuchung werden quantitative Analysen des Preisniveaus, der Beschäftigung und monetärer Globalgrößen vorgenommen, da das volkswirtschaftliche Rechnungswesen im weitesten Sinne der Erfassung und Systematisierung aller gesamtwirtschaftlich relevanten Größen dient.

Bei der Erstellung des Manuskriptes hat auch diesmal mein Mitarbeiter Herr Betriebswirt (grad.) Detlef Stock in bewährter Weise geholfen, wofür ich ihm besonders danke.

Ebenso bedanke ich mich bei meinem Mitarbeiter Herrn Betriebswirt (grad.) Uwe Hauch für seine Hilfe.

Nicht zuletzt gilt aber mein Dank meiner Frau, die sich die Probleme dieses Buches geduldig angehört und in der Diskussion neue Ideen zur Gestaltung des Buches entwickelt hat. Sie hat sich außerdem bemüht, die Tagesprobleme von mir fernzuhalten.

Last not least bedanke ich mich bei meinen beiden Kindern, Andreas und Sylvia, die mich ungestört arbeiten ließen.

Rudolf Peto

INHALTSVERZEICHNIS

Vorwort		3
Tabelle der verwendeten Symbole und Abkürzungen		9
1.	Einleitung	13
1.1	Abgrenzung und Gliederung des volkswirtschaftlichen Rechnungswesen	15
1.2	Aufgaben des volkswirtschaftlichen Rechnungswesens	15
1.2.1	Volkswirtschaftliches Rechnungswesen und Wirtschaftspolitik	15
1.2.2	Volkswirtschaftliches Rechnungswesen und Wirtschaftstheorie	16
1.2.3	Volkswirtschaftliches Rechnungswesen und Einzelunternehmen	16
1.3	Grundbegriffe und Methoden des volkswirtschaftlichen Rechnungswesens	17
1.3.1	Grundbegriffe	17
1.3.2	Darstellungsmethoden	18
1.4	Die historische Entwicklung der Kreislaufanalyse	22
1.4.1	Allgemeiner Überblick	22
1.4.2	Das Kreislaufbild von Fr. Quesnay	25
2.	Vermögensrechnung und Kreislaufanalyse	27
Kontrollfragen zu Kapitel 1 und 2		32
Literaturhinweise zu Kapitel 1 und 2		33
3.	Kreislaufbilder	34
3.1	Das Kreislaufbild einer geschlossenen Volkswirtschaft ohne staatliche Aktivität	34
3.2	Das Kreislaufbild einer geschlossenen Volkswirtschaft mit staatlicher Aktivität	37
3.3	Das Kreislaufbild einer offenen Volkswirtschaft mit staatlicher Aktivität	40
3.4	Das Kreislaufbild einer offenen Volkswirtschaft mit staatlicher Aktivität und einem Finanzsektor	42
Kontrollfragen zu Kapitel 3		45
Literaturhinweise zu Kapitel 3		46
4.	Darstellung des Wirtschaftskreislaufs in Konten- und Gleichungsform	47
4.1	Der Wirtschaftskreislauf einer geschlossenen Volkswirtschaft mit staatlicher Aktivität	47
4.1.1	Kontenarten und Sektoren	47
4.1.2	Produktionskonten	48
4.1.2.1	Die Bedeutung der Produktionskonten	48
4.1.2.2	Das Produktionskonto einer einzelnen Kapitalgesellschaft	48
4.1.2.3	Das Produktionskonto des Sektors „Kapitalgesellschaften"	51
4.1.2.4	Das Produktionskonto des Sektors „Private Haushalte"	52

4.1.2.5	Das Produktionskonto des Staates	54
4.1.2.6	Das Nationale Produktionskonto	56
4.1.3	Einkommenskonten	58
4.1.3.1	Das Einkommenskonto des Sektors „Kapitalgesellschaften"	58
4.1.3.2	Das Einkommenskonto des Sektors „Private Haushalte"	59
4.1.3.3	Das Einkommenskonto des Staates	60
4.1.3.4	Das Nationale Einkommenskonto	62
4.1.4	Vermögensänderungskonten	63
4.1.4.1	Das Vermögensänderungskonto des Sektors „Kapitalgesellschaften"	63
4.1.4.2	Das Vermögensänderungskonto des Sektors „Private Haushalte"	63
4.1.4.3	Das Vermögensänderungskonto des Staates	64
4.1.4.4	Das Nationale Vermögensänderungskonto	65
4.1.5	Finanzierungskonten	66
4.1.5.1	Einzelkonten und sektorale Konten	66
4.1.5.2	Das Nationale Finanzierungskonto	66
Kontrollfragen zu Kapital 4.1		68
4.2	Der Wirtschaftskreislauf einer offenen Volkswirtschaft mit staatlicher Aktivität	69
4.2.1	Das Auslandskonto (Außenkonto)	69
4.2.2	Das Nationale Produktionskonto	70
4.2.3	Das Nationale Einkommenskonto	76
4.2.4	Das Nationale Vermögensänderungskonto	76
4.2.5	Das Nationale Finanzierungskonto	73
	Exkurs: Die Finanzierungsrechnung der Deutschen Bundesbank	78
Kontrollfragen zu Kapitel 4.2		84
5.	Der Wirtschaftskreislauf in Gleichungsform	85
5.1	Inlandsprodukt und Nationaleinkommen in unterschiedlichen Formen	85
5.2	Das verfügbare Einkommen der privaten Haushalte	87
Kontrollfragen zu Kapitel 5		89
Literaturhinweise zu Kapitel 4 und 5		90
6.	Die Volkswirtschaftlichen Gesamtrechnungen des Statistischen Bundesamtes	91
6.1	Vorbemerkung	91
6.1.1	Das System Volkswirtschaftlicher Gesamtrechnungen bis Ende 1998	91
6.1.2	Das Europäische System Volkswirtschaftlicher Gesamtrechnungen 1995	98
6.2	Tabellen der Volkswirtschaftlichen Gesamtrechnungen	103
6.2.1	Inlandsprodukt und Sozialprodukt (Nationaleinkommen)	103
6.2.2	Die zeitliche Entwicklung des Bruttoinlandsprodukts und des Volkseinkommens	106
6.2.3	Die Verteilung des Volkseinkommens	110
6.2.4	Verfügbares Einkommen und Konsum	112
6.2.5	Die Herkunft des Inlandsprodukts nach Wirtschaftsbereichen	114

	(Entstehungsrechnung)	
6.2.6	Die Verwendung des Inlandsprodukts	117
6.2.7	Input-Output-Tabellen	121
6.2.7.1	Das Grundprinzip	121
6.2.7.2	Die Input-Output-Tabellen des Statistischen Bundesamtes	124
Kontrollfragen zu Kapitel 6		127
Literaturhinweise zu Kapitel 6		128
7.	Das Inlandsprodukt als Wohlfahrtsindikator	129
Kontrollfragen zu Kapitel 7		133
Literaturhinweise zu Kapitel 7		134
8.	Zahlungsbilanz	135
8.1	Definition	135
8.2	Die Grundstruktur der Zahlungsbilanz	135
8.3	Zahlungsbilanz und außenwirtschaftliches Gleichgewicht	142
8.4	Die Entwicklung der Zahlungsbilanz der Bundesrepublik Deutschland	144
Kontrollfragen zu Kapitel 8		147
Literaturhinweise zu Kapitel 8		148
9.	Preise	149
9.1	Preisindizes	149
9.1.1	Einführung	149
9.1.2	Preisindizes nach Laspeyres und Paasche	150
9.1.3	Preisindizes des Statistischen Bundesamtes	151
9.1.3.1	Preisindizes für die Lebenshaltung	151
9.1.3.1.1	Arten der Indizes	151
9.1.3.1.2	Die praktische Bedeutung der Preisindizes für die Lebenshaltung	153
9.1.3.2	Der Preisindex für das Bruttoinlandsprodukt	154
9.1.3.3	Die Entwicklung des Preisniveaus in der Bundesrepublik Deutschland	155
Kontrollfragen zu Kapitel 9		159
Literaturhinweise zu Kapitel 9		160
10.	Beschäftigung	161
10.1	Grundbegriffe des Arbeitsmarktes	161
10.2	Die Entwicklung der Beschäftigungssituation in der Bundesrepublik Deutschland	166
10.2.1	Die zeitliche Entwicklung anhand einiger Arbeitsmarktindikatoren	166
10.2.2	Strukturdaten zur Beschäftigungssituation	171
10.2.3	Offene und verdeckte Arbeitslosigkeit	174
10.2.4	Beschäftigung und Preisniveau	175
10.2.5	Beschäftigung und Wirtschaftswachstum	177

10.2.6	Beschäftigung und Lohnniveau	178
Kontrollfragen zu Kapitel 10		183
Literaturhinweise zu Kapitel 10		184
11.	Volksvermögen	185
11.1	Grundfragen	185
11.2	Volksvermögensrechnungen für die Bundesrepublik Deutschland	189
11.2.1	Teilvermögensrechnungen	189
11.2.1.1	Die Vermögensrechnungen des Statistischen Bundesamtes	189
11.2.1.1.1	Die Vermögensrechnungen bis Ende 1998	189
11.2.1.1.2	Die Vermögensrechnungen nach dem ESVG	193
11.2.1.2	Die Geldvermögensrechnung der Deutschen Bundesbank	195
11.2.2	Gesamtvermögensrechnung	198
Kontrollfragen zu Kapitel 11		201
Literaturhinweise zu Kapitel 11		202
12.	Europäische Währungsunion	203
12.1	Einleitung	203
12.1.1	Monetäre Indikatoren	203
12.1.1.1	Gelddefinition	203
12.1.1.2	Geldmengen und geldpolitische Strategien	204
12.1.2	Allgemeine Wirtschaftsindikatoren	212
12.1.2.1	Inflationsraten	212
12.1.2.2	Bruttoinlandsprodukt	214
12.1.2.3	Arbeitslosenquote	215
12.1.2.4	Haushaltsdefizit	216
Kontrollfragen zu Kapitel 12		219
Literaturhinweise zu Kapitel 12		220
Autorenverzeichnis		221
Stichwortverzeichnis		222

Tabelle der verwendeten Symbole und Abkürzungen

a	Ausland
A	Außenbeitrag
Abb.	Abbildung
A_e	erweiterter Außenbeitrag
AL-Q	Arbeitslosenquote
A_{St}	Ausgaben des Staates für Güter
BIP	Bruttoinlandsprodukt (zu Marktpreisen)
br	brutto
C	Konsumausgaben (ohne Spezifizierung)
C_H	Konsumausgaben der privaten Haushalte (insgesamt)
C_{HH}	Konsumausgaben der privaten Haushalte für Güter von anderen privaten Haushalten
C_{HK}	Konsumausgaben privater Haushalte für Güter von Kapitalgesellschaften
C_{HSt}	Konsumausgaben privater Haushalte für Güter vom Staat
COICOP	Classification of Individual Consumption by Purpose
C_{St}	Konsum des Staates
cif	cost, insurance and freight
D	Abschreibungen
dir	direkt (e)
DIW	Deutsches Institut für Wirtschaftsforschung
D_{FK}	Abschreibungen der finanziellen Kapitalgesellschaften
D_H	Abschreibungen privater Haushalte
D_K	Abschreibung der Kapitalgesellschaften
D_{NFK}	Abschreibungen der nichtfinanziellen Kapitalgesellschaften
D_{St}	Abschreibungen des Staates
ECU	European Currency Unit (Europäische Währungseinheit des EWS)
ESVG	Europäisches System Volkswirtschaftlicher Gesamtrechnungen
ESVG 95	Revidiertes Europäisches System Volkswirtschaftlicher Gesamtrechnungen von 1995
ESZB	Europäisches System der Zentralbanken
EU	Europäische Union
Euro	Europäische Währungseinheit des ESZB
Eurostat	Statistisches Amt der EU
EWI	Europäisches Währungsinstitut

EWS	Europäisches Wechselkurssystem
EWU	Europäische Währungsunion
Ex	Exporteinnahmen
ExG	Exporteinnahmen für Güter
EZB	Europäische Zentralbank
EZB MB	Monatsbericht der Europäischen Zentralbank
F	Finanzierungssaldo
F_a	Finanzierungssaldo des Auslandes
Fd	Forderungen
F_{FK}	Finanzierungssaldo der finanziellen Kapitalgesellschaften
F_H	Finanzierungssaldo der privaten Haushalte
FK	finanzielle Kapitalgesellschaften
F_K	Finanzierungsaldo der Kapitalgesellschaften
F_{NF}	Finanzierungssaldo der nichtfinanziellen Kapitalgesellschaften
fob	free on board
F_{St}	Finanzierungssaldo des Staates
G	Gewinne (Einkommen aus Unternehmertätigkeit und Vermögen) oder Güter
G_{aH}	Einkommen aus Unternehmertätigkeit und Vermögen der privaten Haushalte aus dem Ausland
G_{aK}	Einkommen aus Unternehmertätigkeit und Vermögen der Kapitalgesellschaften aus dem Ausland
G_{aSt}	Einkommen aus Unternehmertätigkeit und Vermögen des Staates aus dem Ausland
G_{HH}	Einkommen aus Unternehmertätigkeit und Vermögen der privaten Haushalte („Unternehmensgewinne")
G_{KH}	Einkommen aus Unternehmertätigkeit und Vermögen der privaten Haushalte von Kapitalgesellschaften
G_{KK}	unverteilte Gewinne der Kapitalgesellschaften
G_{KSt}	Einkommen aus Unternehmertätigkeit und Vermögen des Staates aus dem Inland von Kapitalgesellschaften
GNN	Gesamtwirtschaftlicher Nettonutzen (= NEW)
H	private Haushalte
HB	Handelsblatt
HVPI	Harmonisierter Verbraucherpreisindex
i	Inland

I	Nettoinvestition
I_{FK}	Nettoinvestition der finanziellen Kapitalgesellschaften
I_{gepl}	geplante Nettoinvestition
I_H	Nettoinvestition der privaten Haushalte
I_K	Nettoinvestition der Kapitalgesellschaften
I_{NK}	Nettoinvestition der nichtfinanziellen Kapitalgesellschaften
I_{pr}	Nettoinvestition des privaten Sektors
I_{St}	Nettoinvestition des Staates
I_{ungepl}	ungeplante Nettoinvestition
I^{br}	Bruttoinvestition
I^{br}_H	Bruttoinvestition des Sektors „Private Haushalte"
I^{br}_K	Bruttoinvestition des Sektors „Kapitalgesellschaften"
I^{br}_{St}	Bruttoinvestition des Sektors „Staat"
I^{br}_{HK}	Ausgaben der privaten Haushalte für Investitionsgüter von Kapitalgesellschaften = Umsätze der Kapitalgesellschaften für Investitionsgüter an private Haushalte
I^{br}_{KH}	Ausgaben der Kapitalgesellschaften für Investitionsgüter von privaten Haushalte = Umsätze der privaten Haushalte für Investitionsgüter an Kapitalgesellschaften
I^{br}_{StH}	Ausgaben des Staates für Investitionsgüter von privaten Haushalten = Umsätze der privaten Haushalte für Investitionsgüter an den Staat
I^{br}_{StK}	Ausgaben des Staates für Investitionsgüter von Kapitalgesellschaften = Umsätze der Kapitalgesellschaften für Investitionsgüter an den Staat
i.e.S.	im engeren Sinne
ILO	International Labour Organization (Internationale Arbeitsorganisation)
Im	Importausgaben
ImG	Importausgaben für Güter
ind	indirekt (e)
IWF	Internationaler Währungsfonds
IWH	Institut für Wirtschaftsforschung in Halle a. d. Saale
i.w.S.	im weiteren Sinne
K	Kapitalgesellschaften
L	Löhne (Einkommen aus unselbständiger Arbeit)

L_{aH}	Einkommen aus unselbständiger Arbeit der privaten Haushalte aus dem Ausland
L_{HH}	Einkommen aus unselbständiger Arbeit der privaten Haushalte von anderen privaten Haushalten
L_{KH}	Einkommen aus unselbständiger Arbeit der privaten Haushalte von Kapitalgesellschaften
L_{StH}	Einkommen aus unselbständiger Arbeit der privaten Haushalte vom Staat
$M1$, $M2$, $M3$	Geldmengen
MB	Monatsbericht der Deutschen Bundesbank
Mio.	Millionen
Mrd.	Milliarden
n	netto
N	Nettoauslandsposition
ΔN	Änderung der Nettoauslandsposition
$\hat{N}$	Arbeitslosenquote (in Prozent)
NEW	Net Economic Welfare (= GNN)
NF	nichtfinanzielle Kapitalgesellschaften
NIP	Nettoinlandsprodukt (zu Marktpreisen)
O	Ost = neue Bundesländer einschließlich Berlin (Ost)
OECD	Organization for Economic Cooperation and Development
OEEC	Organization for European Economic Cooperation
P	Preisniveau
p	Preis
$\hat{p}$	Inflationsrate
p^{br}	Bruttoproduktionswert
P_L	Preisindex nach Laspeyres
p^n	Nettoproduktionswert
P_P	Preisindex nach Paasche
q	Menge
r	real
Repo	Repurchasing operations (Wertpapierpensionsgeschäfte)
RGW	Rat für Gegenseitige Wirtschaftshilfe
S	Ersparnis, Sparen

S_{FK}	Ersparnis der finanziellen Kapitalgesellschaften
SGB	Sozialgesetzbuch
S_{gepl}	geplante Ersparnis
S_H	Ersparnis der privaten Haushalte
S_K	Ersparnis der Kapitalgesellschaften
SNA	System of National Accounts
S_{NF}	Ersparnis der nichtfinanziellen Kapitalgesellschaften
S_{St}	Ersparnis des Staates
St	Staat
S_{ungepl}	ungeplante Ersparnis
SVR	Sachverständigenrat zur Begutachtung der gesamtwirtschaftlichen Entwicklung
t	Zeitraum oder Zeitpunkt
T	Steuern
Tab.	Tabelle
T^{dir}	direkte Steuern
T_H^{dir}	direkte Steuern der privaten Haushalte
T_K^{dir}	direkte Steuern der Kapitalgesellschaften
T^{ind}	indirekte Steuern
T_H^{ind}	indirekte Steuern der privaten Haushalte
T_K^{ind}	indirekte Steuern der Kapitalgesellschaften
U	Unternehmen
V	Aufwand für Vorleistungen = Umsätze aus Vorleistungen
V_{HH}	Aufwand der privaten Haushalte für Vorleistungen von anderen privaten Haushalten = Umsätze der privaten Haushalte für Vorleistungen an private Haushalte
V_{HK}	Aufwand der privaten Haushalte für Vorleistungen von Kapitalgesellschaften = Umsätze der Kapitalgesellschaften für Vorleistungen an private Haushalte
V_{KH}	Aufwand der Kapitalgesellschaften für Vorleistungen von privaten Haushalten = Umsätze der privaten Haushalte für Vorleistungen an Kapitalgesellschaften
V_{StH}	Aufwand des Staates für Vorleistungen von privaten Haushalten = Umsätze der privaten Haushalte für Vorleistungen an den Staat
V_{StK}	Aufwand des Staates für Vorleistungen von Kapitalgesellschaften

	= Umsätze der Kapitalgesellschaften für Vorleistungen an den Staat
Vb	Verbindlichkeiten
VGR	Volkswirtschaftliche Gesamtrechnungen
VPI	Verbraucherpreisindex
VRW	Volkswirtschaftliches Rechnungswesen
w	Vermögen (wealth)
W	West = früheres Bundesgebiet
W^{br}	Bruttovermögen
WiSta	Wirtschaft und Statistik
W^n	Reinvermögen (Nettovermögen)
W_r	Realvermögen (Vermögensgüter)
Y	Volkseinkommen
Y_{ai}	Faktoreinkommen vom Ausland
Y^{br}	Bruttonationaleinkommen (Bruttosozialprodukt zu Marktpreisen)
Y_H	Einkommen der privaten Haushalte vor Steuerabzug
Y_i	Inlandseinkommen
Y_{ia}	Faktoreinkommen an das Ausland
Y^n	Nettonationaleinkommen (Nettosozialprodukt zu Marktpreisen)
Y_H^v	verfügbares Einkommen der privaten Haushalte
Z_{ai}	Übertragungen vom Ausland
Z_H	staatliche Transferzahlungen an private Haushalte
Z_{ia}	Übertragungen an das Ausland
Z_K	staatliche Subventionen an Kapitalgesellschaften
Z_{aH}^l	laufende Übertragungen vom Ausland an private Haushalte
Z_{ai}^l	laufende Übertragungen vom Ausland
Z_{Ha}^l	laufende Übertragungen privater Haushalte an das Ausland
Z_{ia}^l	laufende Übertragungen an das Ausland
Z_{StH}	staatliche Subventionen an private Haushalte
Z_U	staatliche Subventionen für Unternehmertätigkeit
Z_{ai}^w	Vermögensübertragungen vom Ausland
Z_{ia}^w	Vermögensübertragungen an das Ausland

1. EINLEITUNG

1.1 Abgrenzung und Gliederung des volkswirtschaftlichen Rechnungswesens

Das volkswirtschaftliche Rechnungswesen[1] umfaßt alle Verfahren und Konzepte zur Ermittlung von ökonomischen Globalgrößen nach Wert und Menge und ist damit ein Teil der Makroökonomik, die sich mit gesamtwirtschaftlichen Größen (Globalgrößen) wie Inlandsprodukt, Arbeitslosenquote, Preisindex und Geldmenge befaßt.[2]

Die wert- und mengenmäßige Erfassung der Globalgrößen erfolgt im volkswirtschaftlichen Rechnungswesen im nachhinein, d.h. für abgelaufene Perioden. Sie ist eine Vergangenheitsrechnung, weshalb sie auch als ex post-Rechnung oder ex post-Analyse bezeichnet wird. Im Gegensatz dazu werden bei der ex ante-Analyse mögliche Entwicklungen der Globalgrößen im voraus untersucht[3].

Der Begriff „volkswirtschaftliches Rechnungswesen" wird damit sehr weit gefaßt und beinhaltet die Vermögensrechnung, die Volkswirtschaftlichen Gesamtrechnungen (VGR) einschließlich der sich daraus ergebenden Tabellen und Kennziffern, Input-Output-Tabellen, die Finanzierungsrechnung, die Zahlungsbilanz, Geldmengen, Preisindizes und Globalgrößen der Beschäftigung.

Die Systematik der quantitativen Erfassung des Wirtschaftsprozesses wird durch die Aufgaben des volkswirtschaftlichen Rechnungswesens bestimmt, die es für die Wirtschaftspolitik, die Wirtschaftstheorie und für Unternehmen erfüllen muß.

1.2 Aufgaben des volkswirtschaftlichen Rechnungswesens

1.2.1 Volkswirtschaftliches Rechnungswesen und Wirtschaftspolitik

Die staatliche Wirtschaftspolitik, die Wirtschaftspolitik der Verbände und die Tarifpartner benötigen als Entscheidungsgrundlage quantitative Größen.

Das volkswirtschaftliche Rechnungswesen liefert dazu die Zahlen der Vergangenheit, die zugleich als **Erfolgskontrolle der Wirtschaftspolitik und als Basis gesamtwirtschaftlicher Prognosen** dienen.

Für die Bundesrepublik Deutschland bedeutet dies eine Erfolgskontrolle der **Ziele** des Stabilitäts- und Wachstumsgesetzes von 1967:

Stabilität des Preisniveaus, hoher Beschäftigungsstand, außenwirtschaftliches Gleichgewicht bei stetigem und angemessenem Wirtschaftswachstum[4].

---

[1] Der Begriff „volkswirtschaftliches Rechnungswesen" wurde meines Wissens erstmalig von A. Stobbe 1966 mit seinem Buch „Volkswirtschaftliches Rechnungswesen" in die Literatur eingeführt.
[2] Vgl. dazu auch Peto, R.: Grundlagen der Makroökonomik, 11. Auflage, München 1994, S. 15 ff., im folgenden zitiert als: Makroökonomik.
[3] Vgl. ebenda, S. 27 ff.
[4] Vgl. dazu Peto, R.: Makroökonomik, S. 18 ff. und Geldtheorie und Geldpolitik, S. 252 ff.

Dieser Zielkatalog wurde inzwischen durch Art. 2 des Vertrags über die Europäische Union (Maastrichter Vertrag) vom 7.2.1992 etwas anders formuliert und um ein ökologisches und sozialpolitisches Ziel erweitert:

„Aufgabe der Gemeinschaft ist es, ... , ein **beständiges, nichtinflationäres und umweltverträgliches Wachstum,** einen hohen Grad an Konvergenz der Wirtschaftsleistungen, ein **hohes Beschäftigungsniveau,** ein **hohes Maß an sozialem Schutz,** die **Hebung der Lebenshaltung und der Lebensqualität,**... zu fördern."

Als Prognosegrundlage dient das volkswirtschaftliche Rechnungswesen der staatlichen Wirtschaftspolitik für die Ziele des Jahreswirtschaftsberichts der Bundesregierung. Schließlich wird mit Hilfe der Ergebnisse aus dem volkswirtschaftlichen Rechnungswesen eine Versachlichung der Diskussionen zwischen allen wirtschaftspolitischen Instanzen sowie zwischen den autonomen Tarifpartnern angestrebt.

1.2.2 Volkswirtschaftliches Rechnungswesen und Wirtschaftstheorie

Das Verhältnis zwischen diesen Bereichen ist wechselseitig: Die Wirtschaftstheorie benutzt die Ergebnisse des volkswirtschaftlichen Rechnungswesens, um ihre Modelle zu testen und, sofern es sich als notwendig erweisen sollte, neue Hypothesen aufzustellen. Andererseits wird die Systematik des volkswirtschaftlichen Rechnungswesens eindeutig von der theoretischen Basis bestimmt.

1.2.3 Volkswirtschaftliches Rechnungswesen und Einzelunternehmen

Das volkswirtschaftliche Rechnungswesen ermittelt makroökonomische Größen, d.h. Zusammenfassungen (Aggregationen) von einzelwirtschaftlichen (mikroökonomischen) Größen. So werden beispielsweise die Konsumausgaben privater Haushalte zu einer einzigen Größe „Konsum der privaten Haushalte" aggregiert.

Durch diese Zusammenfassung kann man zwar grundlegende Zusammenhänge des Wirtschaftsprozesses quantitativ darstellen, muß aber Informationsverluste hinnehmen.

Für betriebliche Entscheidungen ist es daher nicht immer möglich, einen direkten Bezug zu diesen Globalgrößen herzustellen. Der Bezug wird dann etwas erleichtert, wenn differenzierte Untersuchungen über Branchenentwicklungen vorliegen.

Allerdings müssen zur Abschätzung von Export- und Investitionsrisiken im Partnerland sehr wohl gesamtwirtschaftliche Indikatoren herangezogen werden.

1.3 Grundbegriffe und Methoden des volkswirtschaftlichen Rechnungswesens

1.3.1 Grundbegriffe

Im volkswirtschaftlichen Rechnungswesen können folgende **Rechnungsarten** unterschieden werden:

- Eine **Bestandsrechnung**, die Bestandsgrößen zu einem bestimmten Zeitpunkt erfaßt, sie bewertet und dann addiert, wie z. B. das Geldvermögen einer Volkswirtschaft zum 31.12. eines Jahres.

- Eine **Bestandsänderungsrechnung**, die die Differenz zwischen dem Endbestand und dem Anfangsbestand einer Globalgröße ermittelt. Bestandsänderungen treten beispielsweise bei den Lagerbeständen auf und sind daher zeitraumbezogen (periodenbezogen).

- Eine **Strömerechnung**, die monetäre und (bewertete) reale Stromgrößen während einer Periode erfaßt. Die Stromgrößen sind wie die Bestandsänderungen zeitraumbezogen wie z. B. die Zu- und Abgänge von Rohstoffen bei einer Wirtschaftseinheit.

Um einen Überblick über Bestände, Bestandsänderungen und Ströme in einer Volkswirtschaft zu gewinnen, werden die Wirtschaftseinheiten, auch „Wirtschaftssubjekte" oder „institutionelle Einheiten" genannt, zu **Sektoren** zusammengefaßt. Die Zusammenfassung erfolgt nach den überwiegend ausgeübten ökonomischen Aktivitäten. Im Europäischen System Volkswirtschaftlicher Gesamtrechnungen von 1995 (ESVG 95) werden institutionellen Einheiten wie folgt definiert: „Eine institutionelle Einheit ist ein wirtschaftlicher Entscheidungsträger, der durch einheitliches Verhalten und Entscheidungsfreiheit bezüglich seiner Hauptfunktion gekennzeichnet ist."[1]
Beim bisherigen System (bis Ende 1998) Volkswirtschaftlicher Gesamtrechnungen des Statistischen Bundesamtes wurden im Prinzip die drei Sektoren

- Private Haushalte,
- Unternehmen und
- Staat

unterschieden.
Die Wirtschaftseinheiten, die investierten und in erster Linie für andere Wirtschaftseinheiten produzierten, bildeten den Sektor „**Unternehmen**", während der Sektor „**Private Haushalte**" Wirtschaftseinheiten umfaßte, die überwiegend konsumierten, sparten und anderen Wirtschaftseinheiten Produktionsfaktoren zur Verfügung stellten.
Die öffentlichen Haushalte wurden zum Sektor „**Staat**" zusammengefaßt. Die Besonderheit des Sektors „Staat" war dadurch gekennzeichnet, daß seine Leistungen (wie beispielsweise „innere und äußere Sicherheit") in der Regel nicht vermarktet wurden (Nichtmarktaktivitäten). Dafür hatte er die Möglichkeit, „Zwangsumlagen" in Form von Steuern zu erheben.

---

[1]Eurostat: Europäisches System Volkswirtschaftlicher Gesamtrechnungen ESVG 95, Brüssel/Luxemburg 1996, S. 21, im folgenden zitiert als: ESVG 95
Eine weitere Anforderung ist die vollständige Rechnungsführung diese Einheit, was natürlich bei der Wirtschaftseinheit „Private Haushalte" (im engeren Sinne) nicht möglich ist.

Das ESVG 95 geht dagegen davon aus, daß auch der Sektor „Private Haushalte" für andere Wirtschaftseinheiten produzieren und selbst investieren kann.[1]
Vom Staat wird weiterhin angenommen, daß er überwiegend sogenannte Nichtmarktaktivitäten entwickelt.
Folgende Sektoreneinteilung wurde vorgenommen[2]:

- **Private Haushalte** (private Haushalte im engeren Sinne – wie bisher – sowie u. a. Einzelunternehmen und Personengesellschaften ohne eigene Rechtspersönlichkeit)
- **nichtfinanzielle Kapitalgesellschaften**
  (Private und öffentliche Kapitalgesellschaften, sowie u. a. Genossenschaften, Personengesellschaften mit eigener Rechtspersönlichkeit, öffentliche Produzenten und sogenannte Quasi-Kapitalgesellschaften)
- **finanzielle Kapitalgesellschaften**
  (Zentralbank, Kreditinstitute, Versicherungsgesellschaften usw.)
- **Staat** (öffentliche Haushalte wie Bund, Länder und Gemeinden, Sozialversicherung)
- **Private Organisationen ohne Erwerbszweck**
  (Organisationen mit eigener Rechtspersönlichkeit wie Gewerkschaften, Fachverbände, politische Parteien, Kirchen, Sport- und Freizeitvereine)

1.3.2 Darstellungsmethoden

Als Darstellungsmethoden werden im volkswirtschaftlichen Rechnungswesen **graphische, kontenmäßige, algebraische, tabellarische und verbale** Methoden verwendet.
Eine **graphische** Darstellungsmöglichkeit ist das **Kurvendiagramm,** das hier für die Darstellung von Zeitreihen Verwendung finden soll, wobei auf der Ordinate der beobachtete Wert oder die Menge und auf der Abszisse die Zeit (t) abgetragen wird. Die folgende Abb. 1.01 zeigt das Grundschema:

Abbildung 1.01

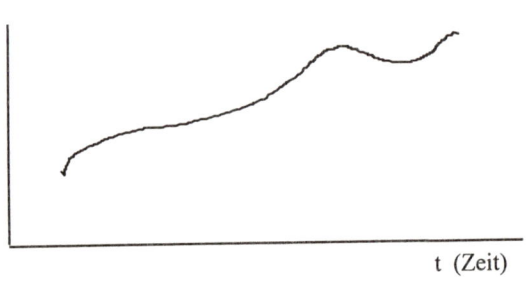

Die graphische Methode besteht außerdem in einer Darstellung von Blockschaltbildern (Flußdiagrammen), wie sie in der Elektrotechnik bzw. ganz allgemein in der Kybernetik

---

[1] Vgl. ESVG 95, S. 22 ff.
[2] Vgl. die ausführliche Gliederung S. 99

Anwendung finden: Pole bzw. Blöcke („schwarze Kästen") werden durch Ströme (Graphen) miteinander verbunden.
Reale Ströme werden mit Hilfe von durchgezogenen Linien und **monetäre Ströme** sowie **Wertzuwächse** und **Vermögensänderungen** durch unterbrochene (gestrichelte) Linien dargestellt:

Abbildung 1.02

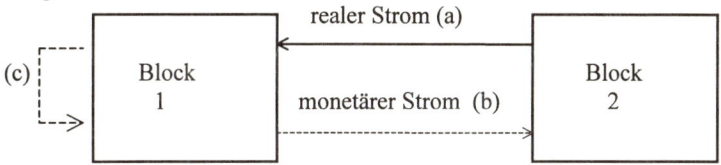

Wird die Richtung der Ströme angegeben, so werden die gezeichneten Ströme auch **gerichtete Graphen** genannt. Manchmal genügt es auch, den Zusammenhang der Sektoren ohne die Richtung der Ströme anzugeben, und zwar durch sogenannte **ungerichtete Graphen**.
Da wir uns hauptsächlich mit Strömerechnungen befassen, wird es notwendig sein, **intersektorielle** (Ströme zwischen den Sektoren) und **intrasektorielle Ströme** (Ströme innerhalb der Sektoren) zu unterscheiden. Abbildung 1.02 zeigt einen realen Strom (a) und einen monetären Strom (b) als intersektorielle Ströme, während der monetäre Strom (c) einen intrasektoriellen Strom darstellt.
Die Blöcke können dabei „Sektoren" einer Volkswirtschaft oder aber eine Verrechnungsstelle bedeuten.
Mit Hilfe dieser graphischen Methode können geschlossene oder auch offene Kreisläufe dargestellt werden.
Ein offener Kreislauf enthält Blöcke an denen Ströme entspringen bzw. versickern.
Die folgende Abbildung 1.03 zeigt einen offenen Kreislauf mit **monetären** Strömen.
Wobei allgemein gilt:
Die monetären Ströme Mij fließen vom i-ten Block zum j-ten Block.
$$M_{ij}; \quad i, j \in \{1,2,3\}$$

Abbildung 1.03

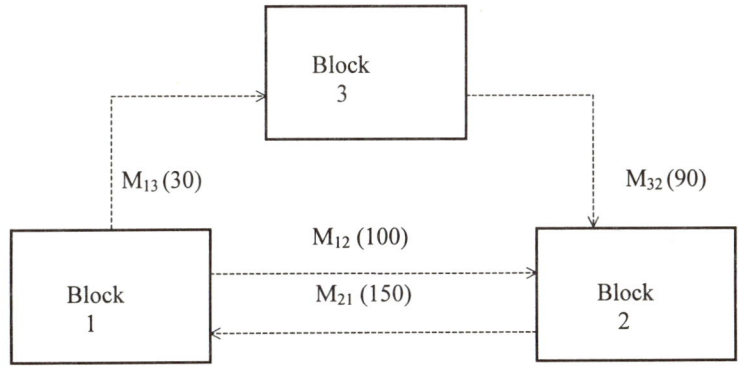

Durch die Einführung eines Saldenblocks (bzw. Saldenpols) wird aus einem offenen ein **geschlossener** Kreislauf.

Abbildung 1.04

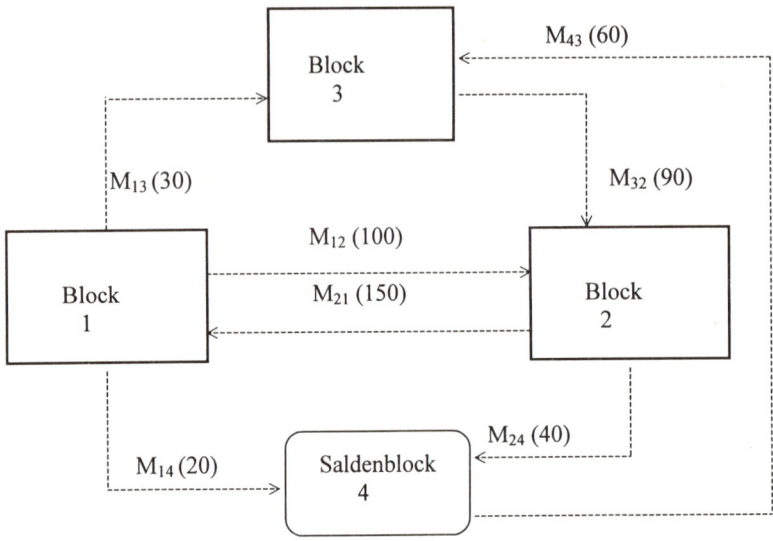

In Abbildung Abb. 1.04 erfaßt der **Saldenblock** 4 als **Verrechnungsstelle** die zufließenden monetären Saldenströme M_{14} und M_{24} und den abfließenden Strom M_{43}. Der Saldenblock erfaßt die positiven und negativen Salden der Blöcke 1 bis 3.

Da die graphische Darstellung mit einem Flußdiagramm mit zunehmender Zahl der Blöcke und Ströme immer unübersichtlicher wird, bietet sich die **kontenmäßige** Erfassung der Ströme an. Jedem Block wird mindestens ein Konto zugeordnet. Dabei werden auf der linken Kontoseite (auch Sollseite genannt) die abfließenden monetären Ströme und auf der rechten Kontoseite (auch Habenseite genannt) die zufließenden **monetären** Ströme erfaßt.

Für das in Abb. 1.04 aufgestellte 4-Block-System ergibt sich dann:

Abbildung 1.05

Block 1		Block 2		Block 3		Saldenblock 4	
$M_{12}(100)$	$M_{21}(150)$	M_{21} (150)	M_{32} (90)	M_{13} (30)	M_{43} (60)	M_{14} (20)	
M_{13} (30)		M_{24} (40)	M_{12} (100)	M_{43} (60)		M_{24} (40)	
M_{14} (20)							

Da jedes Konto eine Gleichung darstellt, können die Zusammenhänge auch in Form von **Identitätsgleichungen** und damit **algebraisch** dargestellt werden, so muß gelten:

Für Block 1: M_{13} (30) + M_{12} (100) + M_{14} (20) $\equiv$ M_{21} (150)
Für Block 2: M_{21} (150) + M_{24} (40) $\equiv$ M_{32} (90) + M_{12} (100)
Für Block 3: M_{32} (90) $\equiv$ M_{13} (30) + M_{43} (60)
Für Block 4: M_{43} (60) $\equiv$ M_{14} (20) + M_{24} (40)

Die linke Seite des Kontos bzw. der Gleichung ist immer identisch gleich der rechten Seite, da der Zusammenhang so definiert wurde (bzw. die Salden in der Gleichung mitenthalten sind).
Daraus folgt das **Kreislaufaxiom**:

An jedem Block eines geschlossenen Kreislaufs ist der Wert der zufließenden Ströme gleich dem Wert der abfließenden Ströme.

Die folgende Tabelle zeigt als eine weitere Darstellungsmöglichkeit die **tabellarische Darstellungsmethode**.
Die Verbuchungen der Ströme zwischen den Sektoren erfolgt mit Hilfe einer Verflechtungsmatrix, Input-Output-Tabelle genannt. Die erste Spalte zeigt die liefernden Sektoren (Output) und die nachfolgenden Spalten die empfangenden Sektoren (Input). Die Ströme werden hier nur **einmal** verbucht, dies ist der große Vorteil einer derartigen Matrix.

Tabelle 1.01: Input-Output-Tabelle

Input / Output	Block 1	Block 2	Block 3	Saldenblock 4	Summe
Block 1		M_{12}(100)	M_{13} (30)	M_{14} (20)	(150)
Block 2	M_{21}(150)			M_{24} (40)	(190)
Block 3		M_{32} (90)			(90)
Saldenblock 4			M_{43} (60)		(60)
Summe	(150)	(190)	(90)	(60)	(490)

Schließlich wird es möglich sein, in vielen Fällen die **verbale Methode**, d.h. die Beschreibung der Zusammenhänge mit Worten, zu verwenden.

1.4 Die historische Entwicklung der Kreislaufanalyse

1.4.1 Allgemeiner Überblick

Die historische Kreislaufanalyse begann mit der Veröffentlichung des „Tableau économique" des Physiokraten François Quesnay (1694 - 1774) im Jahre 1758[1].

Quesnay wollte mit Hilfe von fiktiven Zahlen die **Entstehung und die Verwendung des Sozialprodukts** darstellen und damit den Wirtschaftsprozeß systematisieren.

Karl Marx nahm den Gedanken einer Darstellung des Wirtschaftsprozesses als Kreislaufsystem wieder auf[2], wobei sein Hauptproblem in der Frage der Verteilung des Sozialprodukts auf die beiden Klassen „Proletarier" und „Kapitalisten" bestand und der daraus folgenden Akkumulation des Kapitals (Vermögensänderung) zugunsten einer Klasse.

Nach diesen Wirtschaftstheoretikern haben sich besonders in den 20er und 30er Jahren unseres Jahrhunderts Wissenschaftler bemüht, Kreislaufzusammenhänge darzustellen[3], wie E. von Böhm-Bawerk, H. Neisser und C. Föhl[4].

Bei ihren Darstellungen handelte es sich meist um Kreisläufe mit fiktiven Größen. Demgegenüber versuchte E. Wagemann bereits 1928, seinen Kreislaufzusammenhang mit (geschätzten) Werten für die deutsche Volkswirtschaft praktisch verwendbar zu machen[5].

Auch die im Jahre 1930 gegründete Internationale Ökonometrische Gesellschaft hatte zum Ziele, einen Zusammenhang zwischen den bisher getrennten Bereichen der Wirtschaftsstatistik und der Wirtschaftstheorie herzustellen.

Die weitere Entwicklung der Kreislaufdarstellung mit statistisch ermittelten Zahlen wurde durch das Erscheinen der Bücher „A Treatise on Money" (1930) und „The General Theory of Employment, Interest and Money" (1936) von J. M. Keynes entscheidend beeinflußt.

Um die Bedeutung der Theorie von Keynes für die Entwicklung der volkswirtschaftlichen Gesamtrechnungen gerecht zu werden, soll versucht werden, die Grundzüge seiner Theorie darzustellen[6]:

Ziel von Keynes war es, die Ursachen der Arbeitslosigkeit zu untersuchen, die er darin sah, daß das **globale** güterwirtschaftliche und monetäre Gleichgewicht gestört worden war, und sich dann durch die Störung das Volkseinkommen auf ein niedrigeres

---

[1] Vgl. Quesnay, F.: Analyse du Tableau Economique, abgedruckt in: Schneider, E.: Einführung in die Wirtschaftstheorie, IV. Teil, Ausgewählte Kapitel der Geschichte der Wirtschaftstheorie, Band 1, Tübingen 1970, S. 381 ff.; vgl. Molinier, J.: Le système de comptabilité nationale de François Quesnay, in: Institut National d'Etudes Démographiques: François Quesnay et la physiocratie, Tome I, Paris 1958, S. 90 ff.
[2] Vgl. Marx, K.: Das Kapital. Kritik der politischen Ökonomie, Buch II: Der Circulationsprocess des Kapitals. Hrsg. Von Friedrich Engels, Hamburg 1885.
[3] Vgl. dazu Kraus, W.: Volkswirtschaftliche Gesamtrechnung, Wiesbaden 1961, S. 22 ff.
[4] Vgl. Föhl, C.: Geldschöpfung und Wirtschaftskreislauf, München 1937.
[5] Vgl. Wagemann, E.: Konjunkturlehre, Berlin 1928.
[6] Vgl. Keynes, J.M.: The General Theory of Employment, Interest and Money, London 1936; deutsche Übersetzung: Allgemeine Theorie der Beschäftigung, des Zinses und des Geldes, München 1936. Zur Theorie von Keynes und seiner Nachfolger vgl. Peto: Makroökonomik, S. 32 ff.

Gleichgewichtsniveau einpendelte. Dieses niedrigere Niveau des Volkseinkommens bedeutete ein güterwirtschaftliches Gleichgewicht bei Unterbeschäftigung. Vollbeschäftigung konnte in dieser Situation nur erreicht werden, wenn durch güterwirtschaftliche und/oder monetäre Maßnahmen wieder ein höheres Gleichgewichtsniveau des Volkseinkommens erzielt wurde.

Diese beschriebenen Gleichgewichte waren keine **totalen Gleichgewichte**, d.h. Gleichgewichte auf allen Einzelmärkten, sondern **globale** in dem Sinne, daß z. B. beim güterwirtschaftlichen Gleichgewicht die aggregierte Gesamtnachfrage nach **allen** Gütern gleich dem Gesamtangebot an Gütern ist.

Daß Störungen des globalen Gleichgewichts überhaupt auftreten können, widersprach dem Say'schen Theorem, das (in einer Kurzfassung) wie folgt lautet: Die Produktion schafft sich ihre eigene Nachfrage. Diese Annahme wurde grundlegend durch die Ereignisse der Weltwirtschaftskrise von 1929 erschüttert.

Nach Keynes können Störungen des Gleichgewichts auftreten, wenn die Konsumnachfrage der privaten Haushalte nicht mit der von den Unternehmen erwarteten Nachfrage übereinstimmt.

Anders ausgedrückt: Sparen die privaten Haushalte von ihrem verfügbaren Einkommen mehr, als die Unternehmen erwartet haben, so treten bei den Unternehmen ungeplante Nettoinvestitionen in Form von Lagerbestandserhöhungen auf. Dies veranlaßt die Unternehmen zu einer Revision ihrer Produktionspläne mit allen weiteren Konsequenzen für das Gleichgewichtsniveau des Volkseinkommens.

Da die Theorie von Keynes die Entstehung und die Schwankungen der Globalgröße „Volkseinkommen" als Hauptproblem ansieht, wurde der Versuch gemacht, die Keynes'schen Globalgrößen statistisch zu ermitteln und im Kreislaufzusammenhang darzustellen.

Die (neuere) monetaristische Theorie betont die **Geldmenge** als die entscheidende gesamtwirtschaftliche Größe, die es optimal zu steuern gilt, damit das Ziel „Preisniveaustabilität" erreicht oder gesichert werden kann und damit indirekt auch die anderen gesamtwirtschaftlichen Ziele wie Wirtschaftswachstum und Vollbeschäftigung[1].
Die Geldmenge ist dann optimal dimensioniert, wenn sie groß genug ist, ein Wirtschaftswachstum zu ermöglichen und damit die Beschäftigung zu fördern, aber nicht so groß ist, daß sie eine Inflation auslöst.
Wegen der Bedeutung der Geldmenge als gesamtwirtschaftlicher Indikator muß daher das volkswirtschaftliche Rechnungswesen auch die Entwicklung monetärer Globalgrößen umfassen.[2]

Nachdem bereits Ende der dreißiger Jahre die ersten nationalen Versuche auf der Basis des keynesianischen Systems gemacht wurden, eine „Nationale Buchführung" zu erstellen, erlebten die volkswirtschaftlichen Gesamtrechnungen nach dem zweiten Weltkrieg eine rasche Weiterentwicklung im internationalen Rahmen. Das Ziel der Bemühungen war, eine

---

[1] Vgl. zur monetaristischen Theorie. Peto, R.: Geldtheorie und Geldpolitik, München 1999, Kapitel 5, im folgenden zitiert als: Geldtheorie
[2] Vgl. Kapital 12 „Europäische Währungsunion".

internationale Vereinheitlichung der volkswirtschaftlichen Gesamtrechnungen zu erreichen, um Ländervergleiche durchführen zu können.
Zwei Institutionen bemühten sich besonders um ein standardisiertes Rechnungssystem: Das Statistische Amt der Vereinten Nationen, dessen System 1947 unter der Bezeichnung „System of National Accounts", abgekürzt SNA[1] veröffentlicht wurde und die Organisation für europäische wirtschaftliche Zusammenarbeit, abgekürzt "OEEC" (seit 1961: OECD), im Jahre 1950 mit ihrem Standardsystem.[2] Beide Systeme wurden danach vereinheitlicht und dienten als Grundlage für ein europäisches Standardsystem, das „Europäische System Volkswirtschaftlicher Gesamtrechnungen" (ESVG 70), das vom Statistischen Amt der Europäischen Gemeinschaften 1970 entwickelt wurde.[3]

Für die Bundesrepublik Deutschland entwickelte schließlich das Statistisches Bundesamt seit 1960 auf der Basis des SNA Volkswirtschaftliche Gesamtrechnungen, die auf die speziellen deutschen Belange zugeschnitten waren.[4]

In Abständen von etwa fünf Jahren werden die Volkswirtschaftlichen Gesamtrechnungen des Statistischen Bundesamtes einer Revision unterzogen, wobei diese Revision meist datenbezogen ist, da Informationen aus Großzählungen mit in die Berechnungen der Globalgrößen der Volkswirtschaftlichen Gesamtrechnungen übernommen werden.
Das Statistische Bundesamt ist seit Anfang 1999 dabei, das revidierte Europäische System Volkswirtschaftlicher Gesamtrechnungen von 1995 (ESVG 95) einzuführen, da es bestimmte Auflagen der EU gibt.
Diese Revision ist nicht nur eine datenbezogene, sondern in diesem Falle auch eine **konzeptionelle Änderung,** da das Statistische Bundesamt damit sein eigenes System aufgibt. Dies führt zugleich zu einer grundlegenden Änderung der Berechnungsmethoden, aber auch zur Änderung der Definitionen und Begriffen.[5]
Dem ESVG 95 war ein Beschluß der Statistischen Kommission der Vereinten Nationen am 23.2.93 vorausgegangen, ein revidiertes System of National Accounts (SNA) einzuführen. Das neue System löste das SNA von 1968 ab. Dies war die Basis der Änderungen im Europäischen System Volkswirtschaftlicher Gesamtrechnungen (ESVG 1995).

Unsere historische Kreislaufanalyse soll mit der Darstellung des Kreislaufbildes von François Quesnay schließen:

---

[1] Vgl. United Nations: A System of National Accounts (Studies in Methods, Series F, No. 2, Rev. 3, New York 1968)
[2] Vgl. OEEC: A Standardised System of National Accounts, Paris 1952
[3] Vgl. Statistisches Amt der Europäischen Gemeinschaften: Europäisches System Volkswirtschaftlicher Gesamtrechnungen (ESVG), Brüssel/Luxemburg 1970, 2. Auflage 1984
[4] Zum deutschen System der Volkswirtschaftlichen Gesamtrechnungen bis 31.12.98 vgl. Statistisches Bundesamt Wiesbaden (Hg.): Volkswirtschaftliche Gesamtrechnungen, Fachserie 18, Reihe 1.3, Konten und Standardtabellen 1997, Hauptbericht, im folgenden zitiert als VGR (97)
[5] Vgl. dazu Kapitel 6.1.2 und Eurostat: Europäisches System Volkswirtschaftlicher Gesamtrechnungen ESVG 1995, Brüssel/Luxemburg 1996; Statistisches Bundesamt: VGR Fachserie 18, Reihe S. 20, Revidierte Vierteljahresergebnisse der Inlandsproduktsberechnung 1991 bis 1998, Wiesbaden 1999

1.4.2 Das Kreislaufbild von Fr. Quesnay

François Quesnay, Leibarzt König Ludwig XV., entwickelte einen Wirtschaftskreislauf in Analogie zum menschlichen Blutkreislauf.[1]
Bei seiner Analyse des Gesamtzusammenhanges (und es war die erste seiner Art) betonte er besonders die Natur (Physis) als Quelle allen Reichtums, daher entstand für die Anhänger dieser Ideen die Bezeichnung „Physiokraten".
Die Erstellung und die Veröffentlichung seines „Tableau économique" waren nicht ohne politische Absicht geschehen, denn gerade zu dieser Zeit erlebte Frankreich wieder einmal eine Krise der öffentlichen Finanzen. Die Krise sollte, wie üblich, durch eine Erhöhung der Pachten in der Landwirtschaft gelöst werden, was gleichbedeutend einer Steuererhöhung war.
Dieser äußere Anlaß bot Gelegenheit, die jahrzehntelange Überbetonung des Handels und des Gewerbes durch den Merkantilismus (der in Frankreich in der besonderen Ausprägung des Colbertismus auftrat) zu bekämpfen. Die Idee der Betonung des Bodens als Quelle des Reichtums (aber auch die Betonung der Befreiung von staatlichen Zwangsvorschriften im ökonomischen Bereich) trat als Antithese zu den Vorstellungen des Merkantilismus auf.[2]

Quesnay nahm folgende Einleitung der Wirtschaftssubjekte in Klassen vor:

1. **Produktive Klasse** (classe productive): Landwirte (Pächter)
2. **Klasse der Grundbesitzer** (classe des propriétaires):
   grundbesitzender Klerus und Adel
3. **Sterile Klasse** (classe stérile): Handel und Gewerbe.

Die Forderung Quesnay's und anderer Physiokraten bestand darin, die Klasse der Grundbesitzer, die hauptsächlich aus dem Adel und dem Klerus bestand, überhaupt zu besteuern. Dieser Klasse fließt, nach Quesnay, das Nettoprodukt (produit net) zu. Die wichtigste Rolle des Nettoprodukts sei aber, den Staatshaushalt zu finanzieren.[3]

Abbildung 1.06 soll die Abhängigkeit der Klassen voneinander verdeutlichen[4]:
Sie zeigt die monetären und die realen Ströme zwischen den drei Sektoren. Dabei geht Quesnay davon aus, daß das Bruttoprodukt der Landwirte aus der Bestellung des Bodens und dem Rohstoffabbau 5 Mrd. Livres beträgt.[5]
Die Landwirte verkaufen die Nahrungsmittel und Rohstoffe an die Grundbesitzer (1 Mrd. Livres) und an den Sektor Handel und Gewerbe (2 Mrd. Livres) und nehmen damit insgesamt 3 Mrd. Livres ein. Dieses Geld verwenden sie zum Kauf von gewerblichen Produkten (1 Mrd. Livres) und zur Pachtzahlung an die Grundbesitzer (2 Mrd. Livres). Es verbleiben ihnen noch 2 Mrd. Livres für den Eigenverbrauch und für das Saatgut. Die Grundbesitzer verwenden die erhaltenen Pachtzahlungen nicht nur für den Kauf von

---

[1] Der Blutkreislauf wurde erst 1628 durch W. Harvey entdeckt.
[2] Zum Merkantilismus vgl. Schachtschabel, H. G.: Wirtschaftspolitische Konzeptionen, 3. Aufl., Stuttgart 1976, S. 42 ff. Zu den Physiokraten vgl. Villey, D.: Petite Histoire des grandes doctrines économiques, Paris 1964, S. 101 ff.
[3] Vgl. Villey, D.: a.a.O., S. 108; vgl. Molinier, J.: Le système de comptabilité nationale de François Quesnay, in: Institut National d'Etudes Démographiques: François Quesnay et la physiocratie, Tome I, Paris 1958, S. 90 ff.
[4] Vgl. Guitton, H.: Economie politique, Tome I. Paris 1966, S. 593 und Schneider, E.: Einführung, IV. Teil, S. 18.
[5] Das „Livre" (=Pfund) war die französische Geldeinheit vor dem Franc.

Abbildung 1.06

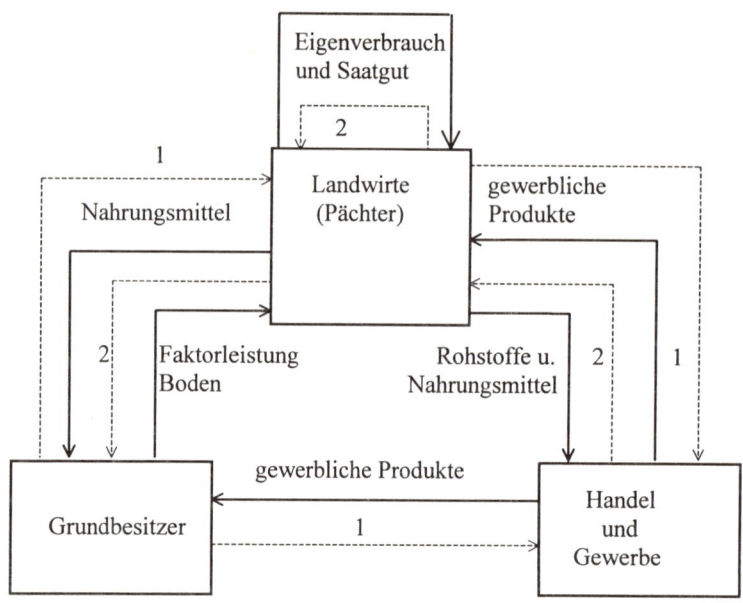

Nahrungsmitteln und Rohstoffen (1 Mrd. Livres), sondern geben noch 1 Mrd. Livres für gewerbliche Produkte aus.

Quesnay bietet damit einen geschlossenen Wirtschaftskreislauf mit quantitativen Angaben. Außerdem zeigt Quesnay, daß nur in der Landwirtschaft Einkommen entstehen, die in Form von Pacht den Grundbesitzern zufallen. Ein entsprechender Einkommensstrom zwischen dem Sektor „Handel und Gewerbe" und dem Sektor „Grundbesitzer" fehlt.

Da die Pacht als Steuer fungierte, sollte damit außerdem deutlich gemacht werden, daß eine Erhöhung dieser Pacht zu einer Schrumpfung des Kreislaufs führen muß, sofern die Landwirte ihren Eigenbrauch konstant halten, weil das Saatgut reduziert wird und damit ein geringerer Ertrag in der kommenden Periode zu erwarten ist.

Damit ist nach Quesnay nur der Sektor „Landwirtschaft" produktiv. In ihm entsteht eine Wertschöpfung, d.h. das Nettoprodukt (2 Mrd. Livres).

Das Besondere und heute noch Aktuelle an dieser Kreislaufdarstellung ist die Einteilung der Wirtschaft in Sektoren (bzw. Klassen), verbunden mit einer quantitativen Analyse des Beitrags der Sektoren zur Wertschöpfung dieser Volkswirtschaft.

Damit sollte dem Staat zugleich eine Hilfe für die Wirtschaftspolitik an die Hand gegeben werden - eine Funktion, die auch die moderne Kreislaufanalyse übernommen hat -, vor allem dann, wenn Quesnay sein Tableau einen „Kompaß der Regierung" (une boussole du gouvernement) genannt hat.[1]

---

[1] Die Forderung von Quesnay ist insofern heute wieder modern, da sie in ähnlicher Form Mitte der 70er Jahre unseres Jahrhunderts als „angebotsorientierte Wirtschaftspolitik" wieder auftaucht, mit dem gleichen Argument: Eine höhere Belastung der privaten Wirtschaftssubjekte führt zu einem Wachstumseinbruch wegen der Leistungsdemotivation. Andererseits führte eine steuerliche Entlastung (vor allem der Unternehmen) zu einem höheren Wachstum, da sie die Leistungsmotivation steigert. (Zur angebotsorientierten Wirtschaftspolitik vgl. Peto, R.: Makroökonomik, S. 251)

2. Vermögensrechnung und Kreislaufanalyse

Die volkswirtschaftliche Vermögensrechnung sollte im Prinzip von den einzelwirtschaftlichen Vermögensbilanzen (Vermögensrechnungen) ausgehen und durch Zusammenfassung (Konsolidierung) der einzelwirtschaftlichen Vermögensbilanzen zur Nationalen Vermögensbilanz das **Volksvermögen** ermitteln.
Dieses Prinzip kann vom Statistischen Bundesamt aber nicht realisiert werden, da nicht alle Wirtschaftseinheiten Vermögensrechnungen durchführen und der Erfassungsaufwand zu groß wäre.[1] Dennoch soll bei den folgenden theoretischen Überlegungen diese Konsolidierungsmethode angewendet werden, um das Grundprinzip zu demonstrieren. Immerhin sieht das ESVG 1995 vor, daß sektorale Vermögensbilanzen zu erstellen sind, die dann zu einer nationalen Vermögensbilanz konsolidiert werden können.[2]

Die Berechnung des **Vermögens der einzelnen Wirtschaftseinheit** beginnt mit der Aufzeichnung aller Sachvermögensgegenstände (Vermögensgüter), der Forderungen und Verbindlichkeiten unter Angabe ihres Wertes (Inventarverzeichnis). Die Art der **Bewertung** spielt im betrieblichen und volkswirtschaftlichen Rechnungswesen eine zentrale Rolle.
Bei der Bewertung der **Bestände** und der **Bestandsänderungen des Anlagevermögens** können im volkswirtschaftlichen Rechnungswesen **drei Wertansätze** gewählt werden, und zwar die Bewertung zu Anschaffungspreisen oder Herstellungspreisen, zu konstanten Preisen oder zu Wiederbeschaffungspreisen.[3]
Zu **Anschaffungspreisen** werden Güter bewertet, die von anderen Wirtschaftseinheiten bezogen wurden, aber erst auf Lager genommen werden, um in einer späteren Periode bei der Leistungserstellung eingesetzt zu werden, die sogenannten Vorprodukte. Auch die von anderen Wirtschaftseinheiten bezogenen Anlagen werden zu Anschaffungspreisen bewertet. Für selbsterstellte Anlagen und Bestände an Fertigerzeugnisse und Halbfabrikate werden die **Herstellungspreise** angesetzt. Da die Abschreibungen im volkswirtschaftlichen Rechnungswesen von den **Wiederbeschaffungspreisen** berechnet werden, ist es notwendig, den Wert der Vermögensgüter auch zu Wiederbeschaffungspreisen zu ermitteln. Für einen sinnvollen Zeitvergleich der Bestände ist es schließlich wichtig, Preiseffekte auszuschalten, weshalb der Bestand an Vermögensgütern auch zu **konstanten Preisen** ermittelt wird.
Die Bewertung der **Güterströme** zwischen den Wirtschaftseinheiten erfolgt in der Regel zum **Marktpreis** (ohne Mehrwertsteuer). Handelt es sich um Nichtmarktaktivitäten wie bei den unentgeltlichen Leistungen des Staates, werden die **Produktionskosten** dieser Leistung ermittelt. Zu den Produktionskosten zählen Vorleistungen, Arbeitnehmerentgelte, Abschreibungen und sonstige Produktionsabgaben.[4]

Bei der Erstellung der Vermögensbilanz einer einzelnen Wirtschaftseinheit werden die Werte des Inventarverzeichnisses, ermittelt nach den eben erwähnten Bewertungsgrundsätzen, auf ein Konto übernommen, wobei auf der linken Seite (Aktiva)

---
[1] Vgl. dazu auch die Ausführungen im Kapitel 11: „Volksvermögen", S. 185 ff.
[2] Aus Kapazitätsgründen sieht sich das Statistische Bundesamt allerdings im Augenblick nicht in der Lage, sektorale Vermögensbilanzen zu erstellen. (Vgl. Statistisches Bundesamt: Papier des Fachausschuses Volkswirtschaftliche Gesamtrechnungen vom 20.11.96, Vermögensrechnung, S. 5). Die folgenden Ausführungen berücksichtigen diese Quelle.
[3] Zu den aktuellen Bewertungsmaßstäben vgl. ESVG 95, S. 14
[4] Vgl. ESVG 95, S. 46

die Vermögensgegenstände (Realvermögen und Forderungen) und auf der rechten Seite die Verbindlichkeiten aufgeführt werden.

Der Gesamtwert des Vermögens wird als **Bruttovermögen** (Rohvermögen) bezeichnet. Werden davon die Verbindlichkeiten subtrahiert, ergibt sich das **Nettovermögen** (Reinvermögen), das gleich Null, positiv oder negativ sein kann.

Die Vermögensgegenstände können noch in **Vermögensgüter (Realvermögen)** und **Forderungen**[1] gegliedert werden.
Zu den Vermögensgütern gehören nach dem ESVG95 die
- produzierten Vermögensgüter (wie Anlagegüter, Vorräte und Wertsachen) und die
- nichtproduzierten Vermögensgüter (wie Grund und Boden, Bodenschätze aber auch immaterielle Güter wie Patente, Nutzungrechte und Firmenwert)[2]

Für eine einzelne Wirtschaftseinheit sieht das **Grundschema der Vermögensbilanz** wie folgt aus (bei positivem Nettovermögen)[3]:

Konto 2.01
Vermögensbilanz einer einzelnen Wirtschaftseinheit
zu einem bestimmten Zeitpunkt t

Brutto-vermögen (W^{br})	1. Realvermögen (Vermögensgüter) (W_r)	1. Verbindlichkeiten (Vb)
	2. Forderungen (einschließlich Geld) (Fd)	2. Saldo: Nettovermögen (Reinvermögen) (W^n)

Aus diesem Konto ergibt sich folgende Gleichung (1):

$$W^n \equiv W^{br} - Vb \qquad (1)$$

Das Nettovermögen ist gleich dem Bruttovermögen (W^{br}) minus Verbindlichkeiten (Vb). Das Ergebnis ist gleich Null, wenn W^{br} = Vb und negativ, wenn Vb > W^{br} ist.

Aus dem Konto 2.01 kann außerdem das **Nettogeldvermögen** als finanzielle Nettoposition (Differenz zwischen Forderungen und Verbindlichkeiten) einer Wirtschaftseinheit gegenüber den anderen Wirtschaftseinheiten ermittelt werden:

Die Wirtschaftseinheit hat

− eine Nettogläubigerposition, wenn Fd > Vb bzw.
− eine Nettoschuldnerposition, wenn Fd < Vb ist.

---

[1] einschl. Geldbestände (als Forderungen an die Zentralbank)
[2] Vgl. dazu ausführlich S. 193 ff.
[3] Vgl. Stobbe, A.: Volkswirtschaftliches Rechnungswesen, 8. Auflage, Berlin 1994, S.45

Gleichung (1) kann daher auch wie folgt in die Gleichung (2) umgeschrieben werden:

$$W^n \equiv W_r + (Fd - Vb) \qquad (2)$$

Das Nettovermögen eines Wirtschaftssubjekts (W^n) ist gleich der Summe aus Realvermögen (W_r) und Nettogeldvermögen ($Fd - Vb$).

Werden alle Vermögensbilanzen einer geschlossenen Volkswirtschaft konsolidiert, so ergibt sich für die **gesamte Volkswirtschaft:**

Die Summe der Nettopositionen ist gleich Null.

Dieser grundlegende Zusammenhang soll anhand eines Zahlenbeispiels dargestellt werden: Eine Modell-Volkswirtschaft bestehe nur aus den drei Wirtschaftseinheiten A, B und C, deren Vermögensbilanzen zu einer Nationalen Vermögensbilanz wie folgt zusammengefaßt werden können:

Konto 2.02: Nationale Vermögensbilanz zum Zeitpunkt t

Konto 2.02a: Vermögensbilanz der Wirtschaftseinheit A zum Zeitpunkt t

1. Realvermögen 1000	1. Verbindlichkeiten gegenüber C 100
2. Forderungen an B 300	2. Saldo: Reinvermögen 1200

Konto 2.02b: Vermögensbilanz der Wirtschaftseinheit B zum Zeitpunkt t

1. Realvermögen 600	1. Verbindlichkeiten gegenüber A 300
2. Forderungen an C 200	2. Saldo: Reinvermögen 500

Konto 2.02c: Vermögensbilanz der Wirtschaftseinheit C zum Zeitpunkt t

1. Realvermögen 500	1. Verbindlichkeiten gegenüber B 200
2. Forderungen an A 100	2. Saldo: Reinvermögen 400

Die Nationale Vermögensbilanz kann in Form eines einzigen Kontos wie folgt dargestellt werden:

Konto 2.03: Nationale Vermögensbilanz (Bruttoausweis) zum Zeitpunkt t

1. a) Realvermögen A 1000	1. a) Verbindlichkeiten A gegenüber C ~~100~~
b) Realvermögen B 600	b) Verbindlichkeiten B gegenüber A ~~300~~
c) Realvermögen C 500	c) Verbindlichkeiten C gegenüber B ~~200~~
2. a) Forderungen A an B ~~300~~	2. a) Reinvermögen A 1200
b) Forderungen B an C ~~200~~	b) Reinvermögen B 500
c) Forderungen C an A ~~100~~	c) Reinvermögen C 400

Bei der Konsolidierung werden die Forderungen der Wirtschaftseinheiten mit den entsprechenden Verbindlichkeiten verrechnet (durchgestrichene Werte). Der Saldo zwischen Forderungen und Verbindlichkeiten ist dann gleich Null. Danach werden jeweils die Realvermögenswerte und die Reinvermögenswerte der Wirtschaftseinheiten addiert. Es bleibt eine vereinfachte Nationale Vermögensbilanz, bei **der die Summe der Realvermögen gleich der Summe der Reinvermögen** ist.
Man spricht dann auch von einem **Nettoausweis**.
Die Summe der Reinvermögen ist dann das **Volksvermögen**.

Das folgende Konto zeigt diese vereinfachte Form:

Konto 2.04: vereinfachte Nationale Vermögensbilanz zum Zeitpunkt t
              (Nettoausweis)

Summe der Realvermögen 2100	Summe der Reinvermögen 2100
	= Volksvermögen

Damit gilt, daß das **gesamte Realvermögen einer Volkswirtschaft gleich dem Nettovermögen (Reinvermögen) ist.**
Daraus folgt weiter, daß auch die **Änderung des Realvermögens** während einer Periode in einer Volkswirtschaft immer gleich der **Änderung des Nettovermögens (Reinvermögen)** sein muß:

$$\Delta W_r \equiv \Delta W^n$$

Eine Änderung des Realvermögens (ΔW_r) wird jedoch auch als eine Nettoinvestition (I) bezeichnet, weshalb gilt:

$$\Delta W_r \equiv I$$

Andererseits bedeutet eine Änderung des Reinvermögens (ΔW^n) eine Ersparnis der Volkswirtschaft:

$$\Delta W^n \equiv S$$

Daraus ergibt sich die **Identitätsgleichung der Vermögensänderung** für eine geschlossene Volkswirtschaft:

$$I \equiv S$$

Die Nettoinvestition ist immer gleich der Ersparnis.[1]
Während sich die Vermögensrechnung schwerpunktmäßig mit der absoluten Größe des Vermögens befaßt, untersucht die Kreislaufanalyse nur die sich aus dem Wirtschaftsprozeß ergebenden **Änderungen des Vermögens**.

Die Gleichheit von Realvermögen und Nettovermögen gilt nur für eine geschlossene Volkswirtschaft. In einer **offenen Volkswirtschaft** werden in der Regel die Forderungen an das Ausland und die Verbindlichkeiten gegenüber dem Ausland nicht gleich groß sein. Es ergibt sich damit eine positive oder negative Nettoposition gegenüber dem Ausland. Ist die Nettoposition positiv (negativ), so spricht man auch von einer Nettogläubigerposition (Nettoschuldnerposition) gegenüber dem Ausland.

---

[1] Im ESVG 95 wird die Ersparnis pro Periode durch das „Sparen" ersetzt. Meiner Meinung nach grammatikalisch keine glückliche Lösung. Bei den folgenden Ausführungen werden die Begriffe synonym benutzt. (Vgl. ESVG 95, S. 174)

Kontrollfragen zu Kapitel 1 und 2

1. Was wird unter „volkswirtschaftlichem Rechnungswesen" verstanden?
2. Welcher Unterschied besteht zwischen der ex ante- und der ex post-Analyse?
3. Welche Aufgaben hat das volkswirtschaftliche Rechnungswesen für die Wirtschaftspolitik zu erfüllen?
4. Wie hängen Wirtschaftstheorie und volkswirtschaftliches Rechnungswesen zusammen?
5. Welche zwei Arten von Strömen können unterschieden werden?
6. Zeichnen Sie ein einfaches Blockdiagramm mit gerichteten (monetären und realen) Graphen!
7. Welche Arten von graphischen Methoden werden im volkswirtschaftlichen Rechnungswesen verwendet?
8. Was sagt eine Identitätsgleichung aus?
9. Was versteht man unter der verbalen Methode?
10. Wie lautet das Kreislaufaxiom?
11. Mit welcher historischen Veröffentlichung beginnt die Analyse des Wirtschaftskreislaufs?
12. Welche politische Absicht verfolgte Quesnay mit der Darstellung des Wirtschaftskreislaufs?
13. Zeichnen Sie das Kreislaufbild von Quesnay und erläutern Sie die Zusammenhänge!
14. Erklären Sie das Grundkonzept der „Allgemeinen Theorie" von J. M. Keynes!
15. Welche Bewertungsmaßstäbe werden im volkswirtschaftlichen Rechnungswesen verwendet?
16. Stellen Sie das Grundschema der Vermögensbilanz einer einzelnen Wirtschaftseinheit dar!
17. Wie errechnet sich das Nettovermögen einer einzelnen Wirtschaftseinheit?
18. Was versteht man unter einer Nettogläubigerposition?
19. Wie hängt die Änderung des Realvermögens der gesamten (geschlossenen) Volkswirtschaft mit der Änderung des Reinvermögens zusammen?

Literaturhinweise zu Kapitel 1 und 2

Brümmerhoff, D.	Volkswirtschaftliche Gesamtrechnungen, 5. Auflage, München 1995
Haslinger, Fr.	Volkswirtschaftliche Gesamtrechnung, 7. Auflage, München 1995
Kraus, W.	Volkswirtschaftliche Gesamtrechnung, Wiesbaden 1961
Krelle, W.	Volkswirtschaftliche Gesamtrechnung, 2. Auflage, Berlin 1967, S. 43-54
Peto, R.	Grundlage der Makroökonomik, 11.Auflage, München 1994
Schneider, E.	Einführung in die Wirtschaftstheorie, IV. Teil, Ausgewählte Kapitel zur Geschichte der Wirtschaftstheorie, Band 1, Tübingen 1970
Stobbe, A.	Volkswirtschaftliches Rechnungswesen, 8. Auflage, Berlin 1994

3. KREISLAUFBILDER

Die folgende Analyse soll Schritt für Schritt vom einfachen zum komplexen Modell führen, wobei als Darstellungsmethode das Blockdiagramm gewählt wird.

Bei den dargestellten Kreislaufbildern handelt es sich um ex post-Modelle, bei denen der Kreislauf geschlossen ist, und zwar in dem Sinne, daß der Wert der zufließenden Ströme zu einem Block gleich dem Wert der abfließenden Ströme ist (Kreislaufaxiom).

3.1 Das Kreislaufbild einer geschlossenen Volkswirtschaft ohne staatliche Aktivität

Das einfachste Kreislaufbild (Abbildung 3.01) unterstellt, daß es in der Volkswirtschaft nur zwei Sektoren gibt: **Private Haushalte** und **Kapitalgesellschaften**.
In Abbildung 3.01 wird außerdem der Wirtschaftskreislauf zwischen den Sektoren in zweierlei Form deutlich: Den realen Strömen (Produktionsfaktoren und Konsumgütern) fließen monetäre Ströme (Einkommen, Konsumausgaben und Ausgaben für Vorleistungen) entgegen.

Abbildung 3.01

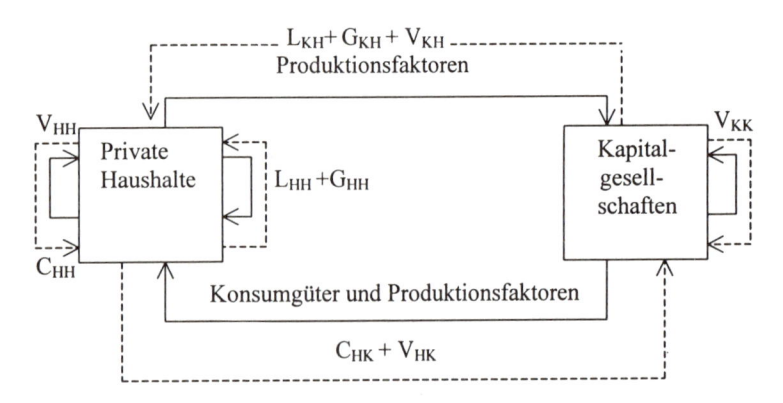

```
              L_KH + G_KH + V_KH
              Produktionsfaktoren
   V_HH                                      V_KK
        ┌─────────────┐        ┌─────────────┐
        │   Private   │        │  Kapital-   │
        │  Haushalte  │ L_HH+G_HH │ gesell-    │
        │             │        │  schaften   │
        └─────────────┘        └─────────────┘
   C_HH
         Konsumgüter und Produktionsfaktoren
              C_HK + V_HK
```

Es handelt sich um das Modell einer geschlossenen Volkswirtschaft. „Geschlossen" ist die Volkswirtschaft in dem Sinne, daß sie keine Beziehungen zu anderen Volkswirtschaften (Ausland) hat.
Die ökonomischen Aktivitäten bestehen bei den privaten Haushalten und bei den Kapitalgesellschaften darin, **Güter zu produzieren**.
Auch private Haushalte produzieren für andere Wirtschaftseinheiten, da Personengesellschaften ohne eigene Rechtspersönlichkeit zu ihnen gezählt werden (Selbständige).
Beide Sektoren haben Ausgaben für Vorleistungen vom jeweils eigenen Sektor (V_{HH} und V_{KK}) oder vom anderen Sektor (V_{KH} und V_{HK}). Vorleistungen sind Produktionsfaktoren, die in der laufenden Periode bei der Güterproduktion eingesetzt und verbraucht werden.
Beide Sektoren erzielen Faktoreinkommen: Die privaten Haushalte erzielen Einkommen aus unselbständiger Tätigkeit (L_{HH}) bei anderen privaten Haushalten als Hausangestellte oder als Mitarbeiter bei Selbständigen. Sie erzielen aber auch sogenannte

„Unternehmensgewinne" in Form von Betriebsüberschüssen, Selbständigeneinkommen oder Vermögenseinkommen (G_{HH}).[1]
Daneben erhalten die privaten Haushalte Einkommen von Kapitalgesellschaften in Form von Einkommen aus unselbständiger Tätigkeit (L_{KH}) und Form von Vermögenseinkommen und Unternehmertätigkeit (G_{KH}).
Schließlich wird bei diesem Modell davon ausgegangen, daß die Kapitalgesellschaften die Gewinne vollständig ausschütten.
Alle Einkommen sind hier Faktoreinkommen, d. h. Primäreinkommen, da dies ein Modell ohne Staat ist. Es gibt daher in diesem Modell keine staatliche Umverteilung.
Die Summe aller Primäreinkommen ergibt das **Inlandseinkommen**, das hier zugleich das **Volkseinkommen (Y)** ist, dessen **Verteilung** in Gleichungsform gezeigt werden kann:

$$Y \equiv L_{HH} + L_{KH} + G_{KH} + G_{HH}$$

Die L-Werte stellen Löhne (Einkommen aus unselbständiger Tätigkeit) und die G-Werte Gewinne (Einkommen aus Vermögen und Unternehmertätigkeit) dar.
Das Volkseinkommen ist in diesem vereinfachten Fall identisch mit dem Einkommen der privaten Haushalte. Da es in diesem Modell keinen Staat gibt, der Steuern erhebt, ist das Bruttoeinkommen zugleich das verfügbare Einkommen der privaten Haushalte.
Das verfügbare Einkommen wird in diesem Modell vollständig für den Konsum ausgegeben. Es wird kein Vermögen gebildet. Es handelt sich um eine stationäre Volkswirtschaft. Es gilt:

$$Y \equiv C_{HH} + C_{HU} \equiv C_H$$

Die Haushalte tätigen **Ausgaben für Konsumgüter** von anderen privaten Haushalten (C_{HH}) und von Kapitalgesellschaften (C_{HK}).

Abbildung 3.02 zeigt das Kreislaufbild einer **Volkswirtschaft mit Vermögensänderung**. Es werden jetzt auch die Geldvermögensbildung (Sparen) und die Sachvermögensbildung (Investitionen) dargestellt.

Die Bruttoinvestionen des Sektors „Kapitalgesellschaften" (I_K^{br}) ergeben sich durch die Ausgaben für den Kauf von Investitionsgütern (Anlagen und Vorprodukte) von anderen Kapitalgesellschaften (I_{KK}^{br}) und von privaten Haushalten (I_{KH}^{br}) zuzüglich jeweils dem Wert der selbststellten Anlagen und dem Wert der Lagerbestandserhöhungen eigener Erzeugnisse.
Analog dazu ergeben sich die Bruttoinvestionen des Sektors „Private Haushalte" (I_H^{br}) durch die Ausgaben für den Kauf von Investitionsgütern (Anlagen und Vorprodukte) von Kapitalgesellschaften (I_{HK}^{br}) und von anderen privaten Haushalten (I_{HH}^{br}) zuzüglich dem Wert der selbststellten Anlagen und dem Wert der Lagerbestandserhöhungen eigener Erzeugnisse.

Werden von den Bruttoinvestitionen jeweils die sektoralen Abschreibungen (D_K und D_H) abgezogen, ergeben sich die Nettoinvestitionen. Für das Modell einer geschlossenen Volkswirtschaft ergibt sich dann folgende Realvermögensänderung in Form der Nettoinvestition (I) während einer Periode:

---

[1] Vgl. S. 53

$$I \equiv I_K^{br} + I_H^{br} - D_K - D_H$$

oder $\quad I \equiv I_K + I_H$

Anderseits entspricht die Nettovermögensänderung dem Sparen der privaten Haushalte (S_H), da dieser Sektor das verfügbare Einkommen in Konsum und Sparen aufteilt:

$$Y \equiv C_H + S_H$$

Um die Vermögensänderung darstellen zu können, muß das Kreislaufbild einen Saldenblock enthalten.

Abbildung 3.02

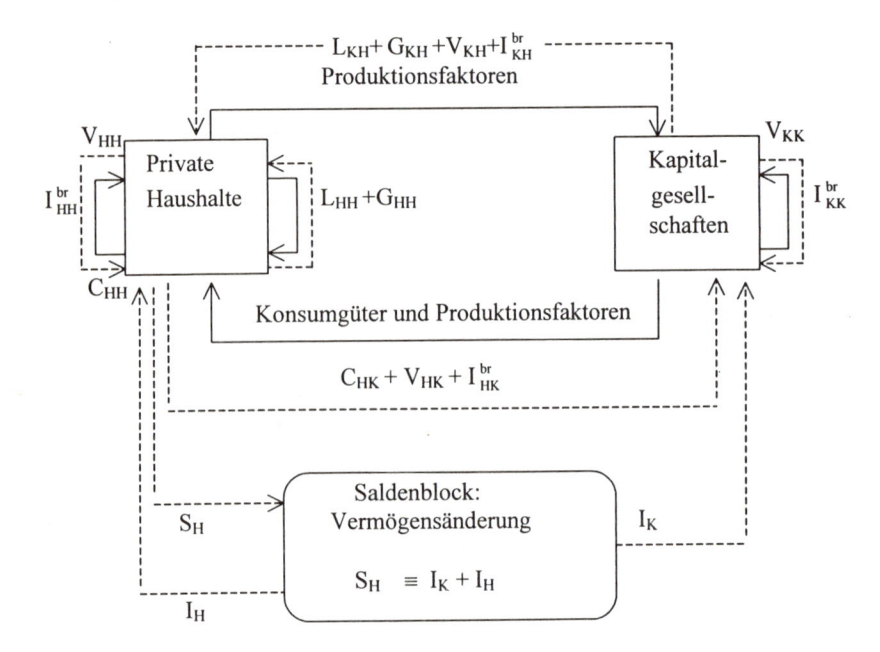

```
                 ┌──── L_KH + G_KH + V_KH + I_KH^br ────┐
                 │          Produktionsfaktoren          │
      V_HH       ▼                                       ▼    V_KK
  ┌─ Private ──┐      L_HH + G_HH       ┌─ Kapital- ──┐
  │ Haushalte  │ ◄─────────────────────►│ gesell-     │
I_HH^br        │                        │ schaften    │ I_KK^br
  └────────────┘                        └─────────────┘
      C_HH ▲           Konsumgüter und Produktionsfaktoren
                       C_HK + V_HK + I_HK^br

              ┌──── Saldenblock: ────┐
         S_H  │  Vermögensänderung   │  I_K
              │   S_H ≡ I_K + I_H    │
              └──────────────────────┘
                       I_H
```

Setzt man für $S_H \equiv S$, da ja nur die privaten Haushalte bei diesem Modell sparen, und für die gesamte Nettoinvestition der Volkswirtschaft $I_H + I_K \equiv I$, ergibt sich die Identitätsgleichung für die Vermögensänderung einer geschlossenen Volkswirtschaft ohne Staat:

$$I \equiv S$$

Dabei enthalten Nettoinvestition und Sparen **geplante** und **ungeplante** Größen.
Es gilt immer:

$$I_{gepl} + I_{ungepl} \equiv S_{gepl} + S_{ungepl}$$

Es handelt sich bei dieser Gleichung nicht um eine Gleichgewichtsbedingung.

Globales güterwirtschaftliches Gleichgewicht herrscht nur dann, wenn es keine ungeplanten Nettoinvestitionen und kein ungeplantes Sparen gibt.[1] Dann ist

$$I_{gepl} = S_{gepl}$$

Das Kreislaufbild bietet zusätzlich die Möglichkeit, die **gesamte Leistung einer Volkswirtschaft** zu messen.
Werden alle Werte der selbsterstellten und von anderen Wirtschaftseinheiten bezogenen Güter in Form von Konsumgütern, Investitionsgütern und Vorleistungen zusammengefaßt, ergibt dies den **Bruttoproduktionswert (P^{br})**:

$$P^{br} \equiv V_{HH}+V_{HK}+V_{KH}+V_{KK}+C_{HH}+C_{HK}+I_K^{br}+I_H^{br}$$

In diesem Wert sind allerdings Doppelzählungen enthalten, denn die Konsum- und Investitionswerte enthalten in ihrem Preis auch den Aufwand für die Vorleistungen, die die Wirtschaftseinheit bezogen hat. Um zum Nettoproduktionswert (P^n) der Volkswirtschaft zu kommen, müssen daher die Vorleistungen vom Bruttoproduktionswert abgezogen werden. Der Nettoproduktionswert entspricht gleichzeitig dem **Bruttoinlandsprodukt** (zu Marktpreisen) (BIP):

$$P^n \equiv BIP \equiv C_{HH}+C_{HK}+I_K^{br}+I_H^{br}$$

Durch die Zusammenfassung des Konsums (C) und der Bruttoinvestition (I^{br}) ergibt sich:

$$BIP \equiv C + I^{br}$$

Werden von den Bruttoinvestionen die Nettoinvestitionen abgezogen, erhält man das **Nettoinlandsprodukt** (zu Marktpreisen):

$$NIP \equiv C + I$$

In einer geschlossenen Volkswirtschaft ohne Staat, ist dies gleich dem **Volkseinkommen von der Verwendungsseite**:

$$Y \equiv C + I$$

Das Volkseinkommen wurde für Konsum und Investitionen verwendet.

3.2 Das Kreislaufbild einer geschlossenen Volkswirtschaft mit staatlicher Aktivität

Ein weiterer Schritt zu einem komplexeren Modell ist die Erweiterung des einfachen Kreislaufbildes um den Staat.
Unter „**Staat**" sollen hierbei die Gebietskörperschaften (Bund, Länder, Kreise und Gemeinden) und die Sozialversicherungsanstalten (Rentenversicherungen, Krankenkassen, Arbeitslosen- und gesetzliche Unfallversicherung) verstanden werden.
Abbildung 3.03 zeigt die wichtigsten Ströme zwischen Staat, privaten Haushalten und Kapitalgesellschaften.

---

[1] Vgl. auch dazu Peto, R.: Makroökonomik, S. 73 ff.

Die Besonderheit bei der Einführung des Staates in das Kreislaufbild liegt darin, daß nun auch monetäre Ströme **ohne** reale Gegenströme auftreten, da der Staat seine Leistungen nicht vermarktet (Nichtmarktaktivitäten) und sie somit überwiegend unentgeltlich den anderen Sektoren zur Verfügung stellt. In diesen Fällen wird keine Wirtschaftseinheit von den staatlichen Leistungen ausgeschlossen (Nichtausschlußprinzip).

Zur Finanzierung der staatlichen Ausgaben werden von den privaten Haushalten und Kapitalgesellschaften Zwangsabgaben in Form von Steuern und Sozialbeiträgen erhoben. Es handelt sich dabei um indirekte Steuern in Form von Produktions- und Importabgaben ($T_H^{ind} + T_K^{ind}$) und direkte Steuern (Einkommens- und Vermögenssteuern) einschließlich Sozialbeiträge ($T_H^{dir} + T_K^{dir}$).[1]

Der Staat versucht aber auch, seinen Haushalt mit Hilfe von Gebühren für einzelne Leistungen zu finanzieren. Diese Ausgaben der privaten Haushalte zählen entweder zu den Konsumausgaben (C_{HSt}), wenn es sich um Haushalte im engeren Sinne handelt, oder zum Aufwand für Vorleistungen (V_{HSt}), wenn es sich um Selbständige handelt, die zum Sektor „Private Haushalte" zählen.

Auch bei den Kapitalgesellschaften sind diese Gebühren ein Aufwand für Vorleistungen vom Staat (V_{KSt}). Für diese Gebühren gibt es einen realen Gegenstrom, der sich „Produktionsfaktoren" oder allgemein „Güter" nennt.

Ohne direkte Gegenströme sind dagegen die Transferzahlungen an private Haushalte (Z_H). Die Zahlungen an private Haushalte betreffen vor allem Renten und die direkten Sozialleistungen.

Andererseits erhalten die öffentlichen Haushalte aber auch Einkommen aufgrund einer Leistung, die sie erbracht haben, und zwar über Produktionsfaktoren, die sie Kapitalgesellschaften zur Verfügung gestellt haben. Diese Einkommen werden Gewinne des Staates (Faktoreinkommen des Staates von Kapitalgesellschaften) (G_{KSt}) genannt.[2]

Der Staat zahlt aber auch direkt Subventionen an Kapitalgesellschaften (Z_K) und an private Haushalte (Z_{StH}) ohne eine direkte Gegenleistung dafür zu bekommen.

Für die Zahlung von Faktoreinkommen an die privaten Haushalte erhält der Staat allerdings die Leistungen der Produktionsfaktoren privater Haushalte. Der Staat zahlt Einkommen aus unselbständiger Tätigkeit in Form von Löhnen, Gehältern und Dienstbezügen (für Beamte) an private Haushalte (L_{StH}).

Der Staat bezieht von Kapitalgesellschaften Güter, die in Aufwand für Vorleistungen (V_{StK}) und Ausgaben für Bruttoinvestitionen (I_{StK}^{br}) unterteilt werden können.[3]

Auch von den privaten Haushalten bezieht er Güter, die in Aufwand für Vorleistungen (V_{StH}) und Ausgaben für Bruttoinvestitionen (I_{StH}^{br}) unterteilt werden können.

Abbildung 3.03 zeigt weitere Ströme, und zwar zwischen den privaten Haushalten und Kapitalgesellschaften, die den Strömen des Modells „geschlossene Volkswirtschaft ohne Staat" entsprechen und dort kommentiert wurden.

---

[1] Vgl. S. 60 f.
[2] Mit den staatlichen „Gewinnen" werden die staatlichen Ausgaben für Zinszahlungen verrechnet.
[3] Aus Vereinfachungsgründen wird unterstellt, daß der Staat keine Vorräte bildet. Die Bruttoinvestitionen des Staates bestehen daher nur aus Anlageinvestitionen.

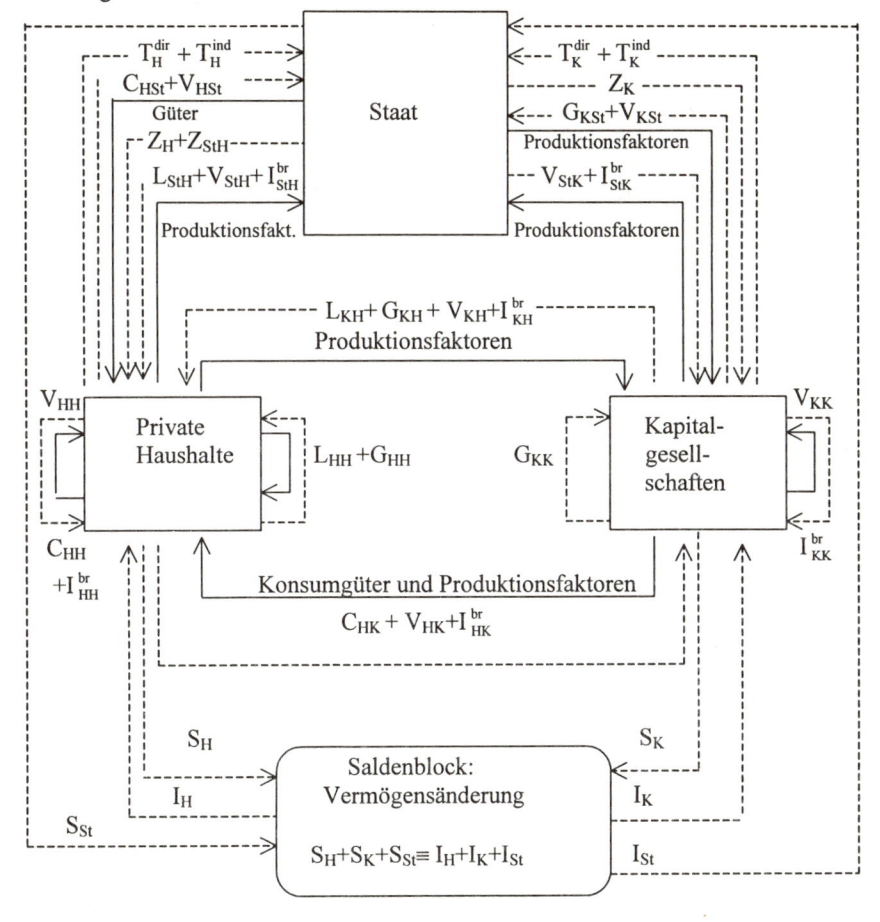

Abbildung 3.03

```
                    ┌─────────────┐
      T_H^dir+T_H^ind ──→ │             │ ←── T_K^dir+T_K^ind
      C_HSt+V_HSt    ──→ │             │ ───── Z_K
      Güter              │    Staat    │ ←── G_KSt+V_KSt
      Z_H+Z_StH  ──────→ │             │
      L_StH+V_StH+I_StH^br│             │ ── V_StK+I_StK^br
                    └─────────────┘
      Produktionsfakt.              Produktionsfaktoren
```

Es folgt eine grafische Darstellung des Wirtschaftskreislaufs mit den Blöcken "Private Haushalte", "Kapitalgesellschaften" und "Saldenblock: Vermögensänderung".

Verbindungen:
- $L_{KH} + G_{KH} + V_{KH} + I_{KH}^{br}$ Produktionsfaktoren
- V_{HH} (Private Haushalte) — V_{KK} (Kapitalgesellschaften)
- $L_{HH} + G_{HH}$ — G_{KK}
- $C_{HH} + I_{HH}^{br}$ — I_{KK}^{br}
- Konsumgüter und Produktionsfaktoren: $C_{HK} + V_{HK} + I_{HK}^{br}$
- S_H, S_K, S_{St} → Saldenblock: Vermögensänderung ← I_H, I_K, I_{St}
- $S_H + S_K + S_{St} \equiv I_H + I_K + I_{St}$

In diesem Modell wird unterstellt, daß der Staat, die privaten Haushalte und die Kapitalgesellschaften Einkommen erzielen und aufteilen, aber auch produzieren können.[1] Während diese Aktivitäten mit den Strömen zwischen den sektoralen Blöcken dargestellt werden, faßt man die Aktivitäten der Vermögensbildung in einem besonderen Block „Vermögensänderung" zusammen.

Schwierigkeiten ergeben sich bei der Darstellung des unentgeltlichen Leistungsstroms, der vom Staat ausgeht und sowohl den privaten Haushalten als auch den Kapitalgesellschaften zugute kommt, jedoch nicht eindeutig zurechenbar ist. In der Zeichnung wurde darauf verzichtet, diesen Strom darzustellen.

Aus Abbildung 3.03 ist die Vermögensänderung erkennbar, wie sie sich nach Einführung des Staates ergibt: Die Nettoinvestitionen der privaten Haushalte (I_H) und der Kapitalgesellschaften (I_K) werden durch die Nettoinvestition des Staates (I_{St}) ergänzt.

---

[1] Zu weiteren Aspekten dieses Schaubilds und weiteren Zusammenfassungen von einzelnen Größen vgl. S. 37 ff.

Die Summe dieser Nettoinvestitionen entspricht dem Sparen der privaten Haushalte (S_H), der Kapitalgesellschaften (S_K) und des Staates (S_{St}):

$$I_H + I_K + I_{St} \equiv S_H + S_K + S_{St}$$

$$\Rightarrow \quad I \equiv S$$

Es gilt auch nach Einführung des Staates die ursprüngliche **Identitätsgleichung für die Vermögensänderung,** wobei auch hier wieder betont werden muß, daß es sich um Globalgrößen handelt, die sich aus geplanten und ungeplanten Größen zusammensetzen.

Die intrasektoriellen Ströme der Kapitalgesellschaften und privaten Haushalte entsprechen den bereits beim Modell einer geschlossenen Volkswirtschaft dargestellten Strömen, und zwar mit einer Ausnahme: Es werden jetzt bei den Kapitalgesellschaften unverteilte Gewinne (G_{KK}) angenommen, in dem Sinne, daß sie entweder in der Kapitalgesellschaft selbst verbleiben oder aber im Sektor „Kapitalgesellschaften" als Gewinne, die an verbundene Kapitalgesellschaften ausgeschüttet wurden. Für diese Gewinne wurde kein realer Gegenstrom eingezeichnet, da sie eigentlich den privaten Haushalten oder dem Staat gehören, da diese Sektoren an den Kapitalgesellschaften beteiligt sind.

Das Kreislaufbild 3.03 ermöglicht es bereits, das Volkseinkommen einer geschlossenen Volkswirtschaft mit Staat **als Summe aller Faktoreinkommen** zu ermitteln, und zwar wieder mit einer **Verteilung** der Primäreinkommen:

$$Y \equiv L_{HH} + L_{KH} + L_{StH} + G_{KH} + G_{HH} + G_{KSt} + G_{KK}$$

Eine Zusammenfassung der L-Werte und der G-Werte ergibt:

$$Y \equiv L + G$$

3.3 Das Kreislaufbild einer offenen Volkswirtschaft mit staatlicher Aktivität

Mit Abbildung 3.04 erfolgt eine Erweiterung des bisherigen Kreislaufbildes um das **Ausland.** Unter „Ausland" werden hier andere Wirtschaftsgebiete verstanden. Das Statistische Bundesamt bezeichnet dies auch als die „Übrige Welt" im Gegensatz zum Inland.

In Abbildung 3.04 wurden zur Vereinfachung der Darstellung die ökonomischen Beziehungen der inländischen Sektoren untereinander nicht dargestellt. Sie entsprechen der Darstellung in Abbildung 3.03. Die inländischen Sektoren bilden in Abbildung 3.04 den schwarzen Kasten „Inland". Damit ist es möglich, ökonomische Transaktionen zwischen dem In- und Ausland darzustellen, ohne sie den einzelnen inländischen Sektoren zuordnen zu müssen.

Aus Abbildung. 3.04 ist erkennbar, daß das Inland mit dem Ausland durch folgende Ströme verbunden ist:

1. Eine Verbindung besteht durch den Export von Waren und Diensten (Exporte) bzw. durch den Import von Waren und Diensten (Importe). Den realen Güterströmen fließen monetäre Ströme in Form von Exporteinnahmen für Güter (ExG) bzw. Importausgaben für Güter (ImG) entgegen.

2. Das Inland zahlt an das Ausland Faktoreinkommen (Y_{ia}) für die Produktionsfaktoren, die im Besitz von Gebietsansässigen sind. Andererseits erhält das Inland vom Ausland Faktoreinkommen (Y_{ai}) für seine Faktorleistungen an das Ausland.
3. Neben den Güter- und Faktorströmen gibt es rein monetäre Ströme zwischen In- und Ausland, denen kein realer Gegenstrom entspricht, so z. B. Schenkungen aller Art einschließlich Entwicklungshilfe und Gastarbeiterüberweisungen. Diese monetären Ströme werden „Übertragungen an das Ausland (Z_{ia})" bzw. „Übertragungen vom Ausland (Z_{ai})" genannt.[1]

Durch die Zusammenfassung und/oder Saldierung von Strömen zwischen dem Inland und dem Ausland (übrige Welt) erhält man wichtige makroökonomische Größen wie der **Außenbeitrag (A)**:[2] Zur Ermittlung dieser Größe werden die Exporteinnahmen für Güter (ExG) mit den Importausgaben für Güter (ImG) saldiert:

$$A \equiv ExG - ImG$$

Werden die Exporteinnahmen für Güter (ExG) mit den Faktoreinkommen aus dem Aussand (Y_{ai}) zusammengefaßt, ergeben sich die Exporteinnahmen (Ex). Analog dazu ergibt eine Addition der Importausgaben für Güter (ImG) und der Faktoreinkommen an das Ausland (Y_{ia}) die Importausgaben (Im). Durch Saldierung der Exporteinnahmen und der Importausgaben erhält man den **erweiterten Außenbeitrag(A_e)**:[3]

$$A_e \equiv (ExG + Y_{ai}) - (ImG + Y_{ia}) \text{ bzw.}$$

$$A_e \equiv (Ex - Im)$$

Der Außenbeitrag kann positiv, negativ oder gleich Null sein. Wird zum Außenbeitrag noch der Saldo der Übertragungen vom Ausland und an das Ausland hinzugefügt, folgt daraus die **Änderung der Nettoauslandsposition** (ΔN) einer Volkswirtschaft[4]

$$\Delta N \equiv (Ex - Im) + Z_{ai} - Z_{ia}$$

---

[1] An dieser Stelle wird noch nicht zwischen den laufenden Übertragungen und den (einmaligen) Vermögensübertragungen unterschieden. Vgl. S. 69
[2] Es handelt sich um den Außenbeitrag des Inlandsprodukts.
[3] Es ist der Außenbeitrag des Bruttonationaleinkommens (Sozialprodukts).
[4] Diese Änderung der Nettoauslandsposition ist identisch mit dem Finanzierungssaldo des Auslandes

Abbildung 3.04

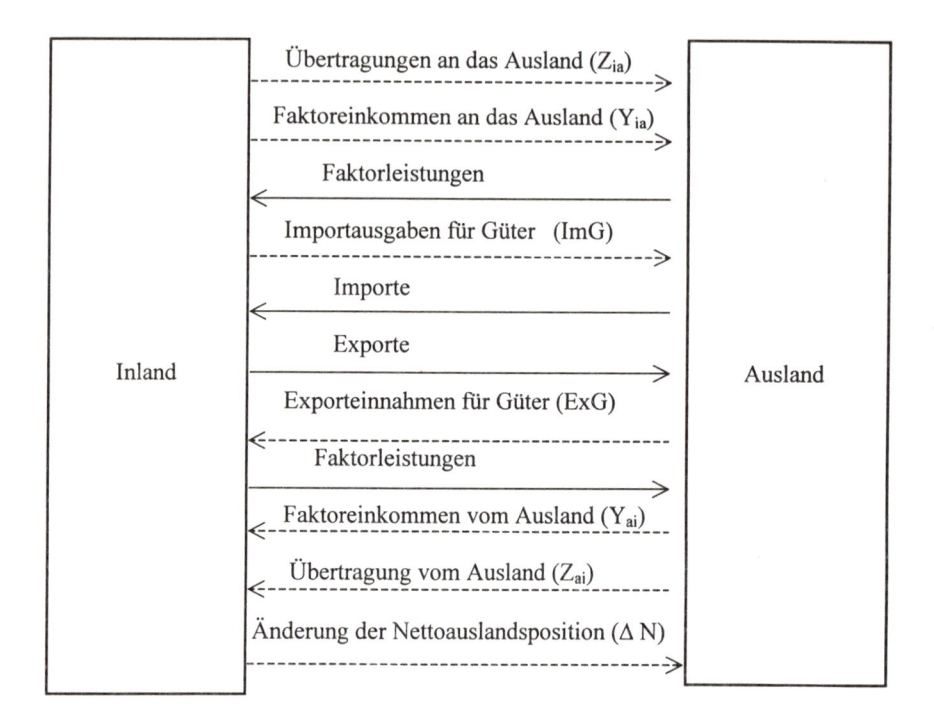

```
                    Übertragungen an das Ausland (Z_ia)
              ┌─────────────────────────────────────────→
              │ Faktoreinkommen an das Ausland (Y_ia)
              ├─────────────────────────────────────────→
              │          Faktorleistungen
              ←─────────────────────────────────────────┤
              │   Importausgaben für Güter (ImG)
              ├─────────────────────────────────────────→
              │             Importe
              ←─────────────────────────────────────────┤
              │             Exporte
  Inland      ├─────────────────────────────────────────→   Ausland
              │   Exporteinnahmen für Güter (ExG)
              ←─────────────────────────────────────────┤
              │          Faktorleistungen
              ├─────────────────────────────────────────→
              │ Faktoreinkommen vom Ausland (Y_ai)
              ←─────────────────────────────────────────┤
              │   Übertragung vom Ausland (Z_ai)
              ←─────────────────────────────────────────┤
              │ Änderung der Nettoauslandsposition (Δ N)
              ├─────────────────────────────────────────→
```

3.4 Das Kreislaufbild einer offenen Volkswirtschaft mit staatlicher Aktivität und einem Finanzsektor

Das bisherige Modell wird um einen **Finanzsektor** erweitert, um die Finanzierungsprobleme einer Volkswirtschaft zu verdeutlichen.[1]

Die Finanzierungsprobleme ergeben sich deshalb, weil in einer modernen Volkswirtschaft die ersparnisbildenden Wirtschaftseinheiten meist nicht identisch sind mit den Investoren. Zwar ist es nicht notwendig, aufgrund der Geldschöpfungsmöglichkeiten des Bankensystems, daß alle in einer Periode nicht konsumierten Einkommen immer durch einen „Vermittler" (d. h. die Banken) an die Investoren gelangen (Kapitalfonds-Vorstellung), doch müssen auf der einen Seite die Investitionen zum Teil fremdfinanziert werden, während auf der anderen Seite die ersparnisbildenden Wirtschaftseinheiten zinsbringende Anlagemöglichkeiten suchen.

Es ist daher sinnvoll, die Kapitalgesellschaften, die sich auf Finanzgeschäfte spezialisiert haben, zum „**Finanzsektor**" zusammenzufassen, der nach dem ESVG 95 als „**Sektor der finanziellen Kapitalgesellschaften**" bezeichnet wird.

Zum Finanzsektor werden, die **Zentralbank** mit den **Geschäftsbanken,** die **Bausparkassen,** die **Versicherungen** und die **Investmentfonds** gerechnet.[2]

---
[1] Vgl. die Finanzierungsrechnung der Deutschen Bundesbank, S. 78 ff.
[2] Vgl. dazu auch Peto, R.: Geldtheorie, S. 46 ff.

Ehe wir die Finanzierungsströme zwischen den einzelnen Sektoren darstellen, soll erst die Entstehung der **Finanzierungssalden (F)** erklärt werden.
Die Finanzierungssalden der einzelnen Sektoren entstehen als Differenz zwischen der Ersparnis und der Nettoinvestition des Sektors.
Abbildung 3.05 zeigt die Entstehung dieser Salden.

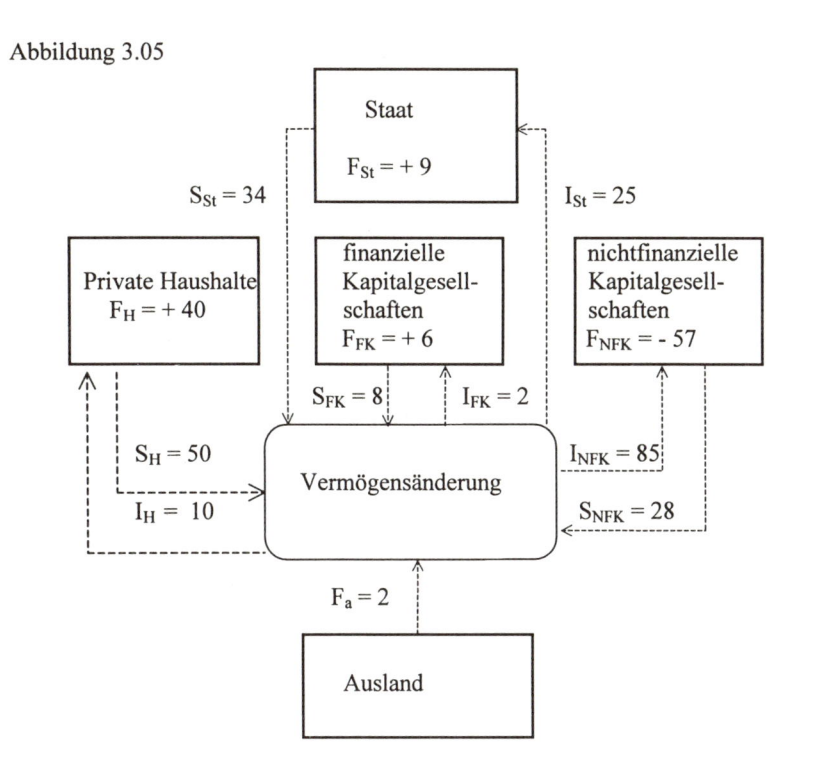

Abbildung 3.05

```
                            ┌─────────────────┐
                            │      Staat      │
                            │                 │
                            │   F_St = + 9    │
                            └─────────────────┘
          S_St = 34                                   I_St = 25

┌──────────────────┐  ┌─────────────────┐  ┌─────────────────┐
│ Private Haushalte│  │   finanzielle   │  │ nichtfinanzielle│
│                  │  │ Kapitalgesell-  │  │ Kapitalgesell-  │
│   F_H = + 40     │  │    schaften     │  │    schaften     │
│                  │  │   F_FK = + 6    │  │   F_NFK = - 57  │
└──────────────────┘  └─────────────────┘  └─────────────────┘

                         S_FK = 8   I_FK = 2

          S_H = 50                            I_NFK = 85
                         Vermögensänderung
          I_H = 10                            S_NFK = 28

                              F_a = 2

                            ┌─────────────────┐
                            │     Ausland     │
                            └─────────────────┘
```

So ergibt sich beispielsweise für die finanziellen Kapitalgesellschaften eine Nettoinvestition in Höhe von $I_{FK} = 2$ und eine Ersparnis von $S_{FK} = 8$, was einen Finanzierungsüberschuß von $F_{FK} = + 6$ bedeutet.
In gleicher Weise lassen sich die Finanzierungssalden der nichtfinanziellen Kapitalgesellschaften ($F_{NFK} = - 57$), des Staates ($F_{St} = + 9$) und der privaten Haushalte ($F_H = + 40$) ermitteln.
Die Summe der Finanzierungssalden des Inlands ergibt ein Defizit von 2. Dies bedeutet eine Nettoschuldnerposition des Inlands gegenüber dem Ausland bzw. (netto) einen Kapitalimport. Dies wird auch durch Abbildung 3.05 deutlich, denn dort „liefert" das Ausland 2 Einheiten für die Vermögensbildung.
Nachdem die Finanzierungssalden ermittelt sind, muß nun untersucht werden, wohin die Finanzierungsüberschüsse fließen, bzw. wie die Finanzierungsdefizite einzelner Sektoren ausgeglichen werden. Abbildung 3.06 zeigt das Grundschema einer Finanzierungsrechnung, wobei betont werden muß, daß es sich bei den Strömen um die

Darstellung von Nettowerten handelt. So geben die privaten Haushalte von ihrem Finanzierungsüberschuß 25 Einheiten an den Finanzsektor, während die nichtfinanziellen Kapitalgesellschaften vom Finanzsektor 30 Einheiten erhalten.
Dies bedeutet nicht, daß nur die nichtfinanziellen Kapitalgesellschaften beim Finanzsektor Kredite aufnehmen, sondern nur, daß sie sich in dieser Periode netto um 30 Einheiten gegenüber dem Finanzsektor verschuldet haben.

In Abbildung 3.06 wurden die inländischen Sektoren zu einem großen Block „Inland" zusammengefaßt, dem vom Ausland 2 Einheiten zufließen.[1]

Abbildung 3.06

```
Inland
                    ┌─────────────┐
                    │    Staat    │
                    │             │
                    │  F_St = + 9 │
                    └─────────────┘
                         1 ↑         10 ↓    15 ↓
┌──────────────────┐   ┌─────────────┐   ┌──────────────────┐
│ Private Haushalte│25 │ finanzielle │30 │  nichtfinanzielle│
│                  │-->│ Kapitalges. │-->│    Kapitalges.   │
│   F_H = + 40     │   │  F_F = + 6  │   │    F_U = - 57    │
└──────────────────┘   └─────────────┘   └──────────────────┘
                           2 ↑
                    ┌─────────────┐
                    │   Ausland   │
                    │  F_a = + 2  │
                    └─────────────┘
```

Mit den Werten $F_{St} = +9$, $F_H = +40$, $F_F = +6$, $F_U = -57$, $F_a = +2$.

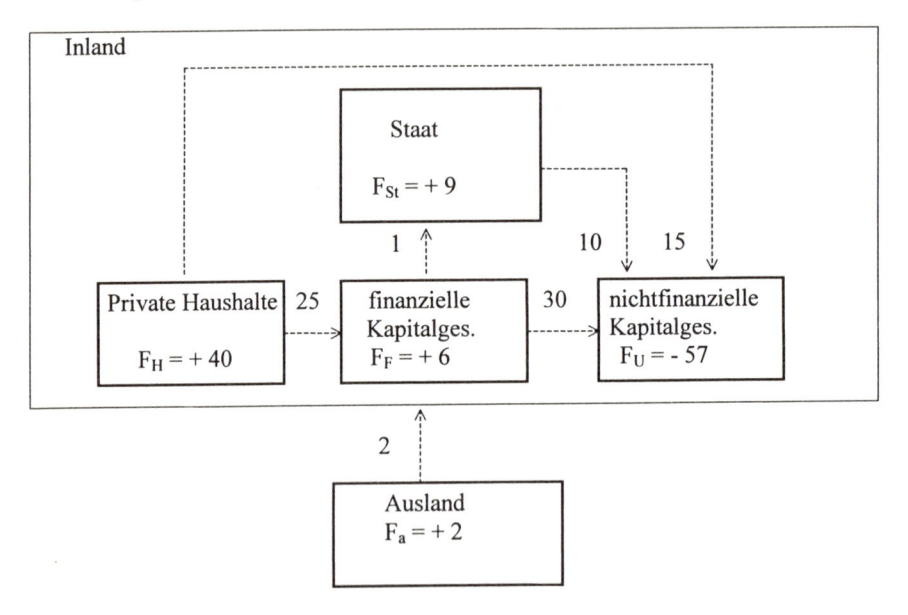

[1] Damit wird deutlich gemacht, daß nicht beabsichtigt war, diesen Betrag einem bestimmten inländischen Sektor zuzuordnen.
Vgl. dazu auch Abbildung 2.04: Sektorale Finanzströme in: Peto, R.: Geldtheorie S.59

Kontrollfragen zu Kapitel 3

1. Welche ökonomischen Aktivitäten werden den Sektoren „Private Haushalte" und „Kapitalgesellschaften" im Modell einer geschlossenen Volkswirtschaft ohne Staat unterstellt?

2. Zeichnen Sie das Kreislaufbild mit den Sektoren „Private Haushalte" und „Kapitalgesellschaften" mit einer Vermögensänderung der Volkswirtschaft!

3. Wie hängen Brutto- und Nettoinvestition zusammen?

4. Inwiefern spielen ungeplante Größen bei der ex post-Analyse eine Rolle?

5. Erläutern Sie die monetären Ströme, die in einer Volkswirtschaft mit staatlicher Aktivität ohne reale Gegenströme auftreten!

6. Auf welche Weise erzielt der Staat „Faktoreinkommen"?

7. Welche Institutionen zählen zum Sektor „Staat"?

8. Nennen Sie ein Beispiel für Transferzahlungen des Staates an private Haushalte!

9. Wie lautet die Identitätsgleichung für die Vermögensänderung einer geschlossenen Volkswirtschaft mit staatlicher Aktivität?

10. Wie ergibt sich die Globalgröße „Außenbeitrag"?

11. Zeichnen Sie das Kreislaufbild einer offenen Volkswirtschaft mit staatlicher Aktivität, wobei das Inland und das Ausland als „schwarze Kästen" dargestellt werden!

12. Wie ergibt sich die Änderung der Nettoauslandsposition eines Landes in Gleichungsform?

13. Welche Institutionen zählen zum Finanzsektor?

14. Wie ergeben sich die Finanzierungssalden der Sektoren?

15. Zeichnen Sie das Grundschema einer Finanzierungsrechnung in Form eines Kreislaufbildes mit einem Finanzsektor (Sektor der finanziellen Kapitalgesellschaften)!

Literaturhinweise zu Kapitel 3

Brümmerhoff, D.   Volkswirtschaftliche Gesamtrechnungen, 6. Auflage, München 1995

Deutsche Bundesbank   Ergebnisse der Gesamtwirtschaftlichen Finanzierungsrechnung für Deutschland 1990 bis 1998, Juli 1999

Krelle, W.   Volkswirtschaftliche Gesamtrechnung, 2. Auflage, Berlin 1967

4. DARSTELLUNG DES WIRTSCHAFTSKREISLAUFS IN KONTEN- UND GLEICHUNGSFORM

Die bisherige Analyse hat gezeigt, daß mit zunehmender Komplexität der Modelle die Darstellung mit Blockdiagrammen bald an eine Grenze kommt.
Die weitere Analyse soll daher mit Hilfe von Konten und den daraus abgeleiteten Gleichungen erfolgen.[1]
Die Analyse wird mit dem Kontensystem einer geschlossenen Volkswirtschaft mit Staat beginnen und danach Konten einer offenen Volkswirtschaft mit Staat darstellen.[2]

4.1 Der Wirtschaftskreislauf einer geschlossenen Volkswirtschaft mit staatlicher Aktivität

4.11 Kontenarten und Sektoren

Bei diesem Modell werden die **Sektoren**
- Kapitalgesellschaften (finanzielle und nichtfinanzielle Kapitalgesellschaften),
- private Haushalte und
- Staat

unterschieden.
Die **monetären Ströme** dieser Sektoren werden auf folgenden **Konten** erfaßt:

- Produktion
- Einkommen
- Vermögensänderung
- Finanzierung

Die **sektoralen Konten** entstehen aus der Zusammenfassung (Konsolidierung) der Konten einzelner Wirtschaftseinheiten, wobei einzelne Kontenpositionen addiert werden oder verrechnet werden können. Dies soll am Beispiel des Produktionskontos der Kapitalgesellschaften gezeigt werden.

Um die makroökonomischen Größen wie „Inlandsprodukt", „Vermögensänderung der Volkswirtschaft" und „Volkseinkommen" zu ermitteln, ist es notwendig, die sektoralen Konten zu **nationalen** Konten zusammenzufassen.[3]

---

[1] Zum Zusammenhang zwischen diesen beiden Darstellungsmethoden vgl. Kapitel 1.
[2] Von der Darstellung des Modells „geschlossene Volkswirtschaft ohne staatliche Aktivität" wurde abgesehen.
[3] Ab der fünften Auflage verwende ich wieder wie bei den ersten Auflagen den Begriff „national" statt „gesamtwirtschaftlich", da Deutschland inzwischen wiedervereinigt ist, und das Statistische Bundesamt inzwischen auch mit nationalen Begriffen arbeitet, wie noch zu zeigen sein wird. Das Statistische Bundesamt wird vermutlich nur wenige nationale Konten einführen, obwohl das ESVG 95 für alle Aktivitäten diese nationalen Konten vorsieht. Die nationalen Konten werden dort „Konten für die Volkswirtschaft" genannt. (Vgl. ESVG 95, S. 328)

4.1.2 Produktionskonten

4.1.2.1 Die Bedeutung der Produktionskonten

Das hier dargestellte Kontensystem ist in Anlehnung an das SNA-Konzept sehr stark am Ergebnis des Produktionsprozesses orientiert.
Dabei muß an dieser Stelle besonders darauf hingewiesen werden, daß bei der Produktion in den Wirtschaftseinheiten auf der einen Seite **Leistungen erstellt** werden und auf der anderen Seite für die beteiligten Produktionsfaktoren **Einkommen entstehen**, die **Faktoreinkommen** genannt werden.
Die Produktionskonten werden daher beim folgenden Modell nicht nur den **Wert der erstellten Leistung, sondern auch die Entstehung und die Verteilung der Faktoreinkommen zeigen**.[1]

4.1.2.2 Das Produktionskonto einer einzelnen Kapitalgesellschaft

Um die einzelnen Positionen des Kontos erklären zu können, soll eine schematische Darstellung des Produktionsprozesses geboten werden (Abbildung 4.01). Allerdings wird nicht der Prozeß selbst, sondern nur die Herkunft des Inputs (Produktionsfaktoren) und die Verwendung des Outputs analysiert werden.

Dabei zeigen die realen Ströme die Richtung des Inputs und des Outputs und die gegenläufigen monetären Ströme beim Input die Richtung der abfließenden Faktoreinkommen und den Werteverzehr (Nutzungsabgabe dauerhafter Produktionsmittel) bzw. beim Output die Richtung der zufließenden Erträge und der Wertzuwächse (Lagerbestandserhöhung eigener Erzeugnisse und selbsterstellte Anlagen).

Aus Abbildung 4.01 ist erkennbar, daß die Kapitalgesellschaft von anderen Wirtschaftseinheiten Güter bezieht, die vollständig in der laufenden Periode in den Produktionsprozeß als Roh-, Hilfs- und Betriebsstoffe, Energie und Dienstleistungen eingehen. Diese Güter werden als **Vorleistungen** bezeichnet.

Die Kapitalgesellschaft setzt außerdem dauerhafte Produktionsmittel in Form von maschinellen Anlagen und Boden bei der Faktorkombination ein, deren Nutzungsabgaben dann in den Produktionsprozeß eingehen.

Vorleistungen und Nutzungsabgaben der dauerhaften Produktionsmittel werden mit den **Leistungen der Produktionsfaktoren der privaten Haushalte** (Arbeit, Vorleistungen) und des Staates (Boden, Vorleistungen) kombiniert. Aus dieser Kombination entsteht die betriebliche Leistung, auch **Output** genannt.
Für das volkswirtschaftliche Rechnungswesen ist es sinnvoll, diesen Output danach zu gliedern, welchem Sektor er zufließt, und welche **Verwendung** er dort findet.

Abbildung 4.01 läßt erkennen, daß die Produktion der Kapitalgesellschaft entweder an Wirtschaftseinheiten geliefert wird, die den beiden Sektoren „private Haushalte" oder

---

[1] Vgl. andere Lösung des Statistischen Bundesamtes: ESVG (95), S. 41 ff.

„Staat" angehören, oder aber in der Kapitalgesellschaft als Lagerbestände oder selbsterstellte Anlage verbleibt. Eine andere Möglichkeit besteht in der Belieferung anderer Kapitalgesellschaften.

Abbildung 4.01

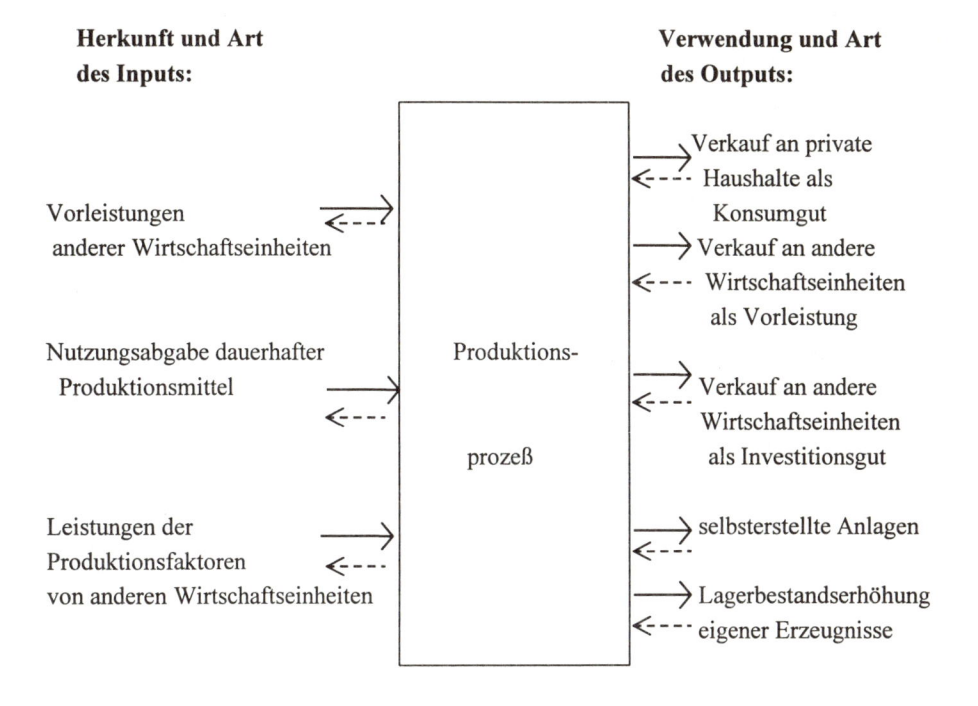

Herkunft und Art des Inputs:

Vorleistungen anderer Wirtschaftseinheiten

Nutzungsabgabe dauerhafter Produktionsmittel

Leistungen der Produktionsfaktoren von anderen Wirtschaftseinheiten

Produktionsprozeß

Verwendung und Art des Outputs:

Verkauf an private Haushalte als Konsumgut

Verkauf an andere Wirtschaftseinheiten als Vorleistung

Verkauf an andere Wirtschaftseinheiten als Investitionsgut

selbsterstellte Anlagen

Lagerbestandserhöhung eigener Erzeugnisse

Während bei der Verwendung als **Konsumgut** und **Vorleistung** angenommen wird, daß das Gut in der laufenden Periode verbraucht wird, ist es typisch für ein **Anlagegut**, daß sich seine Leistungsabgabe (und damit sein Verbrauch) auf mehrere Perioden verteilt. Zu den Anlagegütern zählen u.a. Maschinen und Gebäude, seit der Neuregelung (ESVG 95) auch immaterielle Anlageinvestitionen wie EDV-Software und Urheberrechte sowie Nutztiere und Nutzpflanzen.
Vorprodukte sind Waren, die ebenfalls von anderen Wirtschaftseinheiten geliefert werden, aber erst in **späteren Perioden** in den Produktionsprozeß eingehen und dann zu Vorleistungen werden. In der Zwischenzeit werden sie von der empfangenden Wirtschaftseinheit auf Lager genommen und erhöhen damit die Lagerinvestitionen in Form des Materiallagers (Roh-, Hilfs- und Betriebsstoffe).
Anlagegüter und **Vorprodukte** können zu **Investitionsgütern** zusammengefaßt werden.

Wird der bewertete Input dem bewerteten Output einer Kapitalgesellschaft gegenübergestellt, ergibt sich das **Produktionskonto** (Konto 4.01).

Der **bewertete Output** einer Kapitalgesellschaft wird als **Bruttoproduktionswert** bezeichnet, wie aus Konto 4.01 (rechte Seite) zu erkennen ist.[1]

Die Umsätze und Werte der produzierten Güter wurden auf der rechten Seite des Kontos 4.01 nach den **Empfängern** und nach ihrer **Verwendung** differenziert, um das Grundprinzip eines ausführlichen Produktionskontos zu zeigen. Im betrieblichen Rechnungswesen ist diese Differenzierung weder aus steuerlichen noch aus handelsrechtlichen Gründen nötig.

Konto 4.01: Produktionskonto einer Kapitalgesellschaft
einer geschlossenen Volkswirtschaft mit staatlicher Aktivität
für die Periode t

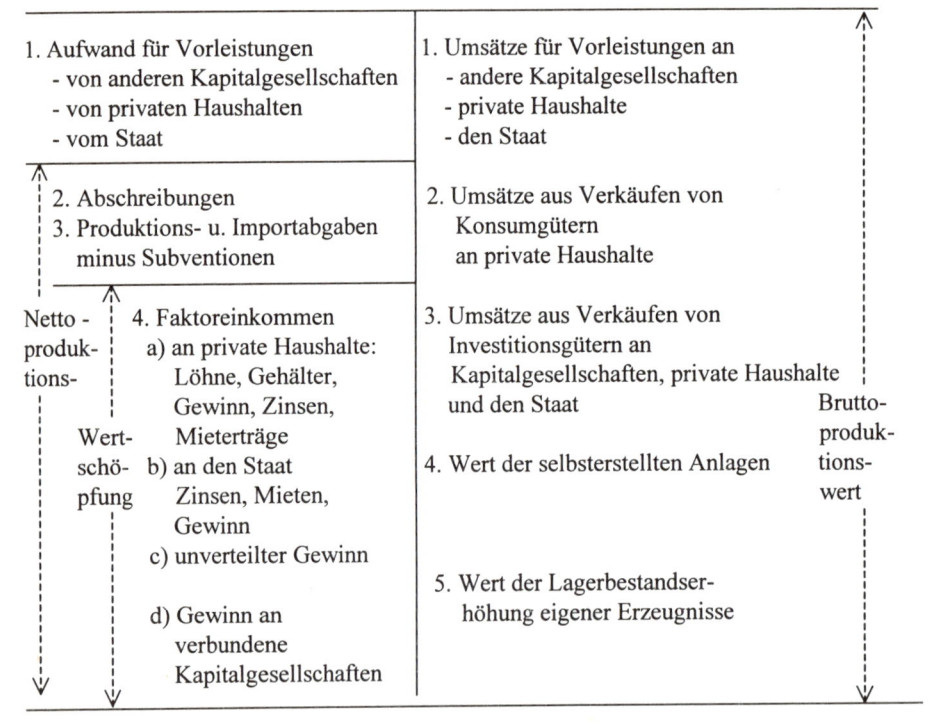

1. Aufwand für Vorleistungen
  - von anderen Kapitalgesellschaften
  - von privaten Haushalten
  - vom Staat
	1. Umsätze für Vorleistungen an
	  - andere Kapitalgesellschaften
	  - private Haushalte
	  - den Staat

2. Abschreibungen
3. Produktions- u. Importabgaben
    minus Subventionen
	2. Umsätze aus Verkäufen von
	    Konsumgütern
	    an private Haushalte

4. Faktoreinkommen
  a) an private Haushalte:
     Löhne, Gehälter,
     Gewinn, Zinsen,
     Mieterträge
  b) an den Staat
     Zinsen, Mieten,
     Gewinn
  c) unverteilter Gewinn
  d) Gewinn an
     verbundene
     Kapitalgesellschaften
	3. Umsätze aus Verkäufen von
	    Investitionsgütern an
	    Kapitalgesellschaften, private Haushalte
	    und den Staat
	
	4. Wert der selbsterstellten Anlagen
	
	5. Wert der Lagerbestandser-
	    höhung eigener Erzeugnisse

Linke Seite Klammern: Nettoproduktions-Wertschöpfung (Positionen 4); Positionen 2, 3, 4 zusammen. Rechte Seite: Bruttoproduktionswert (alle Positionen).

Die einzelne liefernde Wirtschaftseinheit hat davon in der Regel keine exakte Kenntnis, für welchen Zweck seine produzierten Güter verwendet und an welchen Sektor sie verkauft werden. Aus absatzpolitischen Gründen wird die Wirtschaftseinheit allerdings versuchen, sich außerhalb des Rechnungswesens diese Informationen zu beschaffen.

---

[1] Das Statistische Bundesamt nennt diese Größe „Produktionswert".

Auch das Statistische Bundesamt kann daher diese differenzierten Angaben nicht von der einzelnen liefernden Kapitalgesellschaft erhalten. Es stellt vielmehr anhand der Meldungen der **empfangenden** Wirtschaftseinheiten die **sektorale Verteilung der Güter und ihre Verwendungsart** fest.

Der Bruttoproduktionswert enthält die Umsätze mit anderen Wirtschaftseinheiten, den Wert der Lagerbestandserhöhung eigener Erzeugnisse und der Wert der selbsterstellten Anlagen. Die Umsätze der Kapitalgesellschaft werden zu Marktpreisen erfaßt, allerdings ohne die in Rechnung gestellte Umsatzsteuer (Mehrwert- und Einfuhrumsatzsteuer). Die Lagerbestandserhöhung eigener Erzeugnisse und die selbsterstellten Anlagen werden zu Herstellungspreisen bewertet.[1]

Werden vom Bruttoproduktionswert die Vorleistungen (als Leistungen anderer Wirtschaftseinheiten) abgezogen, ergibt sich der **Nettoproduktionswert,** der auch **Bruttowertschöpfung** genannt wird. Es ist der Nettobeitrag der Kapitalgesellschaft zum Wert der während einer Periode erzeugten Güter eines Gebiets.

Zieht man vom Nettoproduktionswert die Abschreibungen (als Werteverzehr der Anlagegüter) sowie die Position „Produktions- und Importabgaben minus Subventionen" ab, ergibt sich die **(Netto-) Wertschöpfung.** Diese Größe ist identisch mit den in der Kapitalgesellschaft entstandenen Faktoreinkommen. **Faktoreinkommen** sind Einkommen, die als Gegenwert für die Bereitstellung von Produktionsfaktoren (ohne Vorleistungen) entstehen.

4.1.2.3 Das Produktionskonto des Sektors „Kapitalgesellschaften"

Die Konsolidierung der Einzelkonten führt zum Produktionskonto des Sektors „Kapitalgesellschaften".
Die Summe der Umsätze aus Verkäufen von Vorleistungen an andere Kapitalgesellschaften und die Summe des Aufwands für Vorleistungen von anderen Kapitalgesellschaften (V_{KK}) muß immer **gleich groß** sein.

Die rechte Seite des Kontos 4.02 zeigt den **Bruttoproduktionswert des Sektors „Kapitalgesellschaften"** (Pos. 1-5).
Aufgrund der besonderen Gliederung der gelieferten und produzierten Güter ist es bereits jetzt möglich, gesamtwirtschaftliche Größe darzustellen und entsprechende Symbole zu verwenden. So kann man die Umsätze aus Verkäufen von Vorleistungen der Sektoren erkennen sowie Umsätze aus Verkäufen von Konsumgütern an private Haushalte (C_{HK}), die gelieferten Investitionsgüter an Kapitalgesellschaften (I_{KK}^{br}), private Haushalte (I_{HK}^{br}) und an den Staate (I_{StK}^{br}).
Schließlich erkennt man die Art und den empfangenden Sektor der entstandenen Faktoreinkommen..
Bei der Konsolidierung werden außerdem die Gewinne an verbundene Unternehmen verrechnet, so daß diese Position wegfällt.

---

[1] Vgl. ESVG 95, S. 142. Zur Bewertung des (Brutto-)Produktionswertes im ESVG 95 vgl. S. 100

Konto 4.02: Produktionskonto des Sektors „Kapitalgesellschaften"
einer geschlossenen Volkswirtschaft mit staatlicher Aktivität
für die Periode t

1. Aufwand für Vorleistungen von
   - von anderen
     Kapitalgesellschaften (V_{KK}),
   - von privaten Haushalten (V_{KH}),
   - vom Staat (V_{KSt})
	1. Umsätze aus Verkäufen von
	   Vorleistungen an
	   - andere Kapitalgesellschaften (V_{KK})
	   - private Haushalte (V_{HK})
	   - den Staat (V_{StK})

2. Abschreibungen (D_K)	2. Umsätze aus Verkäufen von
	   Konsumgütern
	   an private Haushalte (C_{HK})

3. Produktions- u. Importabgaben (T_K^{ind})
   minus Subventionen (Z_K)
	3. Umsätze aus Verkäufen von
	   Investitionsgütern an
	   - andere Kapitalgesellschaften (I_{KK}^{br})

4. Faktoreinkommen	- private Haushalte (I_{HK}^{br})

a) an private Haushalte:
   Löhne, Gehälter (L_{KH})
   Gewinne, Zinsen,
   Mieterträge (G_{KH})
b) an den Staat (G_{KSt})
c) unverteilte
   Gewinne (G_{KK})
	- den Staat (I_{StK}^{br})
	4. Wert der selbsterstellten Anlagen
	5. Wert der Lagerbestandserhöhung
	   eigener Erzeugnisse

Zieht man vom Bruttoproduktionswert die Vorleistungen an Kapitalgesellschaften ab, so ergibt sich der **Nettoproduktionswert des Sektors „Kapitalgesellschaften"**.
Nach Abzug der Abschreibungen und der Position „Produktions- und Importabgaben minus Subventionen" vom Nettoproduktionswert, erhält man die Faktoreinkommen, die der **(Netto-)Wertschöpfung des Sektors** entprechen.

4.1.2.4 Das Produktionskonto des Sektors „Private Haushalte"

Auch für den Sektor **„Private Haushalte"** wird ein Produktionskonto eingeführt.[1]
Dafür gibt es gewichtige Gründe, denn auch in privaten Haushalten wird produziert und private Haushalte produzieren für andere.
Historisch gesehen fand die gesamte Produktion von Gütern zunächst in privaten Haushalten statt, wie beispielsweise beim germanischen Hof. Dann spezialisierte sich z. B. der Hofschmied und machte sich selbständig. Die Produktion wurde ausgegliedert.[2] Diese Arbeitsteilung zwischen privaten Haushalten und Unternehmen ist in hochindustrialisierten Ländern im Gegensatz zu den Entwicklungsländern weit fortgeschritten.[3] Diese Tatsache

---
[1] Zur Vereinfachung der Analyse werden die privaten Organisationen ohne Erwerbszweck (Kirchen, Verbände, Idealvereine) mit zu den privaten Haushalten gerechnet.
[2] In der heutigen Fachsprache wird das „Outsourcing" genannt.
[3] Allerdings ist in hochindustrialisierten Ländern, bedingt durch die Technik, zum Teil eine Rückverlagerung der Produktion in die Haushalte zu beobachten, z. B. Home banking und Telearbeit

muß beim internationalen Vergleich berücksichtigt werden, denn die Produktion der Hausfrau oder des Hausmannes im eigenen Haushalt wird als Leistung nicht erfaßt und damit nicht bewertet.[1] Dagegen wird deren Tätigkeit in anderen Haushalten im Produktionskonto erfaßt und bewertet. Ihr Einkommen ist ein Einkommen aus unselbständiger Tätigkeit (L_{HH}).
Auch die Neuregelung des ESVG 95 bringt im Hinblick auf die Erfassung der Arbeit im eigenen Haushalt leider keine Änderung.

Konto 4.03: Produktionskonto des Sektors „Private Haushalte"
einer geschlossenen Volkswirtschaft mit staatlicher Aktivität
für die Periode t

1. Aufwand für Vorleistungen
   - von Kapitalgesellschaften (V_{HK})
   - von anderen
      privaten Haushalten (V_{HH})
   - vom Staat (V_{HSt})
	1. Umsätze aus Verkäufen von
	   Vorleistungen an
	   - Kapitalgesellschaften (V_{KH})
	   - andere private Haushalte (V_{HH})
	   - den Staat (V_{StH})

2. Abschreibungen (D_H)	2. Umsätze aus Verkäufen von
	   Konsumgütern
	   an private Haushalte (C_{HH})

3. Produktions- u. Importabgaben (T_H^{ind})
   minus Subventionen (Z_{StH})
	3. Umsätze aus Verkäufen von
	   Investitionsgütern an

4. Faktoreinkommen
   an private Haushalte:
   Löhne, Gehälter (L_{HH})
   Unternehmensgewinne (G_{HH})
	- Kapitalgesellschaften (I_{KH}^{br}),
	   - andere private Haushalte (I_{HH}^{br})
	   - den Staat (I_{StH}^{br})
	4. Wert der selbsterstellten Anlagen
	5. Wert der Lagerbestandserhöhung
	   eigener Erzeugnisse

Das ESVG 95 bringt jedoch andere **gravierende** Änderungen:
Der Sektor „Private Haushalte" umfaßt jetzt plötzlich alle Unternehmen ohne eigene Rechtspersönlichkeit wie Selbständige. Damit produziert der Sektor „Private Haushalte" für andere und bezieht auch Produktionsfaktoren von anderen. Der Sektor spart nicht nur wie bisher, sondern investiert auch. Konsequenterweise zählen jetzt auch die Immobilieninvestitionen der privaten Haushalte im engeren Sinne zu diesem Sektor (Das Statistische Bundesamt zählte die Aktivitäten der privaten Haushalte als Hauseigentümer bisher zur Gruppe der Unternehmen.).
Aus diesen unternehmerischen Aktivitäten ergeben sich unterschiedliche Faktoreinkommen in Form von Betriebsüberschüssen, Selbständigeneinkommen und Vermögenseinkommen, die als „Unternehmensgewinne" der privaten Haushalte (G_{HH}) bezeichnet werden können.[2] Auch die Einkommen aus unselbständiger Tätigkeit müssen

---
[1] Vgl. VGR (96), S. 49 f. und vgl. dazu Kapitel 7: „Das Inlandsprodukt als Wohlfahrtsindikator", S. 129 f.
[2] Vgl. ESVG 95, S. 364 f.

jetzt um die Einkommen der Arbeiter und Angestellten erweitert werden, die sie bei Selbständigen erzielen.

Konto 4.03 ist das Produktionskonto des Sektors „Private Haushalte". Auf die Darstellung des Produktionskontos eines einzelnen privaten Haushalts wurde verzichtet.

Der Aufwand für Vorleistungen und die Umsätze aus Verkäufen von Vorleistungen an den eigenen Sektor „Private Haushalte" (V_{HH}) müssen gleich groß sein.

Die rechte Seite des Kontos 4.03 zeigt den **Bruttoproduktionswert** (Pos. 1-5).

Zieht man davon die Vorleistungen (linke Kontenseite Pos. 1) ab, erhält man den sektoralen **Nettoproduktionswert**. Die Subtraktion der Position Nr. 2 ergibt die **sektorale Wertschöpfung**.

4.1.2.5 Das Produktionskonto des Staates

Die staatliche Produktion besteht in der Erstellung von Dienstleistungen, die überwiegend unentgeltlich anderen Wirtschaftseinheiten zur Verfügung gestellt werden, was aufgrund einer politischen Entscheidung erfolgt, wie beispielsweise bei der Benutzung der Autobahn mit einem PKW. Das mögliche Ausschlußprinzip wird ausgesetzt: Obwohl mit Hilfe einer Autobahngebühr die Nichtzahler ausgeschlossen werden könnten, wird die Gebühr vom Staat nicht erhoben. Für andere zurechenbare Leistungen verlangt der Staat aber Gebühren, die bei den privaten Haushalten (im engeren Sinne) Konsumausgaben, bei den Kapitalgesellschaften und bei den Selbständigen aber Vorleistungen sind.

Allerdings gibt es Leistungen des Staates, bei denen keine Erhebung möglich ist wie die Leistung „äußere Sicherheit". Es kann niemanden davon ausgeschlossen werden. Diese Leistung des Staates kann nicht vermarktet werden.

Damit erfolgt mit dem Produktionskonto des Staates eine Erfassung und Bewertung von **Nichtmarktaktivitäten**.

Die Bewertung der gesamten Dienstleistungen erfolgt zu den Produktionskosten. Die Produktionskosten umfassen nach dem ESVG 95 den Aufwand für Vorleistungen, das Arbeitnehmerentgelt, die Abschreibungen und die sonstigen Produktionsabgaben.[1]

Konto 4.04: Produktionskonto des Sektors „Staat"
einer geschlossenen Volkswirtschaft mit staatlicher Aktivität
für die Periode t

1. Aufwand für Vorleistungen von - Kapitalgesellschaften (V_{StK}) - privaten Haushalten (V_{StH})	1. Einnahmen für Vorleistungen an - Kapitalgesellschaften (V_{KSt}) - private Haushalte (V_{HSt})
2. Abschreibungen (D_{St})	2. Einnahmen von privaten Haushalten für Konsumgüter (C_{HSt})
3. Faktoreinkommen an private Haushalte (L_{StH}) (Löhne, Gehälter, Dienstbezüge)	Wert des staatlichen Eigenverbrauchs = Wert des staatlichen Konsums = Wert der unentgeltlichen Leistungen des Staates (C_{St})

---

[1] Vgl. ESVG 95, S.46

Unter Berücksichtigung dieser Tatsache ergibt sich der staatliche Konsum als ein Restwert wie Konto 4.04 zeigt.
Zur Vereinfachung sehen wir davon ab, Konten der einzelnen öffentlichen Haushalte darzustellen, wohl wissend, daß sie untereinander ökonomisch verflochten sind, was u.a. im Zuweisungssystem zum Ausdruck kommt.[1]
Es wird nur ein konsolidiertes, sektorales Produktionskonto des öffentlichen Sektors dargestellt, das "Produktionskonto des Staates" genannt wird.[2]

Auf der linken Seite wird der Aufwand für Käufe von Vorleistungen von Kapitalgesellschaften (V_{StK}) und von privaten Haushalten (V_{StH}) als erste Position erfaßt.
Die Vorleistungen enthalten den Aufwand des Staates für Güter, die in der laufenden Periode in den Produktionsprozeß des Staates eingehen.
Bis zur Neuregelung wurden auch die Ausgaben für militärische Ausrüstungen und Bauten als Vorleistungen verbucht.
Seit 1.1.99 werden nach dem ESVG 95 militärische Ausrüstungen und Bauten als Investitionen angesehen, sofern sie auch zivil genutzt werden können. Die Position „Vorleistungen" wird damit kleiner, aber auf der anderen Seite erhöhen sich die Investitionen auf dem Vermögensänderungskonto des Staates.

Öffentliche Haushalte beziehen außerdem auch noch andere Anlagegüter (Investitionsgüter) von Kapitalgesellschaften und privaten Haushalten. Diese Anlagegüter werden auch auf dem Vermögensänderungskonto erfaßt.[3]
Die Vorleistungen sind daher nur ein Teil der Ausgaben des Staates für Güter.[4]

Die zweite Position auf der linken Seite des Kontos sind die staatlichen Abschreibungen (D_{St}). Die Abschreibungen des Staates betreffen Gebäude und Ausrüstungen. Seit dem 1.1.99 werden im Gegensatz zur bisherigen Praxis auch Tiefbauten der öffentlichen Haushalte wie Straßen, Brücken, Wasserwege und ähnliche Güter abgeschrieben. Die Bestände dieser Güter wurden auch bisher in der Volksvermögensrechnung des Statistischen Bundesamtes erfaßt, aber keine Abschreibungen davon berechnet. Außerdem werden jetzt auch die Teile der oben erwähnten militärischen Ausrüstungen und Bauten abgeschrieben, sofern sie auch zivil genutzt werden können.
Die Position „Abschreibungen des Staates" erhöht sich daher wesentlich gegenüber den bisherigen Berechnungen.
Die dritte Position auf der linken Kontenseite ergibt sich aus den gezahlten Löhnen, Gehältern und Dienstbezügen der Bediensteten (L_{StH}).
Auf der rechten Kontenseite werden die Einnahmen für Vorleistungen an Kapitalgesellschaften (V_{KSt}) und an private Haushalte (V_{HSt}) verbucht, aber auch die Einnahmen für Konsumgüter an private Haushalte (C_{HSt}).
Als Saldo des Produktionskontos des Staates ergibt sich auf der rechten Seite der **„staatlicher Konsum (C_{St})". Dies ist der Wert der unentgeltlichen Dienstleistungen des Staates**. Er stellt die Zusammenfassung aller „Eigenverbrauchswerte" der öffentlichen Haushalte dar.
Dies ergibt folgende Gleichung:

---

[1] Vgl. dazu: Statistisches Bundesamt, VGR, Fachserie 18, Reihe S.6: Der Staat in den Volkswirtschaftlichen Gesamtrechnungen, 1960 bis 1983, Wiesbaden 1984
[2] Beim konsolidierten Konto „Staat" entfallen die (staatlichen) Produktionsabgaben.
[3] Beim Staat wird unterstellt, daß er keine Vorprodukte lagert.
[4] Vgl. S. 34 ff.

$$C_{St} \equiv V_{StK} + V_{StH} + D_{St} + L_{StH} - V_{KSt} - V_{HSt} - C_{HSt}$$

Zwar werden die unentgeltlichen Dienstleistungen in Form der Leistungen der öffentlichen Verwaltung, der Polizei, der Rechtspflege, des Sozialwesens, der Schulen und Hochschulen usw. den anderen Wirtschaftseinheiten zur Verfügung gestellt, doch war es bisher nicht üblich, den Kapitalgesellschaften und privaten Haushalten bestimmte Dienstleistungen zuzurechnen. Man unterstellte daher, daß der Staat diese Dienstleistungen selbst verbrauchte, weshalb der verbrauchte Wert auch als „Wert des staatlichen Eigenverbrauchs" bezeichnet wird.

Mit dem ESVG 95 wird der Versuch unternommen, Teile des staatlichen Konsums den privaten Haushalten zuzurechnen, indem vom reinen **Ausgabenkonzept** (Wie hoch waren die Ausgaben des Sektors?) zum **Verbrauchskonzept** (Wie hoch war der Verbrauch des Sektors?) übergegangen wird.

Das ESVG 95 unterscheidet dabei den Individualkonsum vom Kollektivkonsum.
Der **Individualkonsum** umfaßt nach dem Verbrauchskonzept die „von privaten Haushalten empfangene Güter, die der Befriedigung der Bedürfnisse und Wünsche der Mitglieder der inländischen privaten Haushalte unmittelbar dienen."[1]
Dagegen umfaßt der Kollektivkonsum kollektive Dienstleistungen, „die allen Mitgliedern der Bevölkerung oder allen Angehörigen einer bestimmten Bevölkerungsgruppe beispielsweise allen privaten Haushalten einer bestimmten Region, gleichzeitig zur Verfügung gestellt werden."[2]

Bei der Berechnung des **Individualkonsums** wird von den Konsumausgaben der privaten Haushalte (und der privaten Organisationen ohne Erwerbszweck) ausgegangen und die Konsumausgaben des Staates für das Unterrichtswesen, Gesundheitswesen, soziale Sicherung, Sport und Erholung sowie Kultur addiert (teilweise auch die Bereitstellung von Wohnungen und die Kosten für Verkehrsnetze und Müllbeseitigung).

Die verbleibenden Ausgaben des Staates für die Verwaltung der Gesellschaft, Sicherheit, Verteidigung, für die Aufrechterhaltung der öffentlichen Ordnung und die Gesetzgebung, für die Umwelt, Forschung und Entwicklung sowie Infrastruktur und Wirtschaftsförderung ergeben dann den **Kollektivkonsum**.[3]

4.1.2.6 Das Nationale Produktionskonto

Das Nationale Produktionskonto erhält man durch die Zusammenfassung der sektoralen Produktionskonten der Kapitalgesellschaften, der privaten Haushalte und des Staates. Dabei ergibt sich folgendes:
Die Käufe und Verkäufe von Vorleistungen, die den Staat, die Kapitalgesellschaften und die privaten Haushalte betreffen, könnten ohne Saldo verrechnet werden. Wir sehen aber davon ab, sie zu verrechnen, sondern weisen sie auf dem Nationalen Produktionskonto brutto aus.
Das Nationale Produktionskonto einer geschlossenen Volkswirtschaft mit staatlicher Aktivität sieht dann wie das Konto 4.05 aus.
Es zeigt auf der rechten Seite (Pos. 1-6) den **Bruttoproduktionswert einer Volkswirtschaft** (P^{br}), d.h. den **Wert der wirtschaftlichen Bruttoleistung, der innerhalb eines bestimmten Gebietes während einer Periode produziert wurde**.
Dieser Wert enthält Doppelzählungen, da er noch die Vorleistungen enthält.

---

[1] ESVG 95, S. 57
[2] ebenda
[3] Vgl. ebenda, S. 54

4. Darstellung des Wirtschaftskreislaufs

Werden die Vorleistungen vom Bruttoproduktionswert abgezogen, so ergibt sich **der Nettoproduktionswert einer Volkswirtschaft (P^n)**.
Der Nettoproduktionswert einer Volkswirtschaft ist identisch mit dem **Bruttoinlandsprodukt (zu Marktpreisen) (BIP)**.
Das Bruttoinlandsprodukt setzt sich aus den Umsätzen der Verkäufe von Konsumgütern an private Haushalte (C_H), dem staatlichen Konsum (C_{St}) und den Bruttoinvestitionen (I^{br}) zusammen.
Das Bruttoinlandsprodukt ist ein Indikator für die wirtschaftliche Nettoleistung eines Gebiets. Es gibt den Wert der Güter (Waren und Dienstleistungen) an, die innerhalb eines Gebiets während einer bestimmten Periode produziert wurden, abzüglich Vorleistungen.

Konto 4.05: Nationales Produktionskonto
einer geschlossenen Volkswirtschaft mit staatlicher Aktivität
für die Periode t

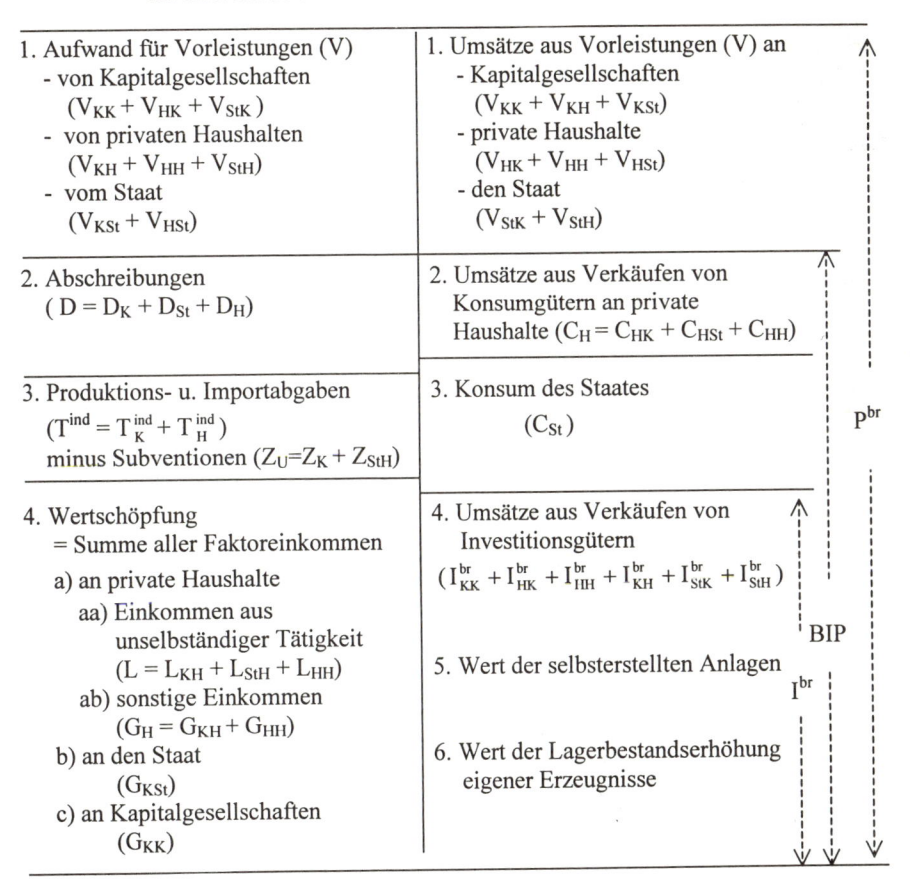

1. Aufwand für Vorleistungen (V) - von Kapitalgesellschaften ($V_{KK} + V_{HK} + V_{StK}$) - von privaten Haushalten ($V_{KH} + V_{HH} + V_{StH}$) - vom Staat ($V_{KSt} + V_{HSt}$)	1. Umsätze aus Vorleistungen (V) an - Kapitalgesellschaften ($V_{KK} + V_{KH} + V_{KSt}$) - private Haushalte ($V_{HK} + V_{HH} + V_{HSt}$) - den Staat ($V_{StK} + V_{StH}$)
2. Abschreibungen ($D = D_K + D_{St} + D_H$)	2. Umsätze aus Verkäufen von Konsumgütern an private Haushalte ($C_H = C_{HK} + C_{HSt} + C_{HH}$)
3. Produktions- u. Importabgaben ($T^{ind} = T_K^{ind} + T_H^{ind}$) minus Subventionen ($Z_U = Z_K + Z_{StH}$)	3. Konsum des Staates (C_{St})
4. Wertschöpfung = Summe aller Faktoreinkommen a) an private Haushalte aa) Einkommen aus unselbständiger Tätigkeit ($L = L_{KH} + L_{StH} + L_{HH}$) ab) sonstige Einkommen ($G_H = G_{KH} + G_{HH}$) b) an den Staat (G_{KSt}) c) an Kapitalgesellschaften (G_{KK})	4. Umsätze aus Verkäufen von Investitionsgütern ($I_{KK}^{br} + I_{HK}^{br} + I_{HH}^{br} + I_{KH}^{br} + I_{StK}^{br} + I_{StH}^{br}$) 5. Wert der selbsterstellten Anlagen 6. Wert der Lagerbestandserhöhung eigener Erzeugnisse

Das Bruttoinlandsprodukt gibt außerdem gleichzeitig an, wie diese Leistung verwendet wurde. Mit Hilfe von Symbolen ergibt sich für das **Bruttoinlandsprodukt (zu**

Marktpreisen) (BIP) von der Verwendungsseite für eine geschlossene Volkswirtschaft mit staatlicher Aktivität[1]:

$$BIP \equiv P^n \equiv C_H + C_{St} + I^{br}$$

Werden vom Bruttoinlandsprodukt die Abschreibungen (D) abgezogen (Pos. 2, linke Kontenseite), so ergibt sich das **Nettoinlandsprodukt (zu Marktpreisen) (NIP)** für eine geschlossene Volkswirtschaft mit staatlicher Aktivität:[2]

$$NIP \equiv BIP - D$$
$$da \quad I \equiv I^{br} - D$$

$$\Rightarrow NIP \equiv C_H + C_{St} + I$$

Subtrahiert man von dieser Globalgröße die Position 3 auf der linken Kontenseite (Produktions- und Importabgaben minus Subventionen), so erhält man die Wertschöpfung einer Volkswirtschaft. Sie entspricht dem **Inlandseinkommen (Y_i)**:[3]

$$Y_i \equiv NIP - (T^{ind} - Z_U)$$
$$Y_i \equiv C_H + C_{St} + I - T^{ind} + Z_U$$

Das Inlandseinkommen läßt sich aber auch als Summe aller Faktoreinkommen definieren, wie Pos. 4 von Konto 4.05 zeigt. Diese Position läßt die **Einkommensentstehung** und die **Primärverteilung der Einkommen nach Sektoren** erkennen:

$$Y_i \equiv L_{KH} + L_{HH} + L_{StH} + G_{HH} + G_{KH} + G_{KSt} + G_{KK}$$

4.1.3 Einkommenskonten

Die Einkommenskonten zeigen die **Herkunft** der gesamten Einkommen, d.h. der Faktoreinkommen und der Transfereinkommen. Damit wird die **Sekundärverteilung** durch den Staat erfaßt, denn der Staat korrigiert die Faktoreinkommen durch staatliche Umverteilungsmaßnahmen in Form von direkten Steuern und Transferzahlungen.
Auf den Einkommenskonten wird außerdem die **Aufteilung des verfügbaren Einkommens** der Sektoren bzw. der Volkswirtschaft dargestellt.
Bei der Beschreibung der Konten beginnen wir wieder mit sektoralen Konten.

4.1.3.1 Das Einkommenskonto des Sektors „Kapitalgesellschaften"

Dieses Konto zeigt auf der rechten Seite die **Herkunft** der Einkommen dieses Sektors (G_K) in Form von unverteilten Gewinnen G_{KK} und von Gewinnen, die vom Staat stammen (G_{StK}). Werden die direkten Steuern (T_K^{dir}) subtrahiert, so ergibt sich das verfügbare Einkommen, das hier identisch ist mit der Ersparnis des Sektors (S_K).

---

[1] In einer geschlossenen Volkswirtschaft sind Inlandseinkommen und Inländereinkommen identisch, da es ex definitione bei der vorliegenden Modellvolkswirtschaft kein Ausland gibt.
So ist das Bruttoinlandsprodukt (zu Marktpreisen) in diesem Falle identisch mit dem Bruttonationaleinkommen (= Bruttosozialprodukt zu Marktpreisen).
[2] Das NIP ist hier identisch mit dem Nettonationaleinkommen (Nettosozialprodukt zu Marktpreisen).
[3] Das Inlandseinkommen ist hier identisch mit dem Volkseinkommen, das es sich um das Modell einer geschlossenen Volkswirtschaft mit Staat handelt.

Konto 4.06: Einkommenskonto des Sektors „Kapitalgesellschaften" einer geschlossenen
Volkswirtschaft mit staatlicher Aktivität
für die Periode t

1. Direkte Steuern (T_K^{dir})	1. unverteilte Gewinne (G_{KK})	
	2. Gewinne vom Staat (G_{StK})	G_K
2. Saldo: verfügbares Einkommen = Ersparnis (S_K)		

4.1.3.2 Das Einkommenskonto des Sektors „Private Haushalte"

Konto 4.07: Einkommenskonto des Sektors „Private Haushalte"
einer geschlossenen Volkswirtschaft mit staatlicher Aktivität
für die Periode t

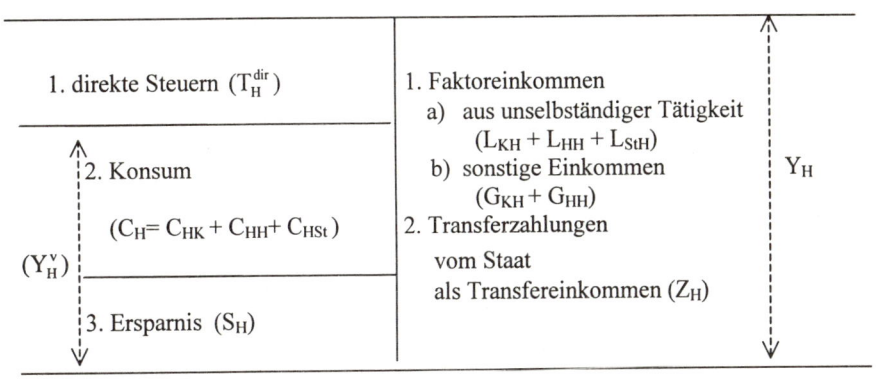

	1. direkte Steuern (T_H^{dir})	1. Faktoreinkommen	
		a) aus unselbständiger Tätigkeit $(L_{KH} + L_{HH} + L_{StH})$	
(Y_H^v)	2. Konsum $(C_H = C_{HK} + C_{HH} + C_{HSt})$	b) sonstige Einkommen $(G_{KH} + G_{HH})$	Y_H
		2. Transferzahlungen vom Staat als Transfereinkommen (Z_H)	
	3. Ersparnis (S_H)		

Auf der rechten Seite des Kontos 4.07 ist als erste Position die Summe der
Faktoreinkommen zu erkennen, die diesem Sektor aus der Primärverteilung zugeflossen
sind.
Diese Variablen lassen die **funktionale Einkommensverteilung** erkennen, d.h. die
Verteilung des Einkommens eines Gebiets auf die am Produktionsprozeß beteiligten
Faktoren:

- Einkommen aus unselbständiger Tätigkeit (Löhne, Gehälter, Dienstbezüge),
  auch „**Löhne**" genannt:
  $$L_{KH} + L_{HH} + L_{StH}$$
- Einkommen aus Unternehmertätigkeit und Vermögen wie Zinsen, Mieten und
  Gewinne, auch nur „**Gewinne**" genannt:
  $$G_{KH} + G_{HH}$$

Dabei stammen die Gewinne zum einen von Kapitalgesellschaften (G_{KH}) und zum anderen
von der Unternehmertätigkeit der Selbständigen, die zum Sektor „Private Haushalte"
gezählt werden, sowie von Mieterträgen (G_{HH}).

Die rechte Kontenseite läßt außerdem durch die zweite Position erkennen, daß der Staat eine Umverteilung durch Transferzahlungen (Z_H) an die privaten Haushalte vornimmt, ohne daß er dafür eine direkte Gegenleistung bekommt. Dazu zählen insbesondere alle Sozialleistungen und alle Renten aus der gesetzlichen Rentenversicherung.

Werden von der Summe aller (Brutto-) Einkommen (Y_H) die direkten Steuern (T_H^{dir}) abgezogen, so ergibt sich das **verfügbare Einkommen der privaten Haushalte** (Y_H^v) einer geschlossenen Volkswirtschaft mit staatlicher Aktivität:

$$Y_H^v \equiv L_{KH} + L_{HH} + L_{StH} + G_{KH} + G_{HH} + Z_H - T_H^{dir}$$

Das verfügbare Einkommen wird von den privaten Haushalten auf den Konsum und das Sparen aufgeteilt:[1]

$$Y_H^v \equiv C_H + S_H$$

4.1.3.3 Das Einkommenskonto des Staates

Das Einkommenskonto des Staates (Konto 4.08) zeigt ebenfalls auf der rechten Seite die **Einkommensquellen** und auf der linken Seite die **Aufteilung**.
Die wichtigsten Einnahmequellen des Staates sind die Steuern, die in indirekte (T^{ind}) und direkte Steuern (T^{dir}) unterteilt werden können. (Die Gebühreneinnahmen wurden bereits auf dem Produktionskonto verbucht.)

Die **indirekten Steuern** werden von den Kapitalgesellschaften (T_K^{ind}) und den privaten Haushalten (T_H^{ind}) als Zwangsabgabe an den Staat oder die Europäische Union ohne Gegenleistung abgeführt. Sie sind unabhängig vom Betriebsgewinn und stehen im Zusammenhang mit der Produktion. Sie setzen sich wie folgt zusammen und werden im ESVG 95 als **Produktions- und Importabgaben** bezeichnet:

1. Gütersteuern
   a) Mehrwertsteuer (MwSt)
      (Es handelt sich nur um die Differenz zwischen der in Rechnung gestellten und der gesamten abziehbaren Mehrwertsteuer.)
   b) Importabgaben ohne Einfuhrumsatzsteuer
      - Zölle
      - Importsteuern ohne Einfuhrumsatzsteuer
   c) sonstige Gütersteuern
      Dazu gehören die Verbrauchsabgaben und Verbrauchsteuern wie Tabaksteuer, Sektsteuer, Mineralölsteuer) die Realsteuern (Gewerbesteuer und Grundsteuer) und die Verwaltungsgebühren.
2. sonstige Produktionsabgaben

Die **direkten Steuern** (T_H^{dir}, T_K^{dir}) werden im ESVG 95 als **Einkommen- und Vermögensteuern** bezeichnet und umfassen
   - die Einkommensteuern als Steuern auf Einkommen, Gewinne und Kapitalerträge
   - sowie sonstige direkte Steuern und Abgaben (Grundsteuer).

---

[1] Bei der ex ante-Analyse wird ein funktionaler Zusammenhang zwischen der Höhe des Konsums und der Höhe des verfügbaren Einkommens der privaten Haushalte hergeleitet (Vgl. auch S. 112 ff.).

(Aus Vereinfachungsgründen werden bei den Kreislauf- und Kontendarstellungen auch die Sozialbeiträge (Beiträge zu den gesetzlichen Pflichtversicherungen) der privaten Haushalte und der Kapitalgesellschaften dazugezählt.)

Konto 4.08: Einkommenskonto des Staates einer geschlossenen Volkswirtschaft mit staatlicher Aktivität für die Periode t

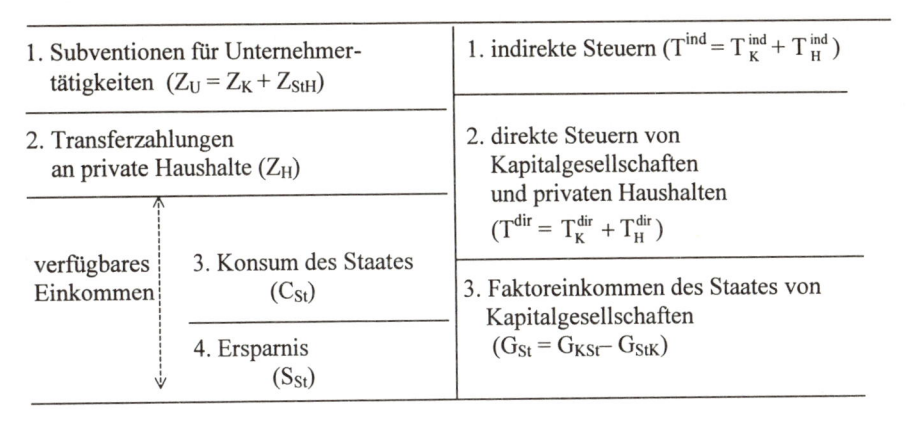

1. Subventionen für Unternehmertätigkeiten ($Z_U = Z_K + Z_{StH}$)	1. indirekte Steuern ($T^{ind} = T_K^{ind} + T_H^{ind}$)
2. Transferzahlungen an private Haushalte (Z_H)	2. direkte Steuern von Kapitalgesellschaften und privaten Haushalten ($T^{dir} = T_K^{dir} + T_H^{dir}$)
verfügbares Einkommen — 3. Konsum des Staates (C_{St})	3. Faktoreinkommen des Staates von Kapitalgesellschaften ($G_{St} = G_{KSt} - G_{StK}$)
4. Ersparnis (S_{St})	

Neben den Steuern erhält der Staat auch noch dadurch Einkommen, daß er den Kapitalgesellschaften Produktionsfaktoren zur Verfügung stellt.
Der Staat erzielt daher Einkommen aus Unternehmertätigkeit und Vermögen.
Andererseits stellen ihm finanzielle Kapitalgesellschaften (Banken) und private Haushalte (über die Banken) Kapital gegen Zinszahlungen zur Verfügung (G_{StK}).
Der **Saldo** dieser Beträge wird als „**Faktoreinkommen des Staates**" (G_{St}) bezeichnet. Er kann auch negativ sein.

Die **Aufteilung des Einkommens des Staates** erfolgt in der Weise, daß der Staat Transferzahlungen an private Haushalte (Z_H) und Subventionen für Unternehmertätigkeit (Z_U) an Kapitalgesellschaften (Z_K) und private Haushalte (Z_{StH}) zahlt, denen keine direkte Gegenleistung gegenübersteht. Damit nimmt der Staat eine Umverteilung der Einkommen vor (Sekundärverteilung).

Die **direkten Transferzahlungen des Staates an private Haushalte** (Z_H) bestehen in Form von Rentenzahlungen aus der gesetzlichen Rentenversicherung oder Kindergeld.

Die staatlichen **Subventionen** umfassen
1. Gütersubventionen
   (die pro Einheit einer produzierten Einheit oder eingeführten Ware oder Dienstleistung bezahlt werden, weshalb man auch von Importsubventionen und sonstigen Gütersubventionen spricht.)
2. Sonstige Subventionen (wie beispielsweise auf die Lohnsumme oder für Beschäftigte)

Subventionen erhalten sowohl Kapitalgesellschaften als auch die Selbständigen, die zum Sektor „Private Haushalte" gezählt werden.
Schließlich finanziert der Staat mit dem verbleibenden verfügbaren Einkommen den bereits erwähnten Konsum (C_{St}). Er kann eventuell eine Ersparnis (S_{St}) als Saldo erzielen.

4.1.3.4 Das Nationale Einkommenskonto

Durch Konsolidierung der sektoralen Einkommenskonten erhält man das Nationale Einkommenskonto. Bei dieser Konsolidierung heben sich folgende Positionen auf:

1. Die direkten Steuern der privaten Haushalte (T_H^{dir}) und der Kapitalgesellschaften (T_K^{dir}), da sie auf den Einkommenskonten dieser Sektoren als Ausgaben und auf dem Einkommenskonto des Staates in gleicher Höhe als Einkommen erscheinen.
2. Die Transferzahlungen des Staates an private Haushalte (Z_H). Für den Staat sind dies Ausgaben und für die privaten Haushalte in gleicher Höhe Einkommen.

Unter Berücksichtigung der Verrechnung dieser Positionen sieht das Nationale Einkommenskonto wie Konto 4.09 aus.

Die rechte Seite des Kontos zeigt das **Inlandseinkommen (Y_i)** als Summe aller Faktoreinkommen:

$$Y_i \equiv L_{KH} + L_{HH} + L_{StH} + G_{KH} + G_{HH} + G_{KK} + G_{St}$$

Wird zum Volkseinkommen noch die Position ($T^{ind} - Z_U$) addiert, so ergibt sich das **Nettoinlandsprodukt (zu Marktpreisen)**, das hier mit dem **verfügbaren Einkommen der Volkswirtschaft** identisch ist.

Konto 4.09: Nationales Einkommenskonto
einer geschlossenen Volkswirtschaft mit staatlicher Aktivität
für die Periode t

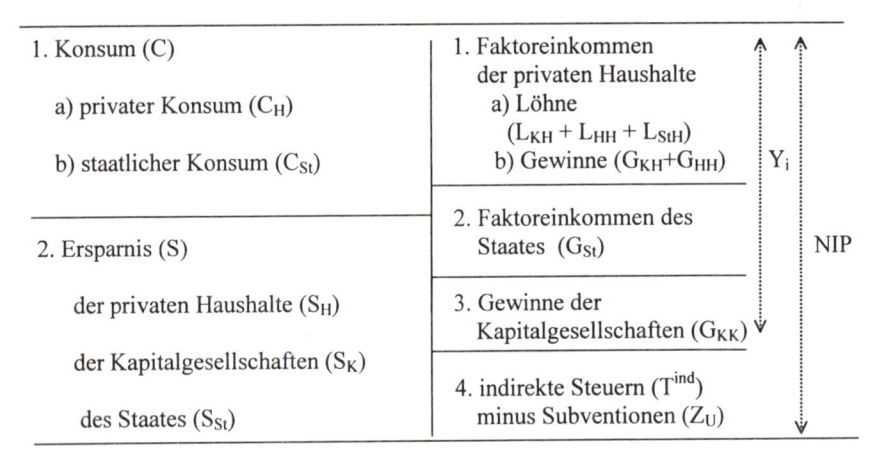

1. Konsum (C) a) privater Konsum (C_H) b) staatlicher Konsum (C_{St})	1. Faktoreinkommen der privaten Haushalte a) Löhne ($L_{KH} + L_{HH} + L_{StH}$) b) Gewinne ($G_{KH} + G_{HH}$) — Y_i
2. Ersparnis (S) der privaten Haushalte (S_H) der Kapitalgesellschaften (S_K) des Staates (S_{St})	2. Faktoreinkommen des Staates (G_{St}) 3. Gewinne der Kapitalgesellschaften (G_{KK}) 4. indirekte Steuern (T^{ind}) minus Subventionen (Z_U) — NIP

Die linke Seite des Kontos zeigt die **Aufteilung des verfügbaren Einkommens der Volkswirtschaft auf Konsum und Ersparnis**:

$$NIP \equiv C + S$$

4.1.4 Vermögensänderungskonten

Ausgehend von den Überlegungen, die im Kapital „Vermögensrechnung und Kreislaufanalyse" in bezug auf die Vermögensrechnungen einzelner Wirtschaftseinheiten und der Volkswirtschaft angestellt wurden, sollen diese Vermögensänderungskonten die **Änderung** des Realvermögens und die **Änderung** des Nettovermögens (Reinvermögens) der einzelnen Sektoren und der Gesamtwirtschaft während einer Periode ermitteln.

4.1.4.1 Das Vermögensänderungskonto des Sektors „Kapitalgesellschaften"

Die Positionen auf der linken Kontenseite betreffen die getätigte Bruttoinvestition (I_K^{br}) des Sektors, wobei erkennbar ist, daß sich diese Bruttoinvestition aus der Lagerinvestition und der Bruttoanlageinvestition zusammensetzen.
Die Bruttoinvestition kann in Form von Anlagen und Vorprodukten aus Käufen vom eigenen Sektor (I_{KK}^{br}) oder aber auch vom Sektor „Private Haushalte (I_{KH}^{br}) stammen. Dazu müssen noch der Wert der Lagerbestandserhöhung eigener Erzeugnisse und der Wert der selbststellten Anlagen hinzugerechnet werden.

Subtrahiert man von der Bruttoinvestition die Abschreibungen (D_K), so erhält man die Nettoinvestition (I_K).
Diese Nettoinvestition (als Realvermögensänderung) wurde hier nur zum Teil durch die Ersparnis des Sektors (S_K) finanziert. Es entstand ein Finanzierungsdefizit (F_K) auf diesem Konto, das von anderen Sektoren finanziert werden mußte.

Konto 4.10: Vermögensänderungskonto des Sektors „Kapitalgesellschaften" einer geschlossenen Volkswirtschaft mit staatlicher Aktivität für die Periode t

I_K^{br}	Lager-investition	1. Wert der Lagerbestandserhöhung eigener Erzeugnisse		1. Abschreibungen (D_K)
		2. Wert der Lagerbestandserhöhung von Vorprodukten	$I_{KK}^{br} + I_{KH}^{br}$	2. Ersparnis (S_K)
	Brutto-anlage-investition	3. Kauf von Anlagen		3. Finanzierungsdefizit (F_K)
		4. Wert der selbststellten Anlagen		

4.1.4.2 Das Vermögensänderungskonto des Sektors „Private Haushalte"

Das Konto 4.11 ist in seiner Struktur dem Vermögenskonto des Sektors „Kapitalgesellschaften" vergleichbar, da ja nach dem ESVG 95 auch private Haushalte investieren und damit abschreiben können.

Der Saldo des Kontos wird allerdings auf der rechten Kontenseite auftauchen, da die privaten Haushalte traditionell einen Finanzierungsüberschuß aufweisen.
Die Positionen auf der linken Kontenseite betreffen auch hier die getätigte Bruttoinvestition (I_H^{br}) des Sektors, wobei erkennbar ist, daß sich diese Bruttoinvestition aus der Lagerinvestition und der Bruttoanlageinvestition zusammensetzt.
Die Bruttoinvestition kann wieder in Form von Anlagen und Vorprodukten aus Käufen vom eigenen Sektor (I_{HH}^{br}) oder aber auch vom Sektor „Kapitalgesellschaften" (I_{HK}^{br}) stammen. Sie umfaßt aber auch den Wert der Lagerbestandserhöhung eigener Erzeugnisse und den Wert der selbsterstellten Anlagen.
Subtrahiert man von der Bruttoinvestition die Abschreibungen (D_H), so erhält man die Nettoinvestition (I_H) der privaten Haushalte.
Diese Nettoinvestition wurde hier durch die Ersparnis des Sektors (S_H) finanziert.
Es entstand außerdem auf der linken Kontenseite ein Finanzierungsüberschuß (F_H).

Konto 4.11 Vermögensänderungskonto des Sektors „Private Haushalte"
einer geschlossenen Volkswirtschaft mit staatlicher Aktivität
für die Periode t

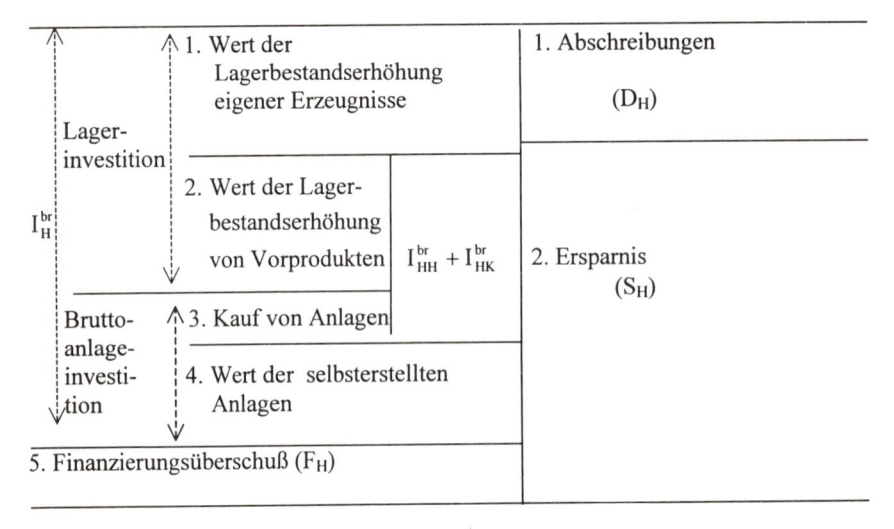

I_H^{br}	Lager-investition	1. Wert der Lagerbestandserhöhung eigener Erzeugnisse		1. Abschreibungen (D_H)
		2. Wert der Lagerbestandserhöhung von Vorprodukten	$I_{HH}^{br} + I_{HK}^{br}$	2. Ersparnis (S_H)
	Brutto-anlage-investition	3. Kauf von Anlagen		
		4. Wert der selbsterstellten Anlagen		
5. Finanzierungsüberschuß (F_H)				

4.1.4.3 Das Vermögensänderungskonto des Staates

Dieses Konto des Staates weist im Gegensatz zum Konto der privaten Haushalte auf der linken Seite des Kontos die Position „Bruttoinvestition" (I_{St}^{br}) aus. Es handelt sich nur um eine Bruttoanlageinvestition. Die Bruttoinvestition stammt aus Käufen vom Sektor „Kapitalgesellschaften" (I_{StK}^{br}) und vom Sektor „Private Haushalte" (I_{StH}^{br}).
Auf der rechten Kontoseite werden schließlich die Abschreibungen des Staates (D_{St}) und seine Ersparnis (S_{St}) verbucht. Auf dem Konto 4.12 reicht die Ersparnis des Staates nicht aus, um die Realvermögensänderung in Form der Nettoinvestition (I_{St}) zu finanzieren. Aus diesem Grunde taucht ein Finanzierungsdefizit (F_{St}) als Saldo auf.

Konto 4.12 Vermögensänderungskonto des Staates
einer geschlossenen Volkswirtschaft mit staatlicher Aktivität
für die Periode t

	1. Abschreibungen (D_{St})
Bruttoinvestition ($I_{St}^{br} = I_{StK}^{br} + I_{StH}^{br}$) (Bruttoanlageinvestition)	2. Ersparnis (S_{St})
	3. Finanzierungsdefizit (F_{St})

4.1.4.4 Das Nationale Vermögensänderungskonto

Faßt man die Vermögensänderungskonten des Sektors „Private Haushalte", des Sektors „Kapitalgesellschaften" und des Staates zum **Nationalen Vermögensänderungskonto** zusammen, so ist daraus die Bruttovermögensbildung einer Volkswirtschaft zu erkennen.

Konto 4.13 Nationales Vermögensänderungskonto
einer geschlossenen Volkswirtschaft mit staatlicher Aktivität
für die Periode t

Bruttoinvestition = Bruttoanlageinvestition der Kapitalgesellschaften, des Staates, der privaten Haushalte + Lagerinvestition der Kapitalgesellschaften und der privaten Haushalte ($I^{br} = I_K^{br} + I_H^{br} + I_{St}^{br}$)	1. Abschreibungen ($D = D_K + D_H + D_{St}$)
	2. Ersparnis ($S = S_K + S_H + S_{St}$)

Bei der Konsolidierung sind die Positionen „Finanzierungsdefizit" bzw. „Finanzierungsüberschuß" weggefallen, da sie sich in einer geschlossenen Volkswirtschaft genau entsprechen.
Auf der linken Seite des Kontos ergibt sich nach der Konsolidierung die gesamte Bruttoinvestition (I^{br}), die zugleich die **Bruttovermögensänderung** darstellt.
Subtrahiert man davon die Abschreibungen der Volkswirtschaft, so ergibt sich die Nettoinvestition (I), die zugleich die **Nettovermögensänderung** der Volkswirtschaft anzeigt.
Ihr steht als **Änderung des Reinvermögens** die Ersparnis gegenüber.
Damit erhält man wieder die Identitätsgleichung für die Vermögensänderung einer geschlossenen Volkswirtschaft mit staatlicher Aktivität:

$$I \equiv S$$

Die Nettoinvestition (I) enthält jetzt die Nettoinvestition der Kapitalgesellschaften (I_K), des Staates (I_{St}) und der privaten Haushalte (I_H).
Die Ersparnis setzt sich entsprechend aus der Ersparnis der Kapitalgesellschaften (S_K), der privaten Haushalte (S_H) und des Staates (S_{St}) zusammen:

$$I_K + I_H + I_{St} \equiv S_K + S_H + S_{St}$$

4.1.5 Finanzierungskonten

4.1.5.1 Einzelkonten und sektorale Konten

Wie bereits bei den Vermögensänderungskonten gezeigt wurde, kann bei der einzelnen Wirtschaftseinheit, aber auch beim einzelnen Sektor ein Finanzierungsdefizit oder ein Finanzierungsüberschuß entstehen.
Das **Finanzierungsdefizit** entsteht bei einer einzelnen Wirtschaftseinheit und beim Sektor dadurch, daß die Realvermögensänderung (Investition) nicht in voller Höhe aus der laufenden Ersparnis finanziert werden kann. Auf dem Vermögensänderungskonto taucht dann auf der rechten Kontenseite ein Saldo auf.
Ein **Finanzierungsüberschuß** bei der einzelnen Wirtschaftseinheit oder beim Sektor ergibt sich, wenn die laufende Ersparnis größer ist als die Realvermögensbildung. Auf dem Vermögensänderungskonto ergibt sich dann ein Saldo auf der linken Kontenseite.
Die Gegenbuchungen der Finanzierungsüberschüsse bzw. Finanzierungsdefizite der Finanzierungskonten sind auf dem Finanzierungskonto zu finden.

Auf dem sektoralen Finanzierungskonto (Konto 4.14) werden die sektoralen Änderungen der Forderungen den sektoralen Änderungen der Verbindlichkeiten gegenübergestellt.

Konto 4.14: Sektorales Finanzierungskonto
          einer geschlossenen Volkswirtschaft mit staatlicher Aktivität
          für die Periode t

Änderung der Forderungen des Sektors	1. Änderung der Verbindlichkeiten des Sektors
	2. Finanzierungssaldo des Sektors (Überschuß)

4.1.5.2 Das Nationale Finanzierungskonto

Das Nationale Finanzierungskonto entsteht durch Konsolidierung der sektoralen Finanzierungskonten. Es enthält auf der linken Seite die Summe aller Forderungsänderungen und auf der rechten Seite die Summe aller Änderungen der Verbindlichkeiten.

Konto 4.15: Nationales Finanzierungskonto
    einer geschlossenen Volkswirtschaft mit staatlicher Aktivität
    für die Periode t

Summe aller Änderungen der Forderungen	Summe aller Änderungen der Verbindlichkeiten

Die beiden Summen müssen immer gleich groß sein (unter Berücksichtigung der statistischen Fehler).

Kontrollfragen zu Kapital 4.1

1. Welche Positionen auf dem Produktionskonto einer einzelnen Kapitalgesellschaft ergeben sich aus der Existenz des Staates?
2. In welche Einzelpositionen kann die Bruttoinvestition des Sektors „Kapitalgesellschaften" gegliedert werden?
3. Erklären Sie den Unterschied zwischen dem Nettoproduktionswert und der Wertschöpfung einer Kapitalgesellschaft bei einer geschlossenen Volkswirtschaft mit staatlicher Aktivität!
4. Wie wird der staatliche Konsum ermittelt?
5. Was versteht man unter dem Individual- und dem Kollektivkonsum?
6. In welcher Form erbringt der Staat unentgeltliche Leistungen?
7. Wie sieht das Produktionskonto des Sektors „Privaten Haushalten" nach dem ESVG 95 aus?
8. Wie werden die ökonomischen Aktivitäten der Hausfrauen und Hausmänner in privaten Haushalten erfaßt und bewertet?
9. Zeichnen Sie das Einkommenskonto des Staates!
10. Wie lautet die Gleichung für das Bruttoinlandsprodukt (zu Marktpreisen) von der Verwendungsseite einer geschlossenen Volkswirtschaft mit staatlicher Aktivität?
11. Definieren Sie den Nettoproduktionswert eines Gebiets!
12. Wann entsteht ein Finanzierungsdefizit auf dem Vermögensänderungskonto des Sektors „Kapitalgesellschaften"?
13. Für eine geschlossene Volkswirtschaft mit staatlicher Aktivität gilt die Identitätsgleichung $I \equiv S$. Aus welchen sektoralen Nettoinvestitionen bzw. Ersparnissen setzt sich I bzw. S zusammen?

4.2 Der Wirtschaftskreislauf einer offenen Volkswirtschaft mit staatlicher Aktivität

Wie anhand des Kreislaufbildes einer offenen Volkswirtschaft bereits gezeigt wurde, bestehen Ströme zwischen In- und Ausland in Form von Güter- und Faktorströmen sowie Übertragungen.[1]
Diese monetären Ströme werden nun kontenmäßig erfaßt.
Der bisherige Kontenrahmen wird um den Sektor „Ausland" erweitert. Dieser Sektor besitzt nur ein einziges Konto, das „Auslandskonto", das auch „Konto der übrigen Welt" oder „Außenkonto" genannt wird.

4.2.1 Das Auslandskonto (Außenkonto)

Das Auslandskonto enthält auf der linken Seite als erste Position die Exporteinnahmen für Güter (ExG), während die Importausgaben für Güter (ImG) auf der rechten Seite verbucht werden (wobei die Bezeichnungen auf dem Auslandskonto aus der Sicht des Inlandes erfolgen). Die Differenz zwischen diesen beiden Positionen ergibt den Außenbeitrag (A) zum Bruttoinlandsprodukt:

$$A \equiv ExG - ImG$$

Die Faktoreinkommen vom Ausland (Y_{ai}) werden ebenfalls auf der linken Kontenseite, und zwar als Position 2, verbucht. Die Zusammenfassung der Positionen 1 und 2 der linken Kontenseite ergibt die Exporteinnahmen (Ex).
Analog dazu erfolgt die Verbuchung der Faktoreinkommen an das Ausland (Y_{ia}) als Position 2 auf der rechten Kontenseite. Werden die beiden Positionen 1 und 2 auf der rechten Kontenseite addiert, erhält man die Importausgaben (Im).
Stellt man den Exporteinnahmen (Ex) die Importausgaben (Im) gegenüber, so ergibt sich als Saldo der „erweiterter Außenbeitrag" (A_e):

$$A_e \equiv Ex - Im$$

Das Auslandskonto erfaßt außerdem die Übertragungen vom Ausland (Z_{ai}) (linke Kontenseite) und an das Ausland (Z_{ia}) (rechte Kontenseite), die in laufende Übertragungen und Vermögensübertragungen aufgeteilt werden.
Bei den laufenden Übertragungen (Z_{ai}^l, Z_{ia}^l) handelt es sich u. a. um laufende Zahlungen von Nettoprämien und Schadensregulierungen bei Unternehmen, um laufende Unterstützungszahlungen privater Haushalte (z. B. Gastarbeiterüberweisungen an deren Heimatländer) sowie laufende Zahlungen des Staates (Zahlungen an die EU und von der EU).
Demgegenüber sind Vermögensübertragungen (Z_{ai}^w, Z_{ia}^w) meist einmalige Geldzahlungen wie beispielsweise Zahlungen aufgrund von Erbschaften und Vermächtnissen.

Werden noch die Übertragungen vom Ausland und an das Ausland mit dem erweiterten Außenbeitrag zusammengefaßt, ergibt sich als Saldo die „Änderung der Nettoauslandsposition (ΔN)" einer Volkswirtschaft:

---

[1] Vgl. S. 40 ff.

$$\Delta N \equiv Ex - Im + Z_{ai} - Z_{ia}$$

Die Änderung der Nettoauslandsposition erhält man auch, wenn man die beiden letzten Positionen (Nr. 5) des Auslandskontos „Änderung der Verbindlichkeiten gegenüber dem Ausland" und „Änderung der Forderungen gegenüber dem Ausland" gegenüberstellt.

Konto 4.16: Auslandskonto (Konto der übrigen Welt) für die Periode t

Ex {	1. Exporteinnahmen für Güter (ExG)	1. Importausgaben für Güter (ImG)	} Im
	2. Faktoreinkommen vom Ausland (Y_{ai})	2. Faktoreinkommen an das Ausland (Y_{ia})	
Z_{ai} {	3. laufende Übertragungen vom Ausland (Z_{ai}^{l})	3. laufende Übertragungen an das Ausland (Z_{ia}^{l})	} Z_{ia}
	4. Vermögensübertragungen (Z_{ai}^{w})	4. Vermögensübertragungen (Z_{ia}^{w})	
	5. Änderung der Verbindlichkeiten gegenüber dem Ausland	5. Änderung der Forderungen gegenüber dem Ausland	

4.2.2 Das Nationale Produktionskonto

Das Nationale Produktionskonto einer offenen Volkswirtschaft mit Staat erhält man wie beim Modell der geschlossenen Volkswirtschaft durch die Zusammenfassung der sektoralen Produktionskonten der Kapitalgesellschaften, der privaten Haushalte und des Staates. Dabei ergibt sich folgendes:
Die Käufe und Verkäufe von Vorleistungen könnten ohne Saldo verrechnet werden. Wir sehen davon ab und weisen sie auf dem Nationalen Produktionskonto (Konto 4.17) brutto aus, um den Bruttoproduktionswert zeigen zu können.
Das Nationale Produktionskonto (Konto 4.17) zeigt auf der rechten Seite den **Bruttoproduktionswert einer Volkswirtschaft (P^{br}) als Wert der wirtschaftlichen Bruttoleistung, der innerhalb eines bestimmten Gebietes während einer Periode erstellt wurde, abzüglich Importausgaben.**

In Gleichungsform erhält man

$$P^{br} \equiv V + C_H + C_{St} + I^{br} + ExG - ImG$$

Konto 4.17: Nationales Produktionskonto
einer offenen Volkswirtschaft mit staatlicher Aktivität
für die Periode t

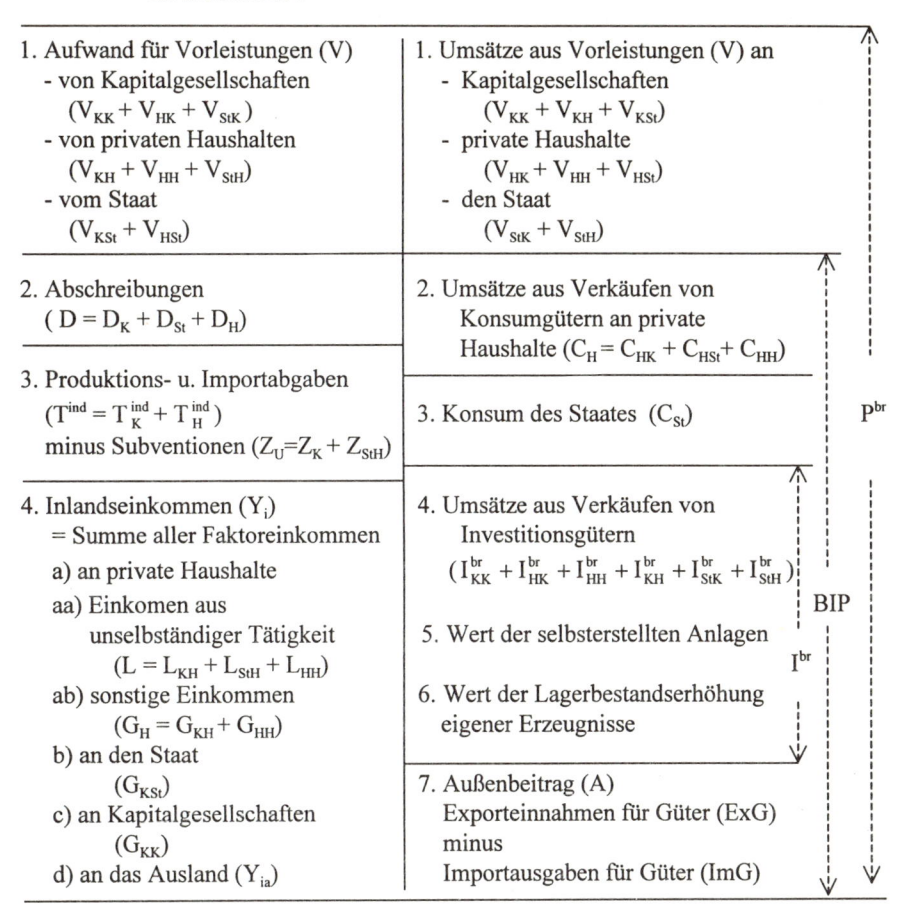

1. Aufwand für Vorleistungen (V) - von Kapitalgesellschaften $(V_{KK} + V_{HK} + V_{StK})$ - von privaten Haushalten $(V_{KH} + V_{HH} + V_{StH})$ - vom Staat $(V_{KSt} + V_{HSt})$	1. Umsätze aus Vorleistungen (V) an - Kapitalgesellschaften $(V_{KK} + V_{KH} + V_{KSt})$ - private Haushalte $(V_{HK} + V_{HH} + V_{HSt})$ - den Staat $(V_{StK} + V_{StH})$
2. Abschreibungen $(D = D_K + D_{St} + D_H)$	2. Umsätze aus Verkäufen von Konsumgütern an private Haushalte $(C_H = C_{HK} + C_{HSt} + C_{HH})$
3. Produktions- u. Importabgaben $(T^{ind} = T_K^{ind} + T_H^{ind})$ minus Subventionen $(Z_U = Z_K + Z_{StH})$	3. Konsum des Staates (C_{St})
4. Inlandseinkommen (Y_i) = Summe aller Faktoreinkommen a) an private Haushalte aa) Einkomen aus unselbständiger Tätigkeit $(L = L_{KH} + L_{StH} + L_{HH})$ ab) sonstige Einkommen $(G_H = G_{KH} + G_{HH})$ b) an den Staat (G_{KSt}) c) an Kapitalgesellschaften (G_{KK}) d) an das Ausland (Y_{ia})	4. Umsätze aus Verkäufen von Investitionsgütern $(I_{KK}^{br} + I_{HK}^{br} + I_{HH}^{br} + I_{KH}^{br} + I_{StK}^{br} + I_{StH}^{br})$ 5. Wert der selbsterstellten Anlagen 6. Wert der Lagerbestandserhöhung eigener Erzeugnisse 7. Außenbeitrag (A) Exporteinnahmen für Güter (ExG) minus Importausgaben für Güter (ImG)

Rechts: P^{br}, I^{br}, BIP

Dieser Wert enthält Doppelzählungen, da er die inländischen Vorleistungen zweimal enthält:
Sie sind als Umsätze der Lieferanten (V-Werte) im Bruttoproduktionswert enthalten und zusätzlich als Kosten in den Preisen der Endprodukte, im Konsum des Staates, im Wert der Lagerbestandserhöhung eigener Erzeugnisse und im Wert der selbsterstellten Anlagen. Werden die Vorleistungen vom Bruttoproduktionswert abgezogen, so ergibt sich **der Nettoproduktionswert einer Volkswirtschaft (P^n).**
Der Nettoproduktionswert einer Volkswirtschaft ist identisch mit dem **Bruttoinlandsprodukt (zu Marktpreisen) (BIP).**
Das Bruttoinlandsprodukt einer offenen Volkswirtschaft mit staatlicher Aktivität setzt sich aus den Umsätzen der Verkäufe von Konsumgütern an private Haushalte (C_H), dem staatlichen Konsum (C_{St}), der Bruttoinvestition (I^{br}) und dem Außenbeitrag (A) zusammen. Das Bruttoinlandsprodukt umfaßt bei einer offenen Volkswirtschaft auch die Exporteinnahmen für Güter (Waren und Dienste). Diese Position entspricht der Pos. 1 auf

der linken Seite des Auslandskontos. Außerdem werden ebenfalls auf der rechten Kontenseite des Produktionkontos auch die Importausgaben für Güter (ImG) verbucht, allerdings mit einem negativen Vorzeichen. Die Gegenposition dazu ist Pos. 1 auf der rechten Seite des Auslandskontos.

Die Importe werden daher wie Käufe von Vorleistungen behandelt, d. h. es wird angenommen, daß sie in der laufenden Periode noch in den Produktionsprozeß eingehen. Der Außenbeitrag zum Bruttoinlandsprodukt (A) ergibt sich aus der Differenz zwischen den Exporteinnahmen für Güter (ExG) und den Importausgaben für Güter (ImG).

Das Bruttoinlandsprodukt ist ein Indikator für die wirtschaftliche Nettoleistung eines Gebiets. Es gibt den Wert der Güter (Waren und Dienstleistungen) an, die innerhalb eines Gebiets während einer bestimmten Periode produziert wurden, abzüglich der Importe und der inländischen Vorleistungen.

Es informiert außerdem gleichzeitig darüber, wie diese Leistung verwendet wurden. Mit Hilfe von Symbolen ergibt sich für das **Bruttoinlandsprodukt (zu Marktpreisen) (BIP) von der Verwendungsseite für eine offene Volkswirtschaft mit staatlicher Aktivität:**

$$P^n \equiv P^{br} - V$$

$$BIP \equiv P^n \equiv C_H + C_{St} + I^{br} + ExG - ImG$$

Werden vom Bruttoinlandsprodukt (zu Marktpreisen) die Abschreibungen (D) abgezogen (Pos. 2, linke Kontoseite), so erhält man das **Nettoinlandsprodukt (zu Marktpreisen) (NIP)** für eine offene Volkswirtschaft mit staatlicher Aktivität:

$$NIP \equiv BIP - D$$

$$da \quad I \equiv I^{br} - D$$

$$\Rightarrow \quad NIP \equiv C_H + C_{St} + I + ExG - ImG$$

Statt der Bruttoinvestition (I^{br}) enthält diese Globalgröße daher die Nettoinvestition (I). Nach Abzug der indirekten Steuern (Produktions- und Importabgaben) und Addition der Subventionen erhält man sich schließlich das **Inlandseinkommen (Y_i) von der Verwendungsseite:**

$$Y_i \equiv C_H + C_{St} + I + ExG - ImG - T^{ind} + Z_U$$

Dieser Wert ist identisch mit dem beim Produktionsprozeß innerhalb eines Gebiets entstandenen Faktoreinkommen, der Wertschöpfung:

$$Y_i \equiv L_{KH} + L_{StH} + L_{HH} + G_{KH} + G_{HH} + G_{KSt} + G_{KK} + Y_{ia}$$

Bei der Ermittlung des Bruttoinlandsprodukts wurde hier entsprechend der internationalen Entwicklung (USA, Japan) nach dem **Inlandskonzept** vorgegangen.
Dies bedeutet, daß mit diesem Konzept der Wert der Nettoproduktionsleistung eines geographisch festgelegten Wirtschaftsgebiets errechnet wird. Dies ist für die Bundesrepublik Deutschland seit der Wiedervereinigung notwendiger denn je, um die

Entwicklung im früheren Bundesgebiet und in den neuen Bundesländern genauer beobachten zu können.

Das bis September 1992 vom Statistischen Bundesamt vorrangig verwendete **Inländerkonzept** drückte sich in Sozialproduktsgrößen wie Bruttosozialprodukt zu Marktpreisen, Nettosozialprodukt zu Marktpreisen und Nettosozialprodukt zu Faktorkosten aus.

Mit dem ESVG 95 wurden die Sozialproduktsbegriffe durch **Einkommensbegriffe** ersetzt: Aus dem „Bruttosozialprodukt zu Maktpreisen" wurde das „**Bruttonationaleinkommen**" und aus dem „Nettosozialprodukt zu Marktpreise" das „**Nettonationaleinkommen**". Der Begriff „Nettosozialprodukt zu Faktorkosten" wurde völlig abgeschafft, da dieser Wert genau dem **Volkseinkommen** entsprach. Da es auch keine Globalgröße mehr gibt zu Faktorkosten, ist es auch nicht notwendig, vom Bruttoinlandsprodukt zu Marktpreisen zu sprechen. Es genügt der Begriff „Bruttoinlandsprodukt".

Mit dem Nationaleinkommen soll das Ergebnis der wirtschaftlichen Aktivitäten der Wirtschaftseinheiten erfaßt werden, die zu einem bestimmten Gebiet (z. B. dem Inland) gezählt werden, auch wenn diese Aktivitäten außerhalb des Gebietes stattfinden, zu dem sie gezählt werden.

Die Wirtschaftseinheiten sind natürliche Personen, die als Gebietsansässige bezeichnet werden, d.h. die sich mindestens sechs Monate im Inland aufhalten, und Wirtschaftsunternehmen mit Sitz im Inland.

Werden zur jeweiligen Inlandsgröße die Faktoreinkommen aus dem Ausland dazugezählt und die Faktoreinkommen an das Ausland abgezogen, so ergeben sich die Inländergrößen. Abb. 4.01 zeigt die Gegenüberstellung der entsprechenden Globalgrößen:

Abbildung 4.01

Inlandsgrößen	Inländergrößen
Bruttoinlandsprodukt (BIP) Nettoinlandsprodukt (NIP) Inlandseinkommen (Y_i)	Bruttonationaleinkommen (Y^{br}) Nettonationaleinkommen (Y^n) Volkseinkommen (Y)

Geht man von einer Inlandsgröße aus und addiert die Faktoreinkommen vom Ausland (Y_{ai}) und subtrahiert die Faktoreinkommen an das Ausland (Y_{ia}), erhält man die entsprechende Inländergröße.

Der Zusammenhang zwischen dem Bruttoinlandsprodukt (zu Marktpreisen) und den **Bruttonationaleinkommen** (Y^{br}) sieht dann wie folgt aus:

$$BIP \equiv C_H + C_{St} + I^{br} + ExG - ImG$$

$$Y^{br} \equiv BIP + Y_{ai} - Y_{ia}$$

$$Y^{br} \equiv C_H + C_{St} + I^{br} + ExG - ImG + Y_{ai} - Y_{ia}$$

ergibt sich:
$$\text{da} \quad Ex \equiv ExG + Y_{ai}$$
$$\text{und} \quad Im \equiv ImG + Y_{ia}$$

$$Y^{br} \equiv C_H + C_{St} + I^{br} + Ex - Im$$

Damit versteht man unter dem **Bruttonationaleinkommen den Wert der wirtschaftlichen Nettoleistung einer bestimmten Gruppe von Wirtschaftseinheiten, die zu einem Gebiet gezählt werden, auch wenn ihre wirtschaftlichen Leistungen zum Teil außerhalb dieses Gebiets stattfinden.** Ausgehend vom Bruttoproduktionswert werden die Vorleistungen des Inlandes und des Auslandes (Importausgaben für Güter) und die Faktoreinkommen an das Ausland abgezogen und die Faktoreinkommen vom Ausland dazugezählt.

4.2.3 Das Nationale Einkommenskonto

Durch die Einbeziehung der übrigen Welt in die Analyse ändert sich auch das Nationale Einkommenskonto:
Auf der rechten Kontenseite (Pos. 1) erfolgt die Gegenbuchung zu dem auf dem Nationalen Produktionskonto ermittelten **Inlandseinkommen (Y_i), das dem Wert aller im Inland erzielten Faktoreinkommen entpricht.**
Mit dem Nationalen Einkommenskontos läßt sich das **Volkseinkommen (Y)** ermitteln (Pos. 1 und 2 auf der rechten Kontenseite) **als die Summer aller Faktoreinkommen der Inländer** (Inländerkonzept). Es kann durch Addition der Faktoreinkommen aus dem Ausland (Y_{ai}) zum Y_i und durch Subtraktion der Faktoreinkommen an das Ausland (Y_{ia}) ermittelt werden:

$$Y \equiv Y_i + Y_{ai} - Y_{ia}$$

Dies entspricht der **Summer aller Faktoreinkommen der Inländer**:

$$Y \equiv L_{KH} + L_{StH} + L_{HH} + G_{KH} + G_{HH} + G_{KSt} + G_{KK} + Y_{ai}$$

Um eine **funktionale Einkommensverteilung** darstellen zu können, muß eine Trennung der Faktoreinkommen in Einkommen aus unselbständiger Tätigkeit (L) und Einkommen aus Unternehmertätigkeit und Vermögen (G) erfolgen.
Für die **inländischen Einkommen der privaten Haushalte** ist Trennung in der obigen Gleichung bereits erfolgt.
Eine Trennung der gesamten **Faktoreinkommen aus dem Ausland** in Einkommen aus unselbständiger Tätigkeit sowie Unternehmertätigkeit und Vermögen ergibt:

$$Y_{ai} \equiv L_{aH} + G_{aH} + G_{aK} + G_{aSt}$$

Während die Löhne aus dem Ausland (L_{aH}) ausschließlich den privaten Haushalte zufließen, verteilen sich die Einkommen aus Unternehmertätigkeit und Vermögen auf die privaten Haushalte (G_{aH}), die Kapitalgesellschaften (G_{aK}) und den Staat (G_{aSt}).

Konto 4.18: Nationales Einkommenskonto einer
offenen Volkswirtschaft mit staatlicher Aktivität
für die Periode t

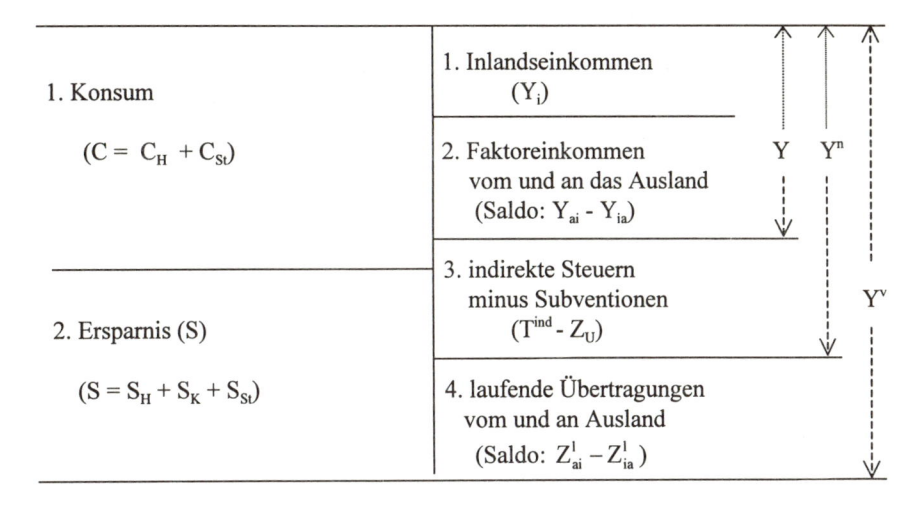

1. Konsum $(C = C_H + C_{St})$	1. Inlandseinkommen (Y_i)	
	2. Faktoreinkommen vom und an das Ausland (Saldo: $Y_{ai} - Y_{ia}$)	$Y \quad Y^n$
2. Ersparnis (S) $(S = S_H + S_K + S_{St})$	3. indirekte Steuern minus Subventionen $(T^{ind} - Z_U)$	Y^v
	4. laufende Übertragungen vom und an Ausland (Saldo: $Z^l_{ai} - Z^l_{ia}$)	

Das **Volkseinkommen einer offenen Volkswirtschaft von der Verteilungsseite** kann daher wie folgt geschrieben werden:

$$Y \equiv L_{KH} + L_{StH} + L_{HH} + L_{aH} + G_{KH} + G_{HH} + G_{KSt} + G_{KK} + G_{aH} + G_{aK} + G_{aSt}$$

Faßt man alle L-Werte und aller G-Werte mit jeweils einem Symbol zusammen, ergibt sich:

$$Y \equiv L + G$$

Dies ist die Gleichung für die **funktionale Verteilung des Volkseinkommens einer offenen Volkswirtschaft mit Staat.**
Das Volkseinkommen verteilt sich auf Löhne (L), die symbolisch für die Einkommen aus unselbständiger Tätigkeit stehen, und auf die Gewinne (G), die symbolisch für die Einkommen aus Unternehmertätigkeit und Vermögen stehen.
Fügt man auf der rechten Kontoseite des Kontos 4.18 dem Volkseinkommen Saldo zwischen den indirekten Steuern (T^{ind}) und den staatlichen Subventionen für Unternehmertätigkeit (Z_U) hinzu (als Gegenbuchung zu den entsprechenden Positionen auf dem nationalen Produktionskonto), so erhält man das **Nettonationaleinkommen (Y^n)**.
Das **verfügbare Einkommen einer Volkswirtschaft (Y^V)** errechnet sich schließlich durch Addition des Saldos der laufenden Übertragungen von und an das Ausland ($Z^l_{ai} - Z^l_{ia}$) zum Nettonationaleinkommen.

Die linke Kontoseite zeigt die **Aufteilung des verfügbaren Einkommens einer Volkswirtschaft** auf **Konsum** und **Ersparnis**:

$$Y^V \equiv C + S$$

Das Konto 4.18 läßt einen funktionalen Zusammenhang zwischen dem verfügbaren Einkommen einer Volkswirtschaft sowie Konsum und Ersparnis vermuten.

4.2.4 Das Nationale Vermögensänderungskonto

Das Konto 4.19 zeigt auf der linken Seite die Bruttoinvestition (I^{br}) aber auch gleichzeitig die Änderung der Nettoauslandsposition (ΔN), die im vorliegenden Fall negativ ist und sich als Saldo zwischen den Werten auf der rechten Kontenseite und der Bruttoinvestition ergibt.
Die rechte Kontenseite enthält die Positionen:
Abschreibungen, Ersparnis und den Saldo der Vermögensübertragungen vom und an das Ausland.
Zur Ermittlung der Vermögensänderung der Volkswirtschaft subtrahiert man von der Bruttoinvestition die Abschreibungen und erhält dann folgende **Identitätsgleichung der Vermögensänderung einer offenen Volkswirtschaft mit staatlicher Aktivität**:

$$I + \Delta N \equiv S + Z^w_{ai} - Z^w_{ia}$$

Konto 4.19: Nationales Vermögensänderungskonto
einer offenen Volkswirtschaft mit staatlicher Aktivität
für die Periode t

1. Bruttoinvestition (I^{br}) (Bruttoanlageinvestition + Lagerinvestition)	1. Abschreibungen ($D = D_K + D_{St} + D_H$)
	2. Ersparnis ($S = S_H + S_K + S_{St}$)
2. Änderung der Netto-Auslandsposition (ΔN)	3. Vermögensübertragungen vom Ausland und an das Ausland ($Z^w_{ai} - Z^w_{ia}$)

4.2.5 Das Nationale Finanzierungskonto

Das Nationale Finanzierungskonto einer offenen Volkswirtschaft muß neben den Änderungen der inländischen Forderungen und Verbindlichkeiten gegenüber inländischen Sektoren auch die Änderung der Forderungen und die Änderungen der Verbindlichkeiten des Inlands gegenüber dem Ausland berücksichtigen, wie sie auf dem Auslandskonto erfaßt wurden.

Als Saldo des Nationalen Finanzierungskontos ergibt sich die **Änderung der Nettoauslandsposition (ΔN)**.

Konto 4.20: Nationales Finanzierungskonto einer
offenen Volkswirtschaft mit staatlicher Aktivität
für die Periode t

1. Summe aller Änderungen inländischer Forderungen an inländische Sektoren	1. Summe aller Änderungen inländischer Verbindlichkeiten gegenüber inländischen Sektoren
2. Summe aller Änderungen der Forderungen an das Ausland	2. Summe aller Änderungen der Verbindlichkeiten gegenüber dem Ausland
3. Änderung der Nettoauslandsposition (ΔN) und statistische Differenzen	

Das Konto 4.20 macht deutlich, daß sich die inländischen Forderungen und Verbindlichkeiten gegenüber inländischen Sektoren aufheben (jeweils Pos. 1 auf der rechten und linken Seite des Kontos).

Exkurs:

Die Finanzierungsrechnung der Deutschen Bundesbank

Neben der Erstellung von sektoralen Finanzierungskonten im Rahmen des gesamtwirtschaftlichen Kontensystems besteht die Möglichkeit, die Finanzierungsströme einer Volkswirtschaft durch eine getrennte Statistik zu erfassen.

Diesen Weg ist die Bundesbank mit ihrer halbjährlich erstellten Finanzierungsrechnung gegangen.[1]

Die Bundesbank bezeichnet dabei die **Zunahme der Forderungen** als **Geldvermögensbildung** und die **Zunahme der Verbindlichkeiten** als **Kreditaufnahme**. Die Sektorenbildung wird von der Deutschen Bundesbank sehr differenziert vorgenommen:

1. Private Haushalte
2. Unternehmen insgesamt (inländische nichtfinanzielle Unternehmen)
   a) Produktionsunternehmen
   b) Wohnungswirtschaft
3. Öffentliche Haushalte
   a) Gebietskörperschaften
   b) Sozialversicherungen
4. Finanzielle Sektoren
   a) Banken einschließlich Deutsche Bundesbank
   b) Bausparkassen
   c) Versicherungen
   d) Investmentfonds
5. Übrige Welt

(Eine Neugliederung der Sektoren nach dem ESVG 95 wird erst für das Jahr 2000 für das Jahr 1999 erwartet.[2])
Dieses System der Deutschen Bundesbank wurde in Tabelle 4.01 auf sechs Sektoren vereinfacht:

Betrachtet man die Entwicklung des Finanzierungssaldos der **privaten Haushalte** so ist erkennbar, daß die privaten Haushalte traditionell einen Finanzierungsüberschuß aufweisen.

---

[1] Die Monatsberichte Mai und Oktober der Bundesbank enthalten diese Rechnung. Außerdem gibt es jährliche Sonderveröffentlichungen der Deutschen Bundesbank, zuletzt: Ergebnisse der gesamtwirtschaftlichen Finanzierungsrechnung für Deutschland 1990 bis 1998, Juli 1997.
[2] Vgl. Deutsche Bundesbank: Die gesamtwirtschaftlichen Finanzierungsströme im Jahr 1998, MB 6/99, S. 15 ff.

Der Überschuß der privaten Haushalte in den alten Bundesländern hatte 1991 mit ca. 182 Mrd. DM einen Höchststand erreicht. Die Wiedervereinigung brachte eine weitere Steigerung auf über 200 Mrd. DM für Gesamtdeutschland.
Die Überschüsse der privaten Haushalte und die Überschüsse des **Finanzsektors** reichten seit 1991 nicht aus, um die Sachvermögensbildung der anderen Sektoren und das Staatsdefizit zu finanzieren.
Sie wurden zusätzlich vom Ausland mitfinanziert, was der positive des Sektors "Übrige Welt" seit 1991 deutlich macht.

Die wachsenden Defizite bei den **Produktionsunternehmen und bei der Wohnungswirtschaft** sind nicht unbedingt durch niedrige Gewinne entstanden. Sie sind vielmehr auch Ausdruck hoher Investitionen, insbesondere in den Jahren 1991 und 1992. Die Investitionen wurden allerdings sehr oft mit öffentlichen Fördermitteln in den neuen Bundesländern getätigt. Eine Investitionsverlagerung westdeutscher Unternehmen in den Osten ist zu vermuten.
Ohne Zweifel hat die Finanzierung des Transformationsprozeß der Zentralverwaltungswirtschaft in eine Marktwirtschaft in den neuen Bundesländern und der damit verbundenen sozialen Abfederung die **Finanzierungssalden des Staates** völlig verändert:
Während für das frühere Bundesgebiet die staatlichen Finanzierungsdefizite bis 1988 bei ca. 40 Mrd. DM lagen, und sogar 1989 ein kleiner Überschuß feststellbar ist, stiegen die Defizite nach 1991 vereinigungsbedingt bis auf ca. 125 Mrd DM (1996). (Das Jahr 1995 mit einem Defizit von ca. 350 Mrd. DM stellt eine Ausnahmesituation durch die Übernahmen des Staates der Treuhandschulden und der Schulden der ostdeutschen Wohnungswirtschaft dar.) Die Finanzierungsdefizite sind seit 1996 allerdings rückläufig.
Was den Finanzierungssaldo der **übrigen Welt** betrifft, so erzielte das frühere Bundesgebiet in den Jahren bis 1990 meist einen Überschuß (zuletzt ca. 80 Mrd. DM im Jahre 1990). Seit 1991 muß die übrige Welt das inländische Defizit mitfinanzieren. Allerdings ist es nur bedingt richtig, wenn man vermutet, daß das aktuelle Finanzierungsdefizit vollständig von Gebietsfremden finanziert wird. Vielfach sind es Gelder, die deutsche private Haushalte aus steuerlichen Gründen (Zinsabschlag) ins Ausland verlagert haben, und die wieder zurück auf den deutschen Kapitalmarkt flossen.

Während Tabelle 4.01 die Finanzierungssalden der einzelnen Sektoren zeigt, geht Tabelle 4.02 viel weiter. Diese Tabelle gibt detaillierte Informationen über die Geldvermögensbildung (Forderungszunahme) und die Kreditaufnahme (Verbindlichkeitszunahme) der einzelnen Sektoren.
Der obere Teil der Tabelle 4.02 zeigt die Vermögensänderungskonten in Staffelform. Als Saldo bleibt der Finanzierungsüberschuß oder das Finanzierungsdefizit.
(Diese Salden wurden für 1998 in Tabelle 4.01 übernommen.) Für die **privaten Haushalte** ergab sich insgesamt ein Finanzierungsüberschuß, denn ihre Investitionen in Wohnungen wurden bekanntlich vom Sektor Wohnungswirtschaft erfaßt.
Der mittlere Teil der Tabelle 4.02 bringt die Geldvermögensbildung der Sektoren.[1]
Das Jahr 1998 brachte eine gewisse Liquiditätshaltung der privaten Haushalte in Form von Bargeld, Sichteinlagen und Spareinlagen. Nach wie vor werden Geldanlagen bei den

---

[1] Vgl. Deutsche Bundesbank: Die gesamtwirtschaftlichen Finanzierungsströme im Jahr 1998, in: MB 6/99, S. 15 ff. und Ergebnisse der gesamtwirtschaftlichen Finanzierungsrechnung für Deutschland 1990 bis 1998, Statistische Sonderveröffentlichung 4, Juli 1999

Versicherungen getätigt. Neu ist sicher der starke Boom bei den Investmentzertifikaten, die relativ leicht wieder in eine höhere Liquiditätsform umgewandelt werden können.
Generell kann man sagen, daß Wertpapiere im Aufwind sind. Allerdings halten sich die Aktienkäufe der privaten Haushalte nach wie vor in Grenzen.
Bei den Kreditaufnahmen wurden eher langfristige Kredite aufgenommen, was sicher mit dem niedrigen Zinsniveau zusammenhing.

Bei den **Produktionsunternehmen** hat sich die Ertragslage verbessert hat, was die Selbstfinanzierung erleichterte und damit die Fremdfinanzierung (vor allem durch das Ausland) nicht mehr so dringend werden ließ.

Tabelle 4.01: Finanzierungssalden der einzelnen Sektoren (Mrd. DM)

Jahr (a)	Private Haushalte	Unternehmen (b) Produktionsunternehmen	Unternehmen (b) Wohnungswirtschaft	öffentliche Haushalte (b)	Finanzsektor (c)	Übrige Welt (d)
1982	117,4	-27,8	-43,3	-52,7	16,9	-10,5
1983	101,8	-8,2	-56,4	-42,6	17,2	-11,8
1984	111,1	-19,4	-53,9	-34,0	17,8	-21,6
1985	113,9	-26,4	-40,0	-21,1	14,7	-41,1
1986	127,8	-8,1	-27,8	-25,4	13,0	-79,6
1987	132,2	-11,2	-23,2	-37,8	19,8	-79,8
1988	142,9	-17,9	-20,5	-45,2	27,0	-86,3
1989	147,0	-36,6	-31,6	2,8	22,4	-104,0
1990	181,8	-40,0	-38,9	-49,7	25,7	-78,8
1991	213,7	-123,4	-59,7	-94,7	30,0	34,2
1992	233,7	-112,7	-85,2	-87,2	21,0	30,4
1993	220,3	-34,5	-114,8	-111,8	17,0	23,9
1994	213,7	-60,9	-138,0	-87,3	29,9	42,6
1995	224,0	167,3	-109,8	-348,4	29,6	37,3
1996	237,1	-29,5	-137,9	-125,9	27,4	28,8
1997	230,1	-49,3	-129,0	-101,9	41,3	8,7
1998	233,0	-95,4	-109,2	-78,9	39,6	11,0

a) bis 1990 früheres Bundesgebiet und ab 1991 Gesamtdeutschland
b) 1995 einschl. der Übernahme der Treuhandschulden sowie eines Teils der Altverschuldun der ostdeutschen Wohnungswirtschaft durch den Erblastentilgungsfonds, die in den volkswirtschaftlichen Gesamtrechnungen als Vermögensübertragung des Staates an die Unternehmen behandelt wird.
c) Kreditinstitute einschließlich Bundesbank
d) Entspricht der Nettokreditgewährung an das Ausland bzw. des Auslands. Bis 1990 beim früheren Bundesgebiet auch einschließlich des Saldos gegenüber dem anderen Teil Deutschlands.
Quelle: Ergebnisse der gesamtwirtschaftlichen Finanzierungsrechnung für Westdeutschland 1960-1992, Sonderdruck der Deutschen Bundesbank, November 1994, S. 38; Ergebnisse der gesamtwirtschaftlichen Finanzierungsrechnung für Deutschland 1990 bis 1998, Juni 1999, S. 62 ff.;

Eine Umschichtung gab es bei den Termineinlagen zugunsten der Bargeldbestände und der Sichteinlagen, was eine Tendenz zur Liquiditätsvorsorge erkennen läßt, aber auch mit den niedrigen Zinsniveau der Termineinlagen erklärt werden kann.
Bei der Schuldenaufnahme (unterer Teil der Tab. 4.02) wurde eine Umschichtung zugunsten langfristiger Bankkredite vorgenommen, sicher auch im Zusammenhang mit dem historisch tiefen Zinsniveau.
Bei der **Wohnungswirtschaft** sind die Investitionen tendenziell sinkend, da in manchen Regionen ein Überangebot an Wohnungen besteht. Allein der Eigenheimbau trägt noch die Konjunktur. Die Finanzierung erfolgt traditionell durch langfristige Bankkredite, wie der untere Teil der Tabelle 4.02 zeigt.
Bei den **öffentlichen Haushalte** hat das Defizit 1998 weiter abgenommen, nicht zuletzt aufgrund der Konsolidierungs- und Begrenzungsanstrengung im Hinblick auf die Erfüllung der Maastrichtkriterien und durch den Amsterdamer Stabilitätspakt.
Die Schuldenaufnahmen erfolgte über Rentenwerte (vor allem beim Bund) und über langfristige Bankkredite (bei den Ländern).
Der Beitrag der übrigen Welt zur inländischen Finanzierung lag 1998 schließlich bei ca. 11 Mrd. DM. Die Netto-Kapitalimporte zur Finanzierung der deutschen Wiedervereinigung sind damit stark zurückgegangen.

Tab.4.02: Vermögensbildung der Sektoren und ihre Finanzierung im Jahre 1998

Mrd. DM	Private Haushalte	Unternehmen Produktionsunternehmen	Unternehmen Wohnungswirtschaft	Öffentliche Haushalte	Banken
Sachvermögensbildung und Ersparnis					
Nettoinvestitionen		169,7	121,7	40,6	3,0
Bruttoinvestitionen		496,9	238,7	67,7	11,1
Abschreibungen		327,2	117,1	27,1	8,1
Ersparnis und Vermögensübetragungen	233,0	74,3	12,5	-38,4	33,2
Ersparnis	289,3	45,2	-52,8	0,6	33,2
Vermögensübertragungen (netto)	-56,4	29,1	65,2	-39,0	
Finanzierungsüberschuß/defizit	233,0	-95,4	-109,2	-78,9	30,2
Statistische Differenz		-17,1			
Geldvermögensbildung					
Geldanlagen bei Banken	66,2	66,5	2,5	-1,9	
Bargeld und Sichteinlagen	39,8	76,9	2,5	5,1	
Termingelder	-0,7	-11,5		-7,5	
Spareinlagen	27,1	1,1		0,5	
Geldanlagen bei Bausparkassen	4,7	0,2		-0,1	-0,3
Geldanlagen bei Versicherungen	99,4	4,9		0,6	
Erwerb von Geldmarktpapieren	-0,4	-5,7		-0,1	16,3
Erwerb von Rentenwerten	-11,6	20,2		-0,3	199,9
Erwerb von Investmentzertifikaten	65,9	20,5		2,8	41,8
Erwerb von Aktien	8,0	71,8		-19,8	20,2
Auslandsposition der Bundesbank					7,3
Bankkredite					507,7
kurzfristige Bankkredite					169,0
längerfristige Bankkredite					338,7
Darlehen der Bausparkassen					
Darlehen der Versicherungen					
Sonstige Forderungen	18,5	60,7		9,3	
an das Inland	15,8	-1,9		5,4	
an die übrige Welt	2,8	62,6		3,8	
Innersektorale Forderungen		-1,6			
Insgesamt	250,8	237,4	2,5	-9,5	793,0
Kreditaufnahme und Aktienabsatz					
Geldanlagen bei Banken					473,6
Bargeld und Sichteinlagen					228,2
Termingelder					216,2
Spareinlagen					29,2
Geldanlagen bei Bausparkassen					
Geldanlagen bei Versicherungen					
Absatz von Geldmarktpapieren		-1,3		-0,7	18,6
Absatz von Rentenwerten		-6,1		59,9	253,9
Absatz von Investmentzertifikaten					
Absatz von Aktien		89,1	0,1		11,9
Auslandsposition der Bundesbank					3,6
Bankkredite	17,7	185,3	107,0	15,8	
kurzfristige Bankkredite	7,1	60,0	2,1	-1,5	
längerfristige Bankkredite	10,6	125,3	104,9	17,3	
Darlehen der Bausparkassen		0,8	6,2	-0,4	-0,2
Darlehen der Versicherungen	-0,0	5,9	0,7	-0,3	
Sonstige Verpflichtungen	0,2	76,2	-0,7	-4,8	1,4
an das Inland	0,2	19,9	-0,7	-2,1	1,4
an die übrige Welt		56,3		-2,7	
Innersektorale Verpflichtungen		-1,6			
Insgesamt	17,9	349,9	111,7	69,5	762,8

Quelle: Deutsche Bundesbank: Ergebnisse der gesamtwirschaftlichen Finanzierungsrechnung 1990

4. Darstellung des Wirtschaftskreislaufs

Bauspar-kassen	Versiche-rungen	Investment-fonds	Übrige Welt	Sektoren insgesamt	Mrd. DM
					Sachvermögensbildung und Ersparnis
-0,1	1,1	7,5		343,3	Nettoinvestitionen
0,1	4,0	7,5		825,9	Bruttoinvestitionen
0,2	2,9			482,5	Abschreibungen
0,2	18,0	0,0	11,0	343,7	Ersparnis und Vermögensübetragungen
0,2	17,9		10,1	343,7	Ersparnis
	0,1		0,8	-0,0	Vermögensübertragungen (netto)
0,3	17,0	-7,5	11,0	0,4	Finanzierungsüberschuß/defizit
			17,1	0,0	Statistische Differenz
					Geldvermögensbildung
2,5	30,6	22,3	284,9	473,5	Geldanlagen bei Banken
1,4	0,3	4,0	98,2	228,2	Bargeld und Sichteinlagen
1,2	30,0	18,3	186,4	216,2	Termingelder
	0,3		0,3	29,2	Spareinlagen
			0,1	4,7	Geldanlagen bei Bausparkassen
			0,3	105,2	Geldanlagen bei Versicherungen
		0,5	13,2	23,9	Erwerb von Geldmarktpapieren
1,1	1,7	58,4	147,9	417,4	Erwerb von Rentenwerten
2,2	60,4		-2,8	190,8	Erwerb von Investmentzertifikaten
0,1	28,3	84,7	101,2	294,5	Erwerb von Aktien
			3,6	10,9	Auslandsposition der Bundesbank
				507,7	Bankkredite
				169,0	kurzfristige Bankkredite
				338,7	längerfristige Bankkredite
6,8				6,8	Darlehen der Bausparkassen
	7,0			7,0	Darlehen der Versicherungen
		1,9	53,6	143,9	Sonstige Forderungen
		-0,2		72,7	an das Inland
		2,0		71,2	an die übrige Welt
				-1,6	Innersektorale Forderungen
12,6	128,0	167,8	602,0	2186,2	Insgesamt
					Kreditaufnahme und Aktienabsatz
				473,6	Geldanlagen bei Banken
				228,2	Bargeld und Sichteinlagen
				216,2	Termingelder
				29,2	Spareinlagen
4,7				4,7	Geldanlagen bei Bausparkassen
	105,2			105,2	Geldanlagen bei Versicherungen
			7,3	23,9	Absatz von Geldmarktpapieren
0,4			109,2	417,4	Absatz von Rentenwerten
		169,8	21,1	190,8	Absatz von Investmentzertifikaten
0,1	6,5		186,8	294,5	Absatz von Aktien
			7,3	10,9	Auslandsposition der Bundesbank
7,2	-0,7	5,5	170,0	507,7	Bankkredite
2,7	-0,7	4,3	95,2	169,0	kurzfristige Bankkredite
4,5	-0,0	1,3	74,9	338,7	längerfristige Bankkredite
	0,0		0,4	6,8	Darlehen der Bausparkassen
-0,1			0,7	7,0	Darlehen der Versicherungen
	0,5	0,0	71,2	143,9	Sonstige Verpflichtungen
	0,5		71,2	90,3	an das Inland
				53,6	an die übrige Welt
				-1,6	Innersektorale Verpflichtungen
12,3	111,4	175,3	573,9	2186,3	Insgesamt

bis 1998 für Deutschland, Statistische Sonderveröffentlichung 4, Juli 1999, S. 80 f.

Kontrollfragen zu Kapitel 4.2

1. Wie wird die Änderung der Nettoauslandsposition mit Hilfe des Auslandskontos berechnet?
2. Welche Ströme müssen bei den Exporteinnahmen (Ex) bzw. den Importausgaben (Im) berücksichtigt werden?
3. Wie wird der Außenbeitrag ermittelt?
4. Wie lautet die Verteilungsgleichung des Volkseinkommens einer offenen Volkswirtschaft mit staatlicher Aktivität?
5. Ein Angestellter arbeitet als Grenzgänger im Ausland. Er hat in Deutschland seinen ständigen Wohnsitz. Geben Sie die Position des Auslandskontos an, die das Einkommen dieser Aktivität erfaßt!
6. Wie ermittelt man das Bruttonationaleinkommen (Bruttosozialprodukt), wenn man vom Bruttoinlandsprodukt ausgeht?
7. Welche Faktoreinkommen aus dem Ausland gibt es?
8. Wie lautet die Aufteilungsgleichung des verfügbaren Einkommens einer offenen Volkswirtschaft mit staatlicher Aktivität?
9. Zeichnen Sie die Grundstruktur des Nationalen Produktionskontos einer offenen Volkswirtschaft mit staatlicher Aktivität!
10. Erklären Sie, warum der Saldo des Nationalen Finanzierungskontos auch bei einer offenen Volkswirtschaft immer gleich Null ist!
11. Wie nennt die Deutsche Bundesbank in ihrer Finanzierungsrechnung die Zunahme der Forderungen und die Zunahme der Verbindlichkeiten?

5. Der Wirtschaftskreislauf in Gleichungsform.

Bei der Analyse des Wirtschaftskreislaufs mit Hilfe von Konten wurden bereits Symbole für einzelne Kontenpositionen verwendet und daraus Gleichungen ermittelt.
Der Kreislaufzusammenhang soll nun zusammenfassend ausschließlich in Gleichungsform gezeigt werden.
Diese Darstellungsform dient als Grundlage für die makroökonomische ex ante-Analyse, da dort die ökonomischen Zusammenhänge mit ökonomischen Modellen in Gleichungsform erfaßt werden.[1]

5.1 Inlandsprodukt und Nationaleinkommen in unterschiedlichen Formen

Bei der Ermittlung unterschiedlicher Globalgrößen gehen wir vom Bruttoproduktionswert (P^{br}) aus.
Der Bruttoproduktionswert stellt den Wert der wirtschaftlichen Bruttoleistung innerhalb eines Gebiets während einer bestimmten Periode dar.
Dabei sind die Importe (als Leistungen eines anderen Gebiets) bereits abgezogen.
Der Bruttoproduktionswert enthält allerdings noch Doppelzählungen, da die inländischen Vorleistungen noch nicht subtrahiert wurden.
In Gleichungsform ergibt sich für den **Bruttoproduktionswert**:

$$P^{br} \equiv V + I^{br} + ExG - ImG \qquad (1)$$

Werden die Vorleistungen (V) abgezogen, ergibt sich der **Nettoproduktionswert (P^n)**.
Der Nettoproduktionswert ist identisch mit dem **Bruttoinlandsprodukt (zu Marktpreisen) (BIP)**:

$$P^n \equiv P^{br} - V \qquad (2)$$
$$BIP \equiv P^n \equiv C_H + C_{St} + I^{br} + ExG - ImG \qquad (3)$$

Der Nettoproduktionswert bzw. das Bruttoinlandsprodukt (zu Marktpreisen) ist der Wert der wirtschaftlichen Nettoleistung, der innerhalb eines Gebiets während einer bestimmten Periode erbracht wurde.
Das Bruttonationaleinkommen (Y^{br}) erhält man dadurch, daß man zum Bruttoinlandsprodukt die Faktoreinkommen vom Ausland (Y_{ai}) addiert und die Faktoreinkommen an das Ausland (Y_{ia}) subtrahiert:

$$Y^{br} \equiv BIP + Y_{ai} - Y_{ia} \qquad (4)$$

$$Y^{br} \equiv C_H + C_{St} + I^{br} + ExG - ImG + Y_{ai} - Y_{ia} \qquad (5)$$

Die Exporteinnahmen für Güter (ExG) und die Faktoreinkommen vom Ausland (Y_{ai}) werden zu einer Variablen „Exporteinnahmen" zusammengefaßt:

$$Ex \equiv ExG + Y_{ai} \qquad (6)$$

In gleicher Weise erfolgt eine Zusammenfassung der Importausgaben für Güter (ImG) mit den Faktoreinkommen an das Ausland (Y_{ia}) zur Variablen „Importausgaben" (Im):

---
[1] Vgl. Peto, R.: Makroökonomik, S. 27 ff.

$$Im \equiv ImG + Y_{ia} \qquad (7)$$

Nach dieser Zusammenfassung lautet das **Bruttonationaleinkommen (Y^{br})**:

$$Y^{br} \equiv C_H + C_{St} + I^{br} + Ex - Im \qquad (8)$$

Das Bruttonationaleinkommen ist der Wert der wirtschaftlichen Nettoleistung der Wirtschaftseinheiten, die zu einem bestimmten Gebiet gehören, während einer bestimmten Periode.
Die Nettoleistung kann innerhalb oder außerhalb eines Gebietes erbracht worden sein. Vermindert man das Bruttonationaleinkommen um die Abschreibungen (D), so erhält man das **Nettonationaleinkommen (Y^n)**:

$$Y^n \equiv Y^{br} - D \qquad (9)$$

$$da \quad I \equiv I^{br} - D \qquad (10)$$

$$\Rightarrow \quad Y^n \equiv C_H + C_{St} + I + Ex - Im \qquad (11)$$

Zur Ermittlung des **Volkseinkommens (Y)**, muß Gleichung (11) um zwei Globalgrößen korrigiert werden, nämlich um die indirekten Steuern (T^{ind}) und um die Subventionen (Z_U). Die indirekten Steuern müssen subtrahiert und die Subventionen addiert werden. Es ergibt sich dann der Wert des **Volkseinkommens von der Verwendungsseite** her:

$$Y \equiv Y^n - T^{ind} + Z_U \qquad (12)$$
$$Y \equiv C_H + C_{St} + I + Ex - Im - T^{ind} + Z_U \qquad (13)$$

Für die makroökonomische ex ante-Analyse ist es notwendig, die den Staat betreffenden Größen zusammenzufassen.
Insbesondere interessiert das **Volkseinkommen von der Verwendungsseite mit der Variablen „Staatsausgaben für Güter" (A_{St})**. [1]
Zur Herleitung dieser Variablen muß zuerst die Nettoinvestition (I) in die Nettoinvestition der Kapitalgesellschaften (I_K), der privaten Haushalte (I_H) und in die staatliche Nettoinvestition (I_{St}) getrennt werden:

$$I \equiv I_K + I_H + I_{St} \qquad (14)$$

Die Summe aus der Nettoinvestition der Kapitalgesellschaften und der privaten Haushalte kann zur privaten Nettoinvestition (I_{pr}) zusammengefaßt werden:

$$I_{pr} \equiv I_K + I_H$$

Damit ändert sich die Gleichung (13) für das **Volkseinkommen** wie folgt:

$$Y \equiv C_H + C_{St} + I_{St} + I_{pr} + Ex - Im - T^{ind} + Z_U \qquad (15)$$

---

[1] Vgl. Peto, R.: Makroökonomik, S. 100 ff.

Die Zusammenfassung des staatlichen Konsums (C_{St}) und der staatlichen Nettoinvestition (I_{St}) ergibt die **Ausgaben des Staates für Güter (A_{St})**:

$$A_{St} \equiv C_{St} + I_{St} \qquad (16)$$

Gleichung (15) kann daher auch wie folgt geschrieben werden:

$$Y \equiv C_H + A_{St} + I_{pr} + Ex - Im - T^{ind} + Z_U \qquad (17)$$

Das ist die **Volkseinkommensgleichung von der Verwendungsseite mit der Variablen „Staatsausgaben für Güter" für eine offene Volkswirtschaft mit staatlicher Aktivität.**

Bei den Modellen der ex ante-Analyse geht man, wie bei der ex post-Analyse, entweder von einer „geschlossenen Volkswirtschaft mit staatlicher Aktivität" oder „einer geschlossenen Volkswirtschaft ohne staatliche Aktivität" aus.
Für eine **geschlossene Volkswirtschaft mit staatlicher Aktivität** ändert sich die Gleichung (17) dann wie folgt:

$$Y \equiv C_H + A_{St} + I_{pr} + - T^{ind} + Z_U \qquad (18)$$
(da $Ex = Im = 0$)

Wird eine **geschlossene Volkswirtschaft ohne staatliche Aktivität** angenommen, so ergibt sich für das Volkseinkommen von der Verwendungsseite:

$$Y \equiv C_H + I_{pr} \qquad (19)$$
(da $A_{St} = Ex = Im = T^{ind} = Z_U = 0$)

Wofür auch ganz einfach nur die folgende Gleichung geschrieben wird:

$$Y \equiv C + I \qquad (20)$$

Es gibt bei diesem Modell nur den privaten Konsum und die private Nettoinvestition. Das Volkseinkommen ist in diesem speziellen Falle gleich dem Nettoinlandsprodukt und dem Nettonationaleinkommen.

5.2 Das verfügbare Einkommen der privaten Haushalte

Das verfügbare Einkommen der privaten Haushalte spielt bei den Bestimmungsfaktoren des privaten Konsums eine entscheidende Rolle, weshalb es auch vom Volkseinkommen von der Verteilungsseite her abgeleitet werden soll.[1]
Das **Volkseinkommen einer offenen Volkswirtschaft von der Verteilungsseite** kann wie folgt geschrieben werden:

$$Y \equiv L_{KH} + L_{HH} + L_{StH} + L_{aH} + G_{KH} + G_{HH} + G_{KSt} + G_{KK} + G_{aH} + G_{aK} + G_{aSt} \qquad (21)$$

Dabei werden die Faktoreinkommen aus unselbständiger Arbeit durch ein L (Lohn) und die Faktoreinkommen aus Unternehmertätigkeit und Vermögen durch ein G (Gewinn) symbolisiert.

---
[1] Vgl. Peto, R.: Makroökonomik, S. 66 und S. 132 ff.

Den privaten Haushalten fließen zwar alle L-Werte von den Kapitalgesellschaften (L_{KH}), vom Staat (L_{StH}), von anderen Haushalten (L_{HH}) und vom Ausland (L_{aH}) zu, aber nur ein Teil der G-Werte von den Kapitalgesellschaften (G_{KH}), vom Ausland (G_{aH}) oder verbleiben in den privaten Haushalten als Unternehmergewinne (G_{HH}).
Daneben beziehen die privaten Haushalte noch Transfereinkommen vom Staat (Z_H) aber auch vom Ausland (Z^l_{aH}). Sie leisten aber auch laufende Transferzahlungen an das Ausland (Z^l_{Ha}).
Unter Berücksichtigung dieser Einkommenszahlungen, ergibt sich das **Einkommen der privaten Haushalte vor Steuerabzug** einer **offenen Volkswirtschaft mit staatlicher Aktivität**:

$$Y_H \equiv L_{KH} + L_{HH} + L_{StH} + L_{aH} + G_{KH} + G_{HH} + G_{aH} + Z_H + Z^l_{aHi} - Z^l_{Ha} \qquad (22)$$

Das **verfügbare Einkommen der privaten Haushalte einer offenen Volkswirtschaft mit staatlicher Aktivität** ergibt sich nach Abzug der direkten Steuern der privaten Haushalte (T^{dir}_H):

$$Y^v_H \equiv Y_H - T^{dir}_H \qquad (23)$$
$$Y^v_H \equiv L_{KH} + L_{HH} + L_{StH} + L_{aH} + G_{KH} + G_{HH} + G_{aH} + Z_H + Z^l_{aHi} - Z^l_{Ha} - T^{dir}_H \qquad (24)$$

Für das Modell einer **geschlossenen Volkswirtschaft mit staatlicher Aktivität** ergibt sich das folgende verfügbare Einkommen der privaten Haushalte:

$$Y^v_H \equiv L_{KH} + L_{HH} + L_{StH} + G_{KH} + G_{HH} + Z_H - T^{dir}_H \qquad (25)$$
$$(\text{da } L_{aH} = G_{aH} = Z^l_{aHi} = Z^l_{Ha} = 0)$$

Schließlich ergibt sich für eine **geschlossene Volkswirtschaft ohne staatliche Aktivität** das folgende verfügbare Einkommen der privaten Haushalte:

$$Y^v_H \equiv L_{KH} + L_{HH} + G_{KH} + G_{HH} \qquad (26)$$
$$(\text{da } L_{aH} = G_{aH} = Z^l_{aHi} = Z^l_{Ha} = L_{StH} = Z_H = T^{dir}_H = 0)$$

Wird gleichzeitig auch noch die Annahme gemacht, daß alle Gewinne verteilt werden, **so ist bei diesem Modell das verfügbare Einkommen der privaten Haushalte gleich dem Volkseinkommen**, wofür dann im Modell nur ein Y geschrieben wird:

$$Y^v_H \equiv Y$$

Kontrollfragen zu Kapitel 5

1. Wie ermittelt man das Bruttonationaleinkommen, wenn man vom Bruttoproduktionswert ausgeht?
2. Wie lautet das Volkseinkommen mit der Variablen „Staatsausgaben für Güter"?
3. Wie kommt man vom Volkseinkommen zum Bruttoinlandsprodukt zu Marktpreisen?
4. Weshalb ist die Variable „verfügbares Einkommen der privaten Haushalte" so wichtig?
5. Wie lautet die Gleichung für das verfügbare Einkommen der privaten Haushalte einer offenen Volkswirtschaft mit staatlicher Aktivität und wie für eine geschlossene Volkswirtschaft ohne staatliche Aktivität?

Literaturhinweise zu Kapitel 4 und 5

Brümmerhoff, D.	Volkswirtschaftliche Gesamtrechnungen, 5. Auflage, München 1995
Brümmerhoff, d./Lützel, H.	Lexikon der volkswirtschaftlichen Gesamtrechnungen, München 1994
Eurostat Gesamtrechnungen	Europäisches System Volkswirtschaftlicher ESVG, Brüssel/Luxemburg 1996
Haslinger, Fr.	Volkswirtschaftliche Gesamtrechnung, 7. Auflage, München 1995
Ruggles, N./Ruggles, R.	The Design of Economic Accounts, National Bureau of Economic Research, No. 89, General Series, New York 1970
Schneider, E.	Einführung in die Wirtschaftstheorie, 1. Teil, Theorie des Wirtschaftskreislaufs, 14. Auflage, Tübingen 1973
Statistisches Bundesamt	Volkswirtschaftliche Gesamtrechnungen, Fachserie 18, Reihe 1.3, Konten und Standardtabellen 1997, Hauptbericht, Wiesbaden 1998
Statistisches Bundesamt	Revidierte Vierteljahresergebnisse der Inlandsproduktsberechnung 1991 bis 1998, VGR Fachserie 18, Reihe S.20, Wiesbaden 1999
Stobbe, A.	Volkswirtschaftliches Rechnungswesen, 1. Auflage, Berlin 1966
Stobbe, A.	Wirtschaftskreislauf und Sozialprodukt, in: Ehrlicher, W. u.a. (Hg.): Kompendium der Volkswirtschaftslehre, 1. Auflage, Göttingen 1967, S. 52-74 und 2. Auflage, Göttingen 1972, S. 16-56
Stobbe, A.	Volkswirtschaftliches Rechnungswesen, 3. Auflage, Berlin 1972 und 8. Auflage, Berlin 1994

6. DIE VOLKSWIRTSCHAFTLICHEN GESAMTRECHNUNGEN DES STATISTISCHEN BUNDESAMTES

6.1 Vorbemerkung

Wie an anderer Stelle bereits dargelegt, basieren die Volkswirtschaftlichen Gesamtrechnungen des Statistischen Bundesamtes auf dem System of National Accounts (SNA) und auf dem Europäischen System Volkswirtschaftlicher Gesamtrechnungen (ESVG).
Sie wurden zum ersten Mal im Jahre 1960 veröffentlicht und seither mehrmals in unterschiedlicher Form revidiert.
So brachte beispielsweise die Revision von 1982 als konzeptionelle Änderung die Umstellung der Verbuchung der Umsatzsteuer von einem modifizierten Bruttosystem auf ein Nettosystem.[1] Damit wurde die Vereinbarung auf EG-Ebene erfüllt, die eine Umstellung auf das Nettosystem ab 1975 für das ESVG vorsah.
Die Revision Anfang 1999 brachte eine Übernahme des Europäischen Systems Volkswirtschaflicher Gesamtrechnungen ESVG 1995 im Interesse einer europäischen Lösung. Damit wurde zwar die spezielle deutsche Variante aufgegeben, dennoch ist das bisher praktizierte System in seinen Grundzügen erhalten geblieben.[2]

Im folgenden sollen kurz die Charakteristika der Volkswirtschaftlichen Gesamtrechnungen des Statistischen Bundesamtes erläutert werden:
Die Volkswirtschaftlichen Gesamtrechnungen des Statistischen Bundesamtes (VGR) stellen eine erweiterte und vertiefte Form einer Kreislaufanalyse in Kontoform dar.
Sie haben - genauso wie die bisherige Kreislaufanalyse - die Aufgabe, ein möglichst umfassendes, übersichtliches, hinreichend gegliedertes, quantitatives Gesamtbild des Wirtschaftsprozesses zu geben, in das alle Wirtschaftseinheiten mit ihren für die Beschreibung des Wirtschaftsprozesses wichtigen ökonomischen Aktivitäten und damit verbundenen Vorgängen einbezogen sind.[3]

Die Ergebnisse der amtlichen Volkswirtschaftlichen Gesamtrechnungen werden in Form eines geschlossenen Kontensystems mit doppelter Verbuchung aller nachgewiesenen Vorgänge und in einer Reihe von Tabellen dargestellt.
Als kleinste Darstellungseinheiten dienen in den Konten die selbst bilanzierenden bzw. die eine eigene Haushaltsrechnung aufstellenden Einheiten, hier Wirtschaftseinheiten genannt. Sie werden zu Sektoren zusammengefaßt, wobei eine weitergehende Differenzierung erfolgt als bei der bisherigen Kreislaufanalyse.

6.1.1 Die Volkswirtschaftlichen Gesamtrechnungen bis Ende 1998

Bis **Ende 1998** galt die folgende Sektoren- und Kontoeinteilung:

Der **Sektor „Unternehmen"** wurde unterteilt in

- Produktionsunternehmen
- Kreditinstitute
- Versicherungsunternehmen.

---

[1] Vgl. VGR, Fachserie 18, Reihe S. 5, Revidierte Ergebnisse 1960 bis 1981, S. 11 ff.
[2] Vgl. VGR (96), S. 19 ff.
[3] Vgl. ebenda

Der **Sektor „Staat"** umfaßte

- Gebietskörperschaften und die
- Sozialversicherung.

Der **Sektor „Private Haushalte"** wurde differenziert in
- Private Haushalte im engeren Sinne und
- Private Organisationen ohne Erwerbszweck.

Zu den „Privaten Organisationen ohne Erwerbszweck" gehörten: „Kirchen, religiöse und weltanschauliche Vereinigungen, karitative, kulturelle, wissenschaftliche (überwiegend von privaten Haushalten finanziert) und im Erziehungswesen tätige Organisationen, politische Parteien, Gewerkschaften, Sportvereine, gesellige Vereine usw."[1]

Für jeden Teilsektor wurden sieben Konten geführt.
Das System des Statistischen Bundesamtes verwendete folgende sektorale Konten, deren Bezeichnungen zugleich die verbuchten ökonomischen Aktivitäten andeuten:[2]

Kontengruppe 1: Produktionskonten
        (Produktion von Waren und Dienstleistungen)
Kontengruppe 2: Einkommensentstehungskonten
        (Entstehung von Erwerbs- und Vermögenseinkommen)
Kontengruppe 3: Einkommensverteilungskonten
        (Verteilung der Erwerbs- und Vermögenseinkommen)
Kontengruppe 4: Einkommensumverteilungskonten
        (Umverteilung der Einkommen)
Kontengruppe 5: Einkommensverwendungskonten
        (Verwendung der Einkommen)
Kontengruppe 6: Vermögensveränderungskonten
        (Vermögensbildung)
Kontengruppe 7: Finanzierungskonten
        (Veränderung der Forderungen und Verbindlichkeiten)

Bei 7 Sektoren und 7 Kontengruppen ergibt dies 49 sektorale Konten.
Diese 49 sektorale Konten der Sektoren wurden ergänzt durch

- ein zusammengefaßtes Güterkonto (Konto 0),
das einen umfassenden Überblick über Herkunft und Verwendung der Güter gibt sowie durch das
- zusammengefaßtes Konto der übrigen Welt (Konto 8),
das alle ökonomischen Vorgänge zwischen inländischen Wirtschaftseinheiten und der übrigen Welt erfassen soll (Auslandskonto).

Das Statistische Bundesamt bot aber auch eine vereinfachte Version der Volkswirtschaftlichen Gesamtrechnungen mit den Sektoren

- **Unternehmen**
- **Staat und**
- **Private Haushalte und private Organisationen ohne Erwerbszweck.**

---

[1] VGR (97), S. 27
[2] Vgl. ebenda, S. 32 ff.

Damit reduzierte sich die Zahl der Konten auf 23 Konten:
3 Sektoren mit jeweils 7 Aktivitätskonten und dem Zusammengefaßten Güterkonto sowie dem Konto der übrigen Welt.

Welche Aktivitäten wurden nun in den einzelnen Kontengruppen erfaßt?

Die Inhalte der einzelnen Konten und der Zusammenhang der Konten soll anhand von Beispielen erläutert werden, wobei die Konten des **Sektors „Unternehmen"** im Vordergrund stehen.[1]

Die **Produktionskonten** der VGR entsprachen im Prinzip den bereits an anderer Stelle dargestellten Konten, allerdings wurde die Verwendung des Bruttoproduktionswerts und die Primärverteilung der Faktoreinkommen in den VGR auf diesen Konten nicht dargestellt, wie das Produktionskonto des Unternehmenssektors zeigt, sondern nur der (Brutto-) Produktionswert abzüglich Vorleistungen, was dem Nettoproduktionswert entspricht, der vom Statistischen Bundesamt als Bruttowertschöpfung bezeichnet wurde.

Konto 6.01: Produktionskonto der Unternehmen

Vorleistungen	4609	Produktionswert	7373
Bruttowertschöpfung	2765		

Die Bruttowertschöpfung des Sektors wurde umgebucht auf die rechte Seite des **Einkommensentstehungskontos:**

Konto 6.02: Einkommensentstehungskonto der Unternehmen

Abschreibungen	429	Bruttowertschöpfung	2765
geleistete Produktionssteuern an den Staat	179	empfangene Subventionen vom Staat	70
Beitrag zum Nettoinlandsprodukt zu Faktorkosten (Nettowertschöpfung)	2226		

Werden von der Bruttowertschöpfung die Abschreibungen und die Produktionssteuern (= indirekte Steuern) abgezogen und die Subventionen addiert, ergibt sich als Saldo **der Beitrag des Sektors zum Nettoinlandsprodukt zu Faktorkosten.**
Dieser Wert wurde nun umgebucht auf die rechte Seite des Einkommensverteilungskontos:

---

[1] Es handelt sich um die Zahlen für 1996 in Mrd. DM, vgl.: VGR (97), S. 96 ff. Bei den ausgewiesenen Produktionswerten fehlt die nichtabzugsfähige Umsatzsteuer und die Einfuhrabgaben.

Konto 6.03: Einkommensverteilungskonto der Unternehmen

Geleistete Einkommen aus unselbständiger Arbeit		Beitrag zum Nettoinlandsprodukt zu Faktorkosten	
an private Haushalte	1440	(Nettowertschöpfung)	2226
an die übrige Welt	8		
Geleistete Einkommen aus Unternehmertätigkeit		Empfangene Vermögenseinkommen	
an den Staat	39	vom Staat	93
an private Haushalte	808	von privaten Haushalten	39
an die übrige Welt	107	von der übrigen Welt	93
Anteil am Volkseinkommen	50		

Das Konto zeigt eine sektorale und funktionale Verteilung der Faktoreinkommen aus selbständiger Arbeit und Unternehmertätigkeit, die im Unternehmenssektor entstanden sind, aber auch die empfangenen Faktoreinkommen des Unternehmenssektors vom Staat und den privaten Haushalten (überwiegend Zinseinkünfte) sowie von der übrigen Welt. Es entstand auf diesem Konto als Saldo der **Anteil des Sektors am Volkseinkommen**. Dieser Saldo wurde auf die rechte Seite des Einkommensumverteilungskontos des Sektors umgebucht, das nun neben den Faktoreinkommen auch die Transfereinkommen und die direkten Steuern des Sektors zeigt.

Konto 6.04: Einkommensumverteilungskonto der Unternehmen

Geleistete direkte Steuern		Anteil am Volkseinkommen	50
an den Staat	48		
Soziale Leistungen		Empfangene Sozialbeiträge	
an private Haushalte	37	von privaten Haushalte	51
an die übrige Welt	0		
Sonstige geleistete laufende Übertragungen		Sonstige empfangene laufende Übertragungen	
an Unternehmen	23	von Unternehmen	23
an den Staat	8	vom Staat	3
an private Haushalte	78	von den privaten Haushalte	79
an die übrige Welt	2	von der übrigen Welt	1
Verfügbares Einkommen	11		

Das Konto zeigt die direkte Steuern des Sektors und die sozialen Leistungen an private Haushalte sowie die empfangenen Sozialbeiträge. Hier handelt es sich überwiegend um Leistungen der privaten Versicherungsunternehmen und um die Beiträge der privaten Haushalte in diese Versicherungen.
Als Saldo verbleibt das **verfügbare Einkommen** des Sektors.
Dieser Saldo wurde auf die rechte Seite des Einkommensverwendungskontos umgebucht:

Konto 6.05: Einkommensverwendungskonto der Unternehmen

Ersparnis	11	Verfügbares Einkommen	11

Der Saldo dieses Kontos ist die Ersparnis der Unternehmen.

Dieser Saldo wurde auf die rechte Kontenseite des Vermögensveränderungskontos umgebucht:

Konto 6.06: Vermögensveränderungskonto der Unternehmen

Bruttoinvestitionen		Ersparnis	11
Anlageinvestitionen	647		
Vorratsveränderung	6	Abschreibungen	435
Geleistete Vermögens-übertragungen		Empfangene Vermögens-übertragungen	
an Unternehmen	-1	von Unternehmen	-1
an den Staat	7	vom Staat	40
an private Haushalte	27	von privaten Haushalten	53
Finanzierungssaldo	-149		

Die Ersparnis wird zur Finanzierung der Investitionen (Selbstfinanzierung) und für Vermögensübertragungen verwendet. Die empfangenen Vermögensübertragungen stammen von den privaten Haushalten (Eigenfinanzierung) und vom Staat (Investitionszuschüsse, Umwandlung von Darlehen in Zuschüsse an die Deutsche Bahn und die Deutsche Post usw.).
Der Finanzierungssaldo wurde auf der rechten Kontenseite des Finanzierungskontos übernommen.

Konto 6.07: Finanzierungskonto der Unternehmen

Veränderung der Forderungen	867	Finanzierungssaldo	-149
		Veränderung der Verbindlichkeiten	1016

Das Konto zeigt den Finanzierungssaldo aus dem Vermögensveränderungskonto sowie die Veränderung der Forderungen und Verbindlichkeiten des Sektors gegenüber dem Inland und dem Ausland als jeweils eine Summe.
Nachdem der innere Zusammenhang sektoraler Konten exemplarisch für den Unternehmenssektor gezeigt wurde, soll noch das Einkommensumverteilungskonto des Staates dargestellt werden.
Dieses Konto ist insofern informativ, als es den quantitativen Umfang direkter **Umverteilungsmaßnahmen des Staates in der Sozialen Marktwirtschaft** der Bundesrepublik Deutschland zeigt.

Das Konto macht aber auch deutlich, daß die wichtigsten Positionen wie die Einnahmen und die Ausgaben der staatlichen Sozialversicherungssysteme eigentlich nur durchlaufende Posten beim Staat sind.

Konto 6.08: Einkommensumverteilungskonto des Staates

Geleistete Subventionen		Anteil am Volkseinkommen	-92
an Unternehmen	70		
		Empfangene indirekte Steuern	
Soziale Leistungen		Produktionssteuern	
an private Haushalte	655	von Unternehmen	179
an die übrige Welt	9		
		Nichtabziehbare Umsatzsteuer	237
Sonstige geleistete laufenden		Einfuhrabgaben	33
Übertragungen			
an Unternehmen	3	Empfangene direkte Steuern	
an private Haushalte	30	von Unternehmen	48
an die übrige Welt	47	von privaten Haushalten	318
		von der übrigen Welt	4
Verfügbares Einkommen	662	Empfangene Sozialbeiträge	
		von privaten Haushalte	704
		von der übrigen Welt	3
		Sonstige empfangene laufende	
		Übertragungen	
		von Unternehmen	8
		von privaten Haushalten	19
		von der übrigen Welt	15

Das Konto beginnt auf der rechten Seite mit einem negativen Beitrag des Sektors „Staat" zum Volkseinkommen. Dies zeigt aber nur, daß die vom Staat geleisteten Faktoreinkommen insbesondere Zinsen (für staatliche Schulden) insgesamt größer waren als die empfangenen Vermögenseinkommen des Staates aus Unternehmertätigkeit und sonstigen Vermögenseinkommen.
Die rechte Kontenseite zeigt weiter die Einnahmen des Staates aus den indirekten Steuern (ohne abzugsfähige Umsatzsteuer) und den direkten Steuern, wobei zu erkennen ist, daß die Hauptlast der direkten Steuern von den privaten Haushalten (Arbeitnehmer- und Unternehmerhaushalte) getragen wird.
Die größten Einnahmen erhält der Staat als Sozialbeiträge (überwiegend der privaten Haushalte). Dies ist allerdings – wie oben erwähnt – nur ein durchlaufender Posten, denn auf der linken Kontenseite entspricht diesem Einnahmeposten fast in gleicher Höhe die Position „Soziale Leistungen".
Es ist zwar üblich, diese Position als staatliche Ausgaben bei der Staatsquote mit einzubeziehen, dennoch ist dies eine irreführende Rechnung: Der Staat beansprucht diesen Wert nicht, um eine staatliche Dienstleistung zu finanzieren, sondern zahlt ihn als Sozialleistung in der gleichen Periode wieder aus.

Konto 6.09: Zusammengefaßtes Güterkonto

Produktionswerte	(8343)	Vorleistungen		(5090)
Unternehmen	7373	Unternehmen		4609
Staat	828	Staat		439
Private Haushalte	3	Private Organisationen		
Private Organisationen		ohne Erwerbszweck		42
ohne Erwerbszweck	138			
Einfuhr von Gütern	823	Letzter Verbrauch		(2751)
		Privater Verbrauch		
		Käufe von privaten		
		Haushalten		1986
Nichtabzugsfähige		Eigenverbrauch der privaten		
Umsatzsteuer	237	Organisationen o. E.		60
		Staatsverbrauch		705
Einfuhrabgaben	33	Bruttoinvestitionen		(729)
		Anlageinvestitionen		
		Unternehmen		647
		Staat		77
		Vorratsveränderung		
		Unternehmen		6
		Staat		0
		Ausfuhr von Gütern		866
Gesamtes Aufkommen		Gesamte Verwendung		
von Gütern	9436	von Gütern		9436

Das **Bruttoinlandsprodukt von der Entstehungsseite und der Verwendungsseite** her ergibt sich daraus wie folgt:
Übersicht 6.01:

von der Entstehungsseite:		von der Verwendungsseite:	
Summe der Produktionswerte	8343	Privater Verbrauch	2046
+ Nichtabzugsfähige Umsatzsteuer	237	Staatsverbrauch	705
+ Einfuhrabgaben	33	Bruttoinvestition	729
= Gesamtes Aufkommen an Gütern		Ausfuhr	866
aus der Produktion	8613	- Einfuhr	-823
- Vorleistungen	- 5090		
= Bruttoinlandsprodukt	3523	= Bruttoinlandsprodukt	3523

Dies hat weitere Folgen für den internationalen Vergleich der Staatsquoten als Anteil des Staates am Bruttoinlandsprodukt: Staaten mit überwiegend privater sozialer Absicherung der privaten Haushalte wie die USA haben daher immer eine niedrigere Staatsquote als die Bundesrepublik Deutschland.

Die linke Kontenseite zeigt schließlich noch die große Position „Verfügbares Einkommen". Dieses Einkommen ist notwendig, um den staatlichen Konsum als unentgeltliche Dienstleistung für andere Wirtschaftseinheiten zu finanzieren.

Wie bereits erwähnt, gab es neben diesen sektoralen Konten noch zwei „zusammengefaßte" Konten:
Das **„Zusammengefaßte Konto für die übrige Welt"** entsprach im Prinzip dem bereits an anderen Stelle gezeigten „Auslandskonto", weshalb auf eine detaillierte Darstellung verzichtet werden soll. Allerdings soll darauf hingewiesen werden, daß die Bezeichnung der Kontenpositionen aus der Sicht des Auslandes erfolgte. Die auf dem Auslandskonto verwendete Bezeichnung für die Exporteinnahmen für Güter sind auf diesem Konto Ausgaben für „Käufe von Gütern".

Das „Zusammengefaßte Konto der übrigen Welt" diente als Gegenkonto zu den sektoralen Konten und dem **„Zusammengefaßten Güterkonto"**.
Mit Hilfe dieses Kontos bestand die Möglichkeit, einige Globalgrößen zu berechnen. Dieses Konto war deshalb nötig, da das Statistische Bundesamt keine nationalen Produktions-, Einkommens-, Vermögensänderungs- und Finanzierungskonten erstellte
So ist beispielsweise auf der linken Kontenseite des Kontos 6.09 die Position „Produktionswert der Unternehmen" zu erkennen, die der Position auf dem (sektoralen) Produktionskonto der Unternehmen entspricht.
Ebenfalls sind die Bruttoinvestitionen der Unternehmen auf der rechten Kontenseite ausgewiesen, die auf dem Vermögensveränderungskonto der Unternehmen auf der linken Kontenseite erscheinen.
Mit der Übernahme des ESVG 95 durch das Statistische Bundesamt zum 1.1.99 sind bei der Sektorenbildung, der Konteneinteilung, Bewertung der Kontenpositionen usw. einige Änderungen eingeführt worden. Das Umbuchungsprinzip, das hier nach dem alten System dargestellt wurde, ist allerdings in den Grundzügen erhalten geblieben.

6.1.2 Das Europäische System Volkswirtschaftlicher Gesamtrechnungen 1995

Seit dem 1.1.99 hat das Statistische Bundesamt das Europäische System Volkswirtschaftlicher Gesamtrechnungen 1995 (ESVG 95) eingeführt.
Mit dieser konzeptionellen Änderung des Systems hat das Statistische Bundesamt gleichzeitig die immer schon übliche datenbezogene Revision verbunden, da inzwischen Daten von Großzählungen vorliegen, insbesondere aus der Gaststättenzählung 1993, der Handwerkszählung 1995, der Zählung im handwerksähnlichen Gewerbe 1996, der Gebäude- und Wohnungszählung 1995 (in den neuen Bundesländern und Berlin-Ost), Gebäude- und Wohnungsstichprobe 1993 und der vierjährige Kostenstrukturstatistiken (vor allem in den Bereichen Handel, Gastgewerbe, Verkehr, Freie Berufe und Handwerk).

Die folgenden Ausführungen sollen in Kürze die **konzeptionsbezogenen** und **datenbezogenen** Änderungen behandeln, soweit sie bisher veröffentlicht wurden.[1]
Folgende Änderungen wurden vorgenommen:

---

[1] Vgl. Lützel, H.: Revidiertes System Volkswirtschaftlicher Gesamtrechnungen, in: Wirtschaft und Statistik, Heft 10/1993, S. 711 ff.; Eurostat: Europäisches System Volkswirtschaftlicher Gesamtrechnungen ESVG 1995, Brüssel/Luxemburg 1996; Hartmann, N.: Die Verordnung des Rates der Europäischen Union zum Europäischen System Volkswirtschaftlicher Gesamtrechnungen 1995 (ESVG-VO), in: Allgemeines Statistisches Archiv, 80. Band, 3/1996, S. 332 ff.; Statistisches Bundesamt: VGR Fachserie 18, Reihe S.20, Revidierte Vierteljahresergebnisse der Inlandsproduktsberechnung 1991 bis 1998, Wiesbaden 1999; Essig, H./Hartmann, N.: Revision der Volkswirtschaftlichen Gesamtrechnungen 1991 bis 1998, Ergebnisse und Berechnungsmethoden, in: WiSta 6/99, S. 449 ff.

I. Sektoreneinteilung

Das ESVG 95 sieht folgende Hauptsektoren vor:

1. Nichtfinanzielle Kapitalgesellschaften
2. Finanzielle Kapitalgesellschaften
3. Staat
4. Private Haushalte
5. Private Organisationen ohne Erwerbszweck

Die einzelnen Sektoren enthalten folgende Einheiten:

1. **Nichtfinanzielle Kapitalgesellschaften**:
   - Kapitalgesellschaften: AG, GmbH, Genossenschaften
   - Quasi-Kapitalgesellschaften: OHG, KG
   - rechtlich unselbständige Eigenbetriebe des Staates und Organisationen ohne Erwerbszweck
   - Wirtschaftsverbände
2. **Finanzielle Kapitalgesellschaften**
   - Banken, Versicherungen, Hilfsgewerbe
   - Vermietung (örtliche fachliche Einheit bei Versicherungsgesellschaften)
3. **Staat**
   - örtliche fachliche Einheiten bei Forstwirtschaft, Wasserversorgung, Hilfs- und Nebentätigkeiten im Verkehr
   - Grundstückswesen
   - Forschung
   - Bund, Länder, Gemeinden/Gemeindeverbände, Sozialversicherungsträger
   - Erziehung, Gesundheit, Entsorgung, Kultur
4. **Private Haushalte**
   - Selbständige Landwirte
   - Einzelunternehmer im Produzierenden Gewerbe, Handwerker
   - Händler, Gastwirte, selbständige Verkehrsunternehmer
   - selbständige Versicherungsvertreter u.a.
   - Vermietung und Eigennutzung von Wohnraum
   - „Dienstleister" als Einzelunternehmer
   - Selbständige, „Freiberufler"
   - private Haushalte im engeren Sinne

5. **Private Organisationen ohne Erwerbszweck**
   - Wohnungsvermietung (örtliche fachliche Einheiten)
   - Forschungseinrichtungen
   - Politische Parteien, Gewerkschaften, Kirchen, Wohlfahrtsverbände, Vereine

Neu ist sicher, daß beim ESVG 95 zum Sektor „Private Haushalte" auch Unternehmen ohne eigene Rechtspersönlichkeit mit einbezogen werden. Das bisherige deutsche System ordnete bekanntlich unternehmerische Tätigkeiten der privaten Haushalte (wie Wohnungsbauinvestitionen) dem Unternehmenssektor zu.

II. Konteneinteilung

Die Konteneinteilung beim ESVG 95 entspricht im Prinzip der bisherigen deutschen Einteilung, allerdings mit einigen Änderungen und Erweiterungen.
Es gibt nun folgende weitere Konten:

- Konten der sonstigen realen Vermögensänderungen
- Umbewertungskonten
- Vermögenskonten

Völlig neu sind dabei die sektoralen Vermögenskonten, die **Vermögensbilanzen** genannt werden. Ob diese Konten allerdings in der gewünschten Form erstellt werden können, ist fraglich, da bis jetzt die notwendigen Daten fehlen.
Die deutsche Vermögensrechnung besteht im Augenblick nur in Form einer Vermögensrechnung des reproduzierbaren Anlagevermögens und des Gebrauchsvermögens privater Haushalte vom Statistischen Bundesamt sowie des Geldvermögens von der Deutschen Bundesbank.[1]
Tabelle 6.01 zeigt in detaillierter Form die Konten und Kontensalden nach dem ESVG 95.

III. Änderungen bei der Ermittlung von Globalgrößen

1. Entstehungsseite

Bei der Ermittlung des Inlandsprodukts von der Entstehungsseite her soll nach dem ESVG 95 der Produktionswert in Markt- und die Nichtmarktproduktion untergliedert werden. Als Nichtmarktproduktion gilt der Teil des Produktionswertes, der der eigenen Letztverwendung dient sowie der Wert der Dienstleistungen, die der Allgemeinheit unentgeltlich bereitgestellt werden mit der wichtigsten Position: Staatsverbrauch.

Die (Brutto-)Produktionswerte werden sektoral zu Herstellungspreisen und die Vorleistungen zu Anschaffungspreisen bewertet. Wobei der Herstellungspreis der Betrag ist, den der Produzent je Einheit des Gutes erhält, aber ohne die Gütersteuern zuzüglich der empfangenen Subventionen. Die Bruttoproduktionswerte werden daher niedriger ausgewiesen, was jedoch keine Auswirkung auf das Bruttoinlandsprodukt (zu Marktpreisen) hat, da der Saldo zwischen Gütersteuern und Gütersubventionen global wieder hinzugefügt wird, um den Nettoproduktionswert (Bruttowertschöpfung) = Bruttoinlandsprodukt zu berechnen.

2. Verwendungsseite

Bei der Verwendungsseite des Inlandsprodukts ergeben sich grundlegende Änderungen bei den Anlageinvestitionen: Die Anlageinvestitionen umfassen jetzt auch die Käufe des Staates von dauerhaften militärisch genutzten Gütern, wenn diese Güter auch zivil genutzt werden können wie z. B. Kraftfahrzeuge, Lazarette usw. Bisher wurden diese Güter zu den Vorleistungskäufen des Staates gezählt. Dadurch sinkt der staatliche Konsum durch eine Verminderung der Vorleistungen, die staatlichen Bruttoinvestitionen steigen jedoch in gleicher Höhe. Da aber zusätzlich Abschreibungen auf diese Investitionen erfolgen, erhöht sich der staatliche Konsum netto.

---

[1] Vgl. Kapitel 11: „Volksvermögensrechnung", S. 185 ff.

Tab. 6.01: Konten und Kontensalden nach ESVG 1995

Konten für Sektoren	Kontensalden
I. Produktionskonto	B.1 Wertschöpfung
II. Einkommensverteilungs- und -verwendungskonten	
II.1 Konten der primären Einkommensverteilung	
II.1.1 Einkommensentstehungskonto	B.2 Betriebsüberschuß
	B.3 Selbständigeneinkommen
II.1.2 Primäre Einkommensverteilungskonten	
II.1.2.1 Unternehmensgewinne	B.4 Unternehmensgewinn
II.1.2.2 Verteilung sonstiger Primäreinkommen	B.5 Primäreinkommen
II.2 Konten der sekundären Einkommensverteilung (Ausgabenkonzept)	B.6 Verfügbares Einkommen (Ausgabenkonzept)
II.3 Konten der sekundären Einkommensverteilung (Verbrauchskonzept)	B.7 Verfügbares Einkommen (Verbrauchskonzept)
II.4 Einkommensverwendungskonten	
II.4.1 Einkommensverwendungskonto (Ausgabenkonzept)	B.8 Sparen
II.4.2 Einkommensverwendungskonto (Verbrauchskonzept)	B.8 Sparen
III. Vermögensveränderungskonten	
III.1 Vermögensbildungskonten	
III.1.1 Konten der Reinvermögensbildung durch Sparen und Vermögenstranfer	B.10.1 Reinvermögen durch Sparen und Vermögenstransfer
III.1.2 Sachvermögensbildungskonto	B.9 Finanzierungssaldo
III.2 Finanzierungskonto	B.9 Finanzierungssaldo
III.3 Konten sonstiger Vermögensänderungen	
III.3.1 Konto sonstiger realer Vermögensänderungen	B.10.2 Reinvermögensänderung durch sonstige reale Vermögensänderungen
III.3.2 Umbewertungskonto	B.10.3 Reinvermögensänderung durch Umbewertungen
IV. Vermögensbilanzen	
IV.1 Bilanz am Jahresanfang	B.90 Reinvermögen
IV.2 Änderung der Bilanz	B.10 Reinvermögensänderung
IV.3 Bilanz am Jahresende	B.90 Reinvermögen
Konten für die gesamte Volkswirtschaft	
0. Güterkonto	
V. Außenkonten	
V.I. Außenkonto für Gütertransaktionen	B.11 Außenbeitrag
V.II. Außenkonto der Primäreinkommen und Transfers	B.12 Saldo der laufenden Außentransaktionen
V.III. Außenkonto der Vermögensänderungen (mit Unterkonten)	B.10.1 Reinvermögensänderung
V.IV. Außenkonto für Vermögen und Verbindlichkeiten (mit Unterkonten)	B.9 Finanzierungssaldo

Quelle: Statistischen Bundesamt: VGR Fachserie 18, Reihe S.20 Revidierte Vierteljahresergebnisse der Inlandsproduktsberechnung 1991 bis 1998, S. 19

Außerdem werden jetzt auch Straßen, Kanalisationen, Brücken usw. abgeschrieben. Der staatliche Konsum erhöht sich in diesem Falle in beachtenswertem Ausmaß. Diese Änderungen führen damit zu einer Erhöhung des Bruttoinlandsprodukts.

Die Anlageinvestitionen enthalten jetzt auch den Wert der Anschaffung oder den Wert der eigenen Produktion von immateriellen Vermögensgegenständen wie beispielsweise Werte der EDV-Programme und Autoren- und Urheberrechte.
Der Investitionsbegriff wird damit erweitert.
Daneben soll auch der Nettozugang an Werterhaltungsgütern bei Unternehmen und bei privaten Haushalten wie Gold, Platin sowie wertvolle Gemälde und Antiquitäten erfaßt werden. Ob dies allerdings möglich sein wird, bleibt fraglich.

IV. Begriffsänderungen

Die Neuregelung bringt aber auch neue Begriffe und eine Änderung der bisherigen Definitionen.
Der Begriff „Sozialprodukt" wird ersetzt durch den Begriff **„Nationaleinkommen"** (national income), um den Einkommenscharakter deutlicher zu machen.
Das „Bruttosozialprodukt zu Marktpreisen" wird zum „Bruttonationaleinkommen" und das „Nettosozialprodukt zu Marktpreisen" zum „Nettonationaleinkommen".
Der Zusatz „zu Marktpreisen" kann weggelassen werden, da es kein Nettosozialprodukt zu Faktorkosten mehr gibt, sondern nur noch das Volkseinkommen.
Der Begriff **„Inlandsprodukt"** bleibt jedoch erhalten.
Die „Entstandenen Einkommen aus Unternehmertätigkeit und Vermögen" werden jetzt als **„Betriebsüberschuß"** (operating surplus) bezeichnet. Sie erfassen die Einkommen, die in Kapitalgesellschaften erzielt wurden.
Dagegen wird im Sektor „Private Haushalte", der nach der Neuregelung auch die Unternehmen ohne eigene Rechtspersönlichkeit umfaßt, ein **„Unternehmensgewinn"** ermittelt, der sich aus dem Betriebsüberschuß, dem Selbständigeneinkommen und dem Vermögenseinkommen zusammensetzt.
Neu ist die Bezeichnung **„Primäreinkommen"** in den Volkswirtschaftlichen Gesamtrechnungen. Es handelt sich dabei um die Faktoreinkommen.

Die Neuregelung versucht das **Ausgabenkonzept** und das **Verbrauchskonzept** gleichzeitig darzustellen. Aus diesem Grunde werden beim Konsum zwei weitere Begriffe eingeführt: Der **Individualkonsum** und der **Kollektivkonsum**.
Bei der Berechnung des **Individualkonsums** wird von den Konsumausgaben der privaten Haushalte (und der privaten Organisationen ohne Erwerbszweck) ausgegangen und die Konsumausgaben des Staates für das Unterrichtswesen, Gesundheitswesen, soziale Sicherung, Sport und Erholung sowie Kultur addiert (teilweise auch die Bereitstellung von Wohnungen und die Kosten für Verkehrsnetze und Müllbeseitigung).
Die verbleibenden Ausgaben des Staates für die Verwaltung der Gesellschaft, Sicherheit, Verteidigung, für die Aufrechterhaltung der öffentlichen Ordnung und die Gesetzgebung, für die Umwelt, Forschung und Entwicklung sowie Infrastruktur und Wirtschaftsförderung ergeben dann den **Kollektivkonsum**.[1]

---

[1] Vgl. ESVG 95, S. 54

6.2 Tabellen der Volkswirtschaftlichen Gesamtrechnungen

Wie bereits an anderer Stelle betont, bestehen die Volkswirtschaftlichen Gesamtrechnungen nicht nur aus dem Kontensystem, sondern außerdem aus ergänzenden Tabellen, die aus einer Aufbereitung des Zahlenmaterials aus dem Kontensystem entstanden sind.
Im folgenden werden daher Einzelaspekte unter Benutzung dieser Tabellen untersucht. Dabei geht es sowohl um Zeitreihenanalysen als auch um Strukturanalysen.

6.2.1 Inlandsprodukt und Sozialprodukt (Nationaleinkommen)

Der definitorische Zusammenhang zwischen Inlandsprodukt und Sozialprodukt (Nationaleinkommen) wurde bereits an anderen Stellen mehrfach behandelt.

Tabelle 6.01a und Tabelle 6.01b zeigen die **zeitliche Entwicklung und den Unterschied zwischen dem Bruttoinlands- und dem Bruttosozialprodukt (Bruttonationaleinkommen)** für das frühere Bundesgebiet, die neuen Bundesländer und für Deutschland nach den bisherigen Berechnungsmethoden (bis Ende 1998) in Tabelle 6.01a und nach dem ESVG 95 in Tabelle 6.01b.[1]
Der Unterschied zwischen dem Bruttoinlands- und dem Bruttosozialprodukt besteht bekanntlich im **Saldo der Faktoreinkommen vom Ausland und den Faktoreinkommen an das Ausland**. Dieser Saldo wurde bisher vom Statistischen Bundesamt auch als Saldo zwischen den empfangenen und den geleisteten Erwerbs- und Vermögenseinkommen von und an die übrige Welt bezeichnet. Er wird seit Anfang 1999 „**Saldo der Primäreinkommen aus der übrigen Welt**" genannt.
Für das **frühere Bundesgebiet** ist ein relativ hoher Saldo von ca. 20 Mrd. DM für Anfang der 90er Jahre festzustellen. Dies ist aller Wahrscheinlichkeit nach darauf zurückzuführen, daß die Vermögenseinkommen aus dem Ausland aufgrund der hohen Kapitalflucht (Zinsabschlag) zugenommen haben.
1992 schrumpft der Saldo auf ca. 7 Mrd. DM. und wird ab 1993 sogar negativ. Dieser Rückgang für das frühere Bundesgebiet war u.a. durch die Zahlung von Faktoreinkommen an Pendler aus den neuen Bundesländern bedingt, wie der Überschuß der neuen Bundesländer vermuten läßt.
Für Gesamtdeutschland ist der Saldo seit 1994 negativ und erreicht 1998 einen neuen Negativrekord von minus 34,2 Mrd. DM (Tab. 6.01a) bzw. 30,8 Mrd. DM (Tab. 6.01b). Diese Entwicklung ist einerseits auf den Rückgang des deutschen Auslandsvermögens aufgrund der negativen Leistungsbilanzsalden seit Anfang der 90er Jahre zurückzuführen (und den damit gesunkenen Zinserträgen) und andererseits auf die Zunahmen der ausländischen Geldanlagen (meist in festverzinslichen Bundespapieren) in Deutschland und den daraus resultierenden Zinszahlungen an das Ausland.

Mit Hilfe des Bruttoinlandsprodukts und der Zahl der Erwerbstätigen läßt sich außerdem die **gesamtwirtschaftliche Arbeitsproduktivität** eines Gebiets ermitteln, eine wichtige Basisgröße für Tarifverhandlungen zwischen den Tarifpartnern und für einen

---

[1] Zum Vergleich zwischen den Werten nach der Berechnung bis 31.12.98 und dem EVSG 95 vgl. Essig, H./Hartmann, N.: Revision der Volkswirtschaftlichen Gesamtrechnungen 1991 bis 1998, Ergebnisse und Berechnungsmethoden, in: WiSta 6/99, S. 449 ff.

Tabelle 6.01a: Inlandsprodukt und Sozialprodukt

Jahr	in jeweiligen Preisen			in Preisen von 1991		Erwerbstätige im Inland (1000)
	Bruttoinlandsprodukt	Faktoreink. vom und an das Ausland	Bruttosozialprodukt	Bruttoinlandsprodukt		
				insgesamt	je durchschnittlicher Erwerbtätiger (DM)	
	Mrd. DM					
			früheres Bundesgebiet			
1990	2425,2	23,0	2448,2	2520,4	88500	28479
1991	2647,6	20,5	2668,1	2647,6	90705	29189
1992	2813,0	8,2	2821,2	2694,3	91472	29455
1993	2844,1	-3,0	2841,1	2641,8	91075	29007
1994	2962,1	-15,8	2946,3	2694,0	94012	28656
1995	3049,8			2718,2	95496	28464
1996	3112,3			2747,6	97585	28156
1997	3202,6			2809,5	100757	27884
1998	3329,0			2889,1	103496	27915
			neue Bundesländer und Berlin-Ost			
1991	206,0	8,0	214,0	206,0	28138	7321
1992	262,6	10,8	273,4	222,1	34774	6387
1993	314,0	9,4	323,4	241,8	38950	6208
1994	366,1	8,3	374,4	266,2	42054	6330
1995	393,0			278,0	43465	6396
1996	411,2			287,0	45795	6267
1997	421,4			291,9	48026	6078
1998	429,1			297,6	49149	6055
			Deutschland			
1991	2853,6	28,5	2882,1	2853,6	78159	36510
1992	3075,6	19,0	3094,6	2916,4	81368	35842
1993	3158,1	6,4	3164,5	2883,6	81886	35215
1994	3328,2	-7,5	3320,7	2960,2	84611	34986
1995	3442,8	-12,6	3430,2	2996,2	85950	34860
1996	3523,5	-34,2	3489,3	3034,6	88156	34423
1997	3624,0	-12,6	3611,4	3101,4	91320	33962
1998	3758,1	-34,2	3723,9	3186,7	93809	33970
			Veränderungen gegenüber dem Vorjahr in %			
			früheres Bundesgebiet			
1991	9,2	-10,9	9,0	5,0	2,5	2,5
1992	6,2	-60,0	5,7	1,8	0,8	0,9
1993	1,1	-136,6	0,7	-1,9	-0,4	-1,5
1994	4,1	426,7	3,7	2,0	3,2	-1,2
1995	3,0			0,9	1,6	-0,7
1996	2,0			1,1	2,2	-1,1
1997	2,9			2,3	3,3	-1,0
1998	3,9			2,8	2,7	0,1
			neue Bundesländer und Berlin-Ost			
1992	27,5	35,0	27,8	7,8	23,6	-12,8
1993	19,6	-13,0	18,3	8,9	12,0	-2,8
1994	16,6	-11,7	15,8	10,1	8,0	2,0
1995	7,3			4,4	3,4	1,0
1996	4,6			3,2	5,4	-2,0
1997	2,5			1,7	4,9	-3,0
1998	1,8			2,0	2,3	-0,4
			Deutschland			
1992	7,8	-33,3	7,4	2,2	4,1	-1,8
1993	2,7	-66,3	2,3	-1,1	0,6	-1,7
1994	5,4	-217,2	4,9	2,7	3,3	-0,7
1995	3,4	68,0	3,3	1,2	1,6	-0,4
1996	2,3	171,4	1,7	1,3	2,6	-1,3
1997	2,9	-63,2	3,5	2,2	3,6	-1,3
1998	3,7	171,4	3,1	2,8	2,7	0,0

Quelle: Berechnet und zusammengestellt nach den Tabellen in: VGR Fachserie 18, Reihe 1.1, Konten und Standardtabellen 1996 und Vierteljahresergebnisse der Inlandsproduktsberechnung, 4. Vierteljahr 1998, März 1999, Fachserie 18, S. 6 ff.

internationalen Standortvergleich.[1]
Tabelle 6.01a läßt einen großen **Produktivitätsunterschied zwischen dem früheren Bundesgebiet und den neuen Ländern** vermuten: So lag das **reale Bruttoinlandsprodukt** (d.h. das Bruttoinlandsprodukt in Preisen von 1991) je durchschnittlicher Erwerbstätiger (im Inland) des früheren Bundesgebiets 1998 bei DM 103.496 und für die neuen Bundesländer bei DM 49.149. Die gesamtwirtschaftliche Produktivität lag damit 1998 in den neuen Bundesländern erst bei der Hälfte der Produktivität der alten Bundesländer. Ein Vergleich mit 1991 zeigt aber, daß die Produktivität trotzdem extrem gestiegen, da sie 1991 noch bei etwa einem Drittel lag.

Tabelle 6.01b: **Bruttoinlandsprodukt und Bruttonationaleinkommen**

Jahr	in jeweiligen Preisen			in Preisen von 1995		Erwerbstätige im Inland (1000)
	Bruttoinlandsprodukt	Saldo der Primäreinkommen aus der übrigen Welt	Bruttonationaleinkommen	Bruttoinlandsprodukt		
				insgesamt	je durchschnittlicher Erwerbstätiger (DM)	
	Mrd. DM					
	Deutschland					
1991	2938,0	17,7	2955,7	3346,0	88615	37759
1992	3155,2	15,4	3170,6	3421,0	92074	37155
1993	3235,4	13,5	3248,9	3383,8	92489	36586
1994	3394,4	-13,8	3380,6	3463,2	94973	36465
1995	3523,8	-18,6	3505,2	3523,8	96736	36427
1996	3586,8	-16,0	3570,9	3550,4	98216	36149
1997	3675,8	-17,2	3658,6	3612,6	100745	35859
1998	3799,4	-30,8	3768,6	3694,0	102614	35999
	Veränderungen gegenüber dem Vorjahr in %					
	Deutschland					
1992	7,4	-12,6	7,3	2,2	3,9	-1,6
1993	2,5	-12,8	2,5	-1,1	0,5	-1,5
1994	4,9	-202,9	4,1	2,3	2,7	-0,3
1995	3,8	34,2	3,7	1,7	1,9	-0,1
1996	1,8	-14,2	1,9	0,8	1,5	-0,8
1997	2,5	8,0	2,5	1,8	2,6	-0,8
1998	3,4	79,0	3,0	2,3	1,9	0,4

Quelle: Berechnet und zusammengestellt nach den Tabellen in: VGR Fachserie 18, Reihe S. 20, Revidierte Vierteljahresergebnisse der Inlandsproduktsberechnung 1991 bis 1998, Wiesbaden 1999

Die Produktivitätssteigerung in den neuen Bundesländern war überwiegend durch die Abnahme der Erwerbstätigenzahl möglich. Die Zunahme der Produktivität in den neuen Ländern wird auch durch die Entwicklung der prozentualen Änderungsrate seit 1992 deutlich, die anfänglich bei 23,6 % und 1998 allerdings nur noch bei 2,3 % lag.
Die **jährliche Steigerung der Arbeitsproduktivität** im früheren Bundesgebiet lag 1998 auch nur bei 2,7 %. In diesem Punkt haben sich die beiden Gebiete angenähert.
Betrachtet man Tabelle 6.01b, so kann man feststellen, daß die obige Tendenz bestätigt wird, allerdings liegen die Werte etwas unter den Werten der Tabelle 6.01a.
Dieses Phänomen ist mit zwei Faktoren zu erklären:
Erstens hat die Zahl der Erwerbstätigen nach neuen Berechnungen nicht so stark

---

[1] Die Arbeitsproduktivität ist allerdings keine hinreichende Kennzahl für die Beurteilung des Standorts. Sie liegt aber der Berechnung der Lohnstückkosten zugrunde, die bei einem Standortvergleich heranzuziehen sind. Vgl. dazu Kapitel 10: „Beschäftigung", S. 178 ff.

abgenommen wie bisher angenommen wurde. Die Großzählungen der vergangenen Jahre, insbesondere die Handels- und Gastgewerbezählung 1993 sowie die Handwerkszählung 1995 und die Ergebnisse anderer Statistiken brachten einen genaueren Überblick über die geringfügig Beschäftigten. Zwar nahm die Zahl der sozialversicherungspflichtigen Arbeitnehmer ab, die Zahl der geringfügig Beschäftigten aber zu. Die Zahl der Arbeitnehmer verminderte sich von 1991 bis 1998 um 2,8 Mio. und die Zahl der geringfügig Beschäftigten stieg um 2,2 Mio. Auch die Zahl der Selbständigen und mithelfenden Familienangehörigen lag im gleichen Zeitraum nach neueren Erkenntnissen höher.

Zweitens ist zwar das Bruttoinlandsprodukt nach dem ESVG 95 aus konzeptionellen Gründen absolut nominal und real höher (u. a. höherer staatlicher Konsum, höhere Bruttoinvestitionen), aber der Anstieg verläuft flacher, was niedrigere Wachstumsraten zur Folge hat.

Wenn man allerdings davon ausgeht, daß sich die Tarifparteien bei ihren Lohnverhandlungen u. a. an der gesamtwirtschaftlichen Produktivitätsentwicklung orientiert haben, so sind die Tarifabschlüsse in den vergangenen Jahren zu hoch ausgefallen.

Die Frage der Arbeitsproduktivitätsentwicklung spielt aber auch bei der beschäftigungspolitischen Diskussion unter einem anderen Aspekt eine Rolle: Wenn es möglich ist, die Arbeitsproduktivität zu steigern, so bedeutet dies, daß eine Wachstumsrate von beispielsweise 2 % auch allein durch eine Steigerung der Arbeitsproduktivität zu erreichen ist. Wir hätten dann den Fall eines „jobless growth".

Eine Reduzierung der Zahl der Arbeitslosen wäre dann nur mit einer wesentlich höheren Wachstumsrate möglich.[1]

6.2.2 Die zeitliche Entwicklung des Bruttoinlandsprodukts und des Volkseinkommens

Die folgenden Tabellen 6.02a und 6.02b (aber auch zum Teil die Tabellen 6.01a und 6.01b) und die Abbildungen 6.01 und 6.02 zeigen die zeitliche Entwicklung des Bruttoinlandsprodukts und des Volkseinkommens des früheren Bundesgebiets, der neuen Bundesländer und Gesamtdeutschlands nach alter und neuer Berechnungsmethode.

Die Tabelle 6.02a enthält im ersten Teil die Entwicklung des Bruttoinlandsprodukts des **früheren Bundesgebiets** bis 1991 (nach alter Berechnungsmethode). In jeweiligen Preisen betrug das **Bruttoinlandsprodukt**, auch **nominales Bruttoinlandsprodukt** genannt, 1991 mit 2647,6 Mrd. DM das 9-fache des Wertes von 1960. Das **reale (preisbereinigte) Bruttoinlandsprodukt** in Preisen von 1991 betrug dagegen das 2,6-fache des Wertes gegenüber 1960. Dies läßt auf ein ungewöhnlich starkes Wirtschaftswachstum aber auch auf entsprechende Preissteigerungen im früheren Bundesgebiet schließen.

Eine Betrachtung der Entwicklung des **realen Pro-Kopf-Inlandsprodukts** (Tabelle 6.02a), auch **reales Bruttoinlandsprodukt je Einwohner** genannt, ergibt für 1991 den 2,3-fachen Wert gegenüber 1960. Es stieg von 18.040 DM auf 41.321 DM.

Für die Beurteilung des wirtschaftlichen Wachstums ist diese Größe insbesondere dann wichtig, wenn die Bevölkerung eines Landes rasch zunimmt. So ist es für viele Entwicklungsländer schwierig, ihr Pro-Kopf-Inlandsprodukt zu steigern, da das Bevölkerungswachstum höher ist als das Wachstum des Inlandsprodukts.

---

[1] Vgl. S. 177 ff.

Abbildung 6.01 zeigt aber auch wie das reale Bruttoinlandsprodukt um einen Wachstumstrend schwankt.
Dieses Schwanken um einen Trend wird als konjunkturelle Schwankung bezeichnet. Es wird hier in Form von Änderungen der realen Wachstumsrate in Abbildung 6.02 nochmals deutlich gemacht.
Tabelle 6.01a, 6.02a und Abbildung 6.02 zeigen die **realen Wachstumsraten des Bruttoinlandsprodukts** des **früheren Bundesgebiets von 1960 bis 1991 und ab 1991 für Deutschland,** um die **konjunkturelle Entwicklung** darzustellen: So sind die Konjunktureinbrüche 1967 (Krise des Bundeshaushalts mit Regierungskrise und restriktiven Maßnahmen der Bundesbank), 1974-75 (Folgen der Ölkrise und der

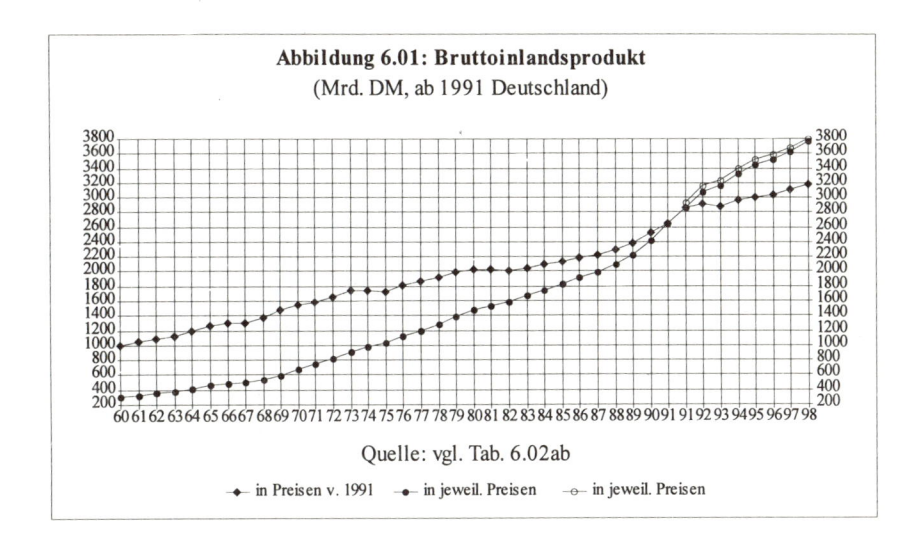

Abbildung 6.01: Bruttoinlandsprodukt
(Mrd. DM, ab 1991 Deutschland)

Quelle: vgl. Tab. 6.02ab

―◆― in Preisen v. 1991   ―●― in jeweil. Preisen   ―○― in jeweil. Preisen

Exporteinbrüche wegen der DM-Aufwertung) und 1981-82 (2. Ölkrise) deutlich erkennbar. Es ist außerdem die relativ lange Hochkonjunktur von 1983-1991 sichtbar, wobei die positive Entwicklung von 1989-1991 durch die Wiedervereinigung bedingt war. Außerdem sind die konjunkturellen Einbrüche 1993 (Ende des Wiedervereinigungsbooms) und 1995-1996 zu erkennen und das kleine Zwischenhoch mit 2,8 % im Jahre 1998.

Das **Volkseinkommen** (als die Summe aller Faktoreinkommen der Inländer) des früheren Bundesgebiets betrug 1991 mit 2042,9 Mrd. DM das 8,5-fache gegenüber 1960. Allerdings ist dieser Wert nicht preisbereinigt.

Betrachtet man die Entwicklung in den **neuen Bundesländern** (Tabelle 6.01a), so ist ein reales Wachstum des Bruttoinlandsprodukts im Jahre 1992 von 7,8 %, 1993 von 8,9 %, 1994 von 10,1 % und 1995 noch 4,4 % zu verzeichnen, was eine bemerkenswerte Entwicklung anzeigt. Allerdings liegen die Wachstumsraten für die Jahre ab 1997 unter 2,0 %.
Schließlich kann Tabelle 6.01a und Tabelle 6.02a entnommen werden, daß das nominale **gesamtdeutsche Bruttoinlandsprodukt** 1998 mit 3758,1 Mrd. DM bald 4 Billionen erreicht hat (nach alter Berechnungsmethode). Problematisch ist allerdings, daß der Anteil der neuen Bundesländer am gesamtdeutschen nominalen Bruttoinlandsprodukt mit 429,1

Mrd. DM (1998) nur ca. 11 % beträgt bei einem Bevölkerungsanteil von ca. 20 %.

Tabelle 6.02a: Zeitliche Entwicklung des Bruttoinlandsprodukts und des Volkseinkommens

Jahr	Bruttoinlandsprodukt				Volkseinkommen		Zahl der Einwohner in 1000
	in jeweiligen Preisen Mrd. DM	in Preisen von 1991	je Einwohner DM	Wachstumsrate %	in jeweiligen Preisen Mrd. DM	je Einwohner DM	
		Mrd. DM					
		früheres Bundesgebiet					
1960	302,7	1000,0	18040		240,1	4332	55433
1961	331,7	1046,3	18622	4,6	260,8	4641	56185
1962	360,8	1095,1	19267	4,7	282,1	4963	56837
1963	382,4	1125,9	19619	2,8	297,8	5189	57389
1964	420,2	1200,9	20716	6,7	327,3	5645	57971
1965	459,2	1265,2	21583	5,4	358,5	6115	58619
1966	488,2	1300,5	21987	2,8	379,8	6421	59148
1967	494,4	1296,5	21869	-0,3	380,7	6422	59286
1968	533,3	1367,2	22978	5,5	418,1	7027	59500
1969	597,0	1469,2	24459	7,5	462,9	7707	60067
1970	675,3	1543,2	25444	5,0	530,4	8745	60651
1971	749,8	1590,4	25951	3,1	586,2	9566	61284
1972	823,1	1658,0	26884	4,3	643,5	10434	61672
1973	917,3	1737,0	28027	4,8	720,4	11624	61976
1974	983,9	1740,4	28047	0,2	769,7	12404	62054
1975	1026,6	1718,6	27796	-1,3	800,6	12948	61829
1976	1120,5	1810,1	29418	5,3	878,2	14273	61531
1977	1195,3	1861,6	30319	2,8	933,7	15207	61400
1978	1283,6	1917,4	31266	3,0	1007,2	16423	61326
1979	1388,4	1998,4	32569	4,2	1084,0	17667	61359
1980	1472,0	2018,0	32778	1,0	1139,6	18510	61566
1981	1535,0	2020,0	32749	0,1	1179,8	19127	61682
1982	1588,1	2001,0	32464	-0,9	1214,2	19699	61638
1983	1668,5	2036,2	33150	1,8	1278,1	20808	61423
1984	1750,9	2093,5	34221	2,8	1347,1	22021	61175
1985	1823,2	2136,0	35003	2,0	1406,8	23053	61024
1986	1925,3	2186,1	35799	2,3	1497,6	24523	61066
1987	1990,5	2218,4	36321	1,5	1550,0	25378	61077
1988	2096,0	2301,0	37446	3,7	1635,5	26616	61449
1989	2224,4	2384,4	38419	3,6	1738,1	28005	62063
1990	2425,2	2520,4	39846	5,7	1892,2	29915	63253
1991	2647,6	2647,6	41321	5,0	2042,5	31876	64074
		Deutschland					
1991	2853,6	2853,6	35677		2226,8	27841	79984
1992	3075,6	2916,4	36186	2,2	2370,1	29407	80595
1993	3163,7	2881,9	35415	-1,2	2400,5	29500	81374
1994	3328,2	2960,2	36356	2,7	2510,0	30827	81422
1995	3442,8	2996,2	36727	1,2	2599,0	31858	81580
1996	3523,5	3034,6	37016	1,3	2657,0	32410	81980
1997	3624,0	3101,4	37761	2,2	2735,7	33308	82132
1998	3758,0	3186,7	38803	2,8	2833,4	34500	82126

Quelle: Berechnet und zusammengestellt nach den Tabellen in: VGR Fachserie 18, Reihe 1.1, Konten und Standardtabellen 1996, Erste Ergebnisse der Inlandsproduktsberechnung, Januar 1997 und Vierteljahresergebnisse der Inlandsprodukts-. berechnung, 4. Vierteljahr 1998, März 1999, Fachserie 18, Reihe 3, 6f.

Abbildung 6.02: reale Wachstumsraten
des Bruttoinlandsprodukts (ab 1992 D)

Quelle: vgl. Tabelle 6.02

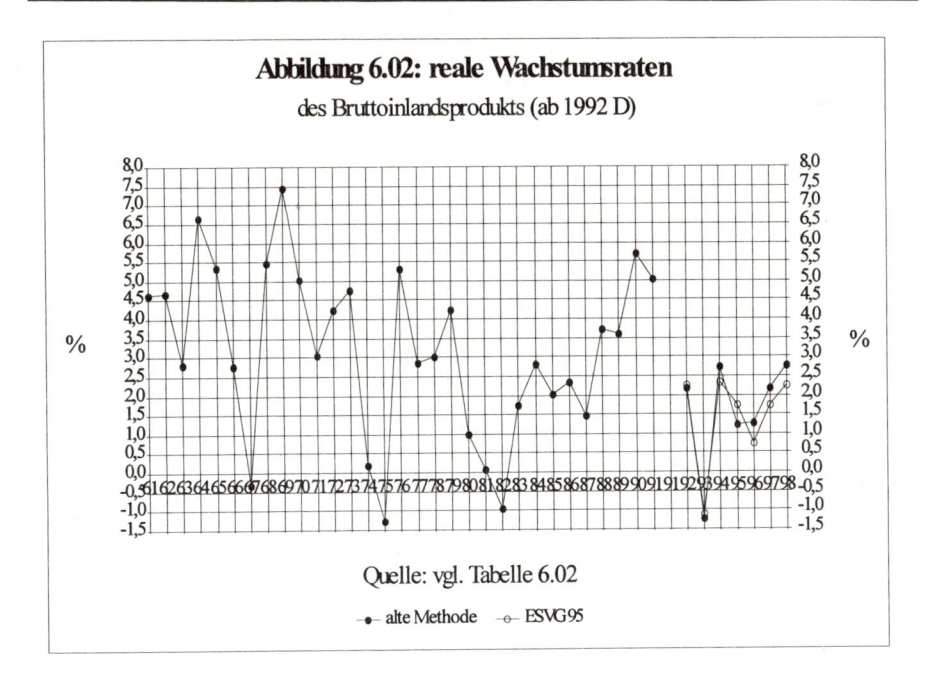

—•— alte Methode   —o— ESVG 95

Tabelle 6.02b: Zeitliche Entwicklung des Bruttoinlandsprodukts und des Volkseinkommens

Jahr	Bruttoinlandsprodukt in jeweiligen Preisen Mrd. DM	in Preisen von 1995	je Einwohner DM	Wachstumsrate %	Volkseinkommen in jeweiligen Preisen Mrd. DM	je Einwohner DM	Zahl der Einwohner in 1000
		Deutschland					
1991	2938,0	3346,0	41833		2282,8	28541	79984
1992	3155,2	3421,0	42447	2,2	2430,3	30154	80595
1993	3235,4	3383,8	41683	-1,1	2456,2	30256	81180
1994	3394,4	3463,2	42534	2,3	2547,9	31293	81422
1995	3523,8	3523,8	43152	1,7	2659,0	32561	81661
1996	3586,8	3550,4	43353	0,8	2705,3	33034	81896
1997	3675,8	3612,6	44028	1,8	2766,0	33710	82053
1997	3799,4	3694,0	45036	2,3	2848,3	34726	82023

Quelle: Berechnet und zusammengestellt nach den Tabellen in: VGR Fachserie 18, Reihe S. 20, Revidierte Vierteljahresergebnisse der Inlandsproduktsberechnung 1991 bis 1998, Wiesbaden 1999

Ein Vergleich der Ergebnisse nach neuer und nach alter Berechnungsmethode ergibt, daß das Bruttoinlandsprodukt nach dem ESVG 95 (Tabelle 6.02b) systematisch höher liegt als nach der bisherigen Berechnungsmethode. Dies ist teilweise datenbedingt und teilweise konzeptbedingt (wie bereits an anderen Stellen ausgeführt).[1] Allerdings verläuft die Entwicklung etwas flacher als vor der Revision, weshalb die Wachstumsraten niedriger ausgewiesen werden (Abb. 6.02).[2]

Das Bruttoinlandsprodukt oder aber auch das Bruttosozialprodukt dient als **Zielvariable der Regierung** aber auch als zur Erfolgskontrolle für die Zielsetzung „stetiges und angemessenes Wirtschaftswachstum". Diesem Ziel sind Bund und Länder nach dem Stabilitäts- und Wachstumsgesetz verpflichtet.[3]

Dabei kann angenommen werden, daß ein angemessenes Wachstum dann vorliegt, wenn dadurch das Beschäftigungsziel unterstützt wird. Dies ist den letzten Jahren nicht der Fall gewesen. Für eine Beschäftigungswirkung war das Wachstum nicht angemessen.

6.2.3 Die Verteilung des Volkseinkommens

In diesem Kapitel soll nochmals auf die bereits mehrfach erwähnte funktionale Einkommensverteilung eingegangen und ihre zeitliche Entwicklung mit Hilfe der Lohnquote für einige ausgewählte Jahre für die Bundesrepublik Deutschland dargestellt werden.

Bei der funktionalen Einkommensverteilung ist eine Differenzierung in zwei Einkommensarten möglich:

    1. Einkommen aus unselbständiger Tätigkeit (L) und
    2. Einkommen aus Unternehmertätigkeit und Vermögen (G)

Geht man von dieser Zweiteilung aus, so ergibt sich die Verteilungsgleichung:

$$Y \equiv L + G$$

Zur Ermittlung der prozentualen Lohnquote und der prozentualen Gewinnquote dividiert man diese Gleichung auf beiden Seiten mit Y und multipliziert sie mit 100:

$$100 \equiv \frac{L}{Y} \cdot 100 + \frac{G}{Y} \cdot 100$$

Tabelle 6.03 zeigt die Entwicklung der Lohnquote der Bundesrepublik Deutschland in den letzten Jahren nach alter und neuer Berechnungsmethode.

Wie aus Tabelle 6.03 ersichtlich, lag die **Lohnquote** für das frühere Bundesgebiet im Jahre 1960 nach alter Berechnungsmethode bei 60,1 % und 1991 bei 69,6 %. Für Gesamtdeutschland betrug sie 72,4 % im Jahre 1991 und im Jahre 1998 noch 68,2 % nach alter Berechnungsmethode. Auch nach neuer Berechnungsmethode lag sie im Jahre 1991 bei 72,3 % und im Jahre 1998 bei 70,2 %.

Tendenziell bedeutet dies langfristig ein eindeutiger Anstieg der Lohnquote. Allerdings darf daraus nicht sofort auf eine Verbesserung der funktionalen Einkommensverteilung zugunsten der unselbständig Beschäftigten geschlossen werden, denn diese Zahlen müssen noch unter Berücksichtigung der Arbeitnehmerquote bereinigt werden. Unter der Arbeitnehmerquote versteht man den Anteil der beschäftigten Arbeitnehmer an den Erwerbstätigen. So lag die Arbeitnehmerquote 1960 noch bei 77,2 %

---

[1] Vgl. S. 53 f.
[2] Vgl. S. 120 f.
[3] Zu dieser Zielsetzung vgl. Peto, R.: Makroökonomik, S. 24 ff.

Tabelle 6.03: Verteilung des Volkseinkommens

Jahr	Volkseinkommen	Bruttoeinkommen aus unselbständiger Arbeit (L) (Inländer)	Lohnquote	Arbeitnehmerquote a)	Arbeitnehmerindex	bereinigte Lohnquote b)	Bruttoeinkommen aus Unternehmertätigkeit und Vermögen (G)	
							Unternehmenseinkommen	Vermögenseinkommen
	Mrd. DM		%		1960=100	%	Mrd. DM	
früheres Bundesgebiet (alt)								
1960	240,1	144,4	60,1	77,2	100,0	60,1	89,0	6,7
1965	358,5	234,1	65,3	80,9	104,8	62,3	113,6	10,7
1970	530,4	360,6	68,0	83,4	108,1	62,9	147,5	22,3
1975	800,6	593,6	74,1	86,0	111,5	66,5	176,6	30,4
1980	1139,6	863,9	75,8	88,3	114,4	66,2	227,7	48,0
1981	1179,8	906,0	76,8	88,4	114,6	67,0	217,0	56,9
1982	1214,2	933,9	76,9	88,5	114,6	67,1	213,9	66,3
1983	1278,1	953,4	74,6	88,4	114,6	65,1	268,6	56,1
1984	1347,1	988,3	73,4	88,5	114,6	64,0	294,4	64,4
1985	1406,8	1026,4	73,0	88,6	114,8	63,6	309,2	71,2
1986	1497,5	1079,5	72,1	88,7	114,9	62,7	348,4	69,6
1987	1550,0	1124,7	72,6	88,9	115,2	63,0	363,6	61,8
1988	1635,5	1169,4	71,5	89,0	115,4	62,0	407,4	58,8
1989	1738,1	1221,9	70,3	89,2	115,5	60,9	431,1	85,2
1990	1892,2	1317,1	69,6	89,4	115,8	60,1	473,9	101,2
1991	2042,5	1422,1	69,6	89,5	116,0	60,0	509,5	110,9
Deutschland (alt)								
1991	2227,4	1611,6	72,4	90,6	117,4	61,6	503,5	112,3
1992	2373,7	1741,2	73,4	90,3	117,0	62,7	513,8	118,7
1993	2400,5	1777,9	74,1	90,0	116,6	63,5	506,2	116,4
1994	2510,0	1824,1	72,7	89,7	116,3	62,5	566,6	119,3
1995	2599,0	1883,4	72,5	89,6	116,1	62,4	630,0	85,5
1996	2657,0	1902,5	71,6	89,5	115,9	61,8	672,8	81,7
1997	2735,7	1907,0	69,7	89,2	115,6	60,3	741,1	87,6
1998	2833,4	1933,0	68,2	89,1	115,5	59,1	900,4	
Deutschland (neu)								
1991	2282,8	1650,6	72,3	90,5	117,3	61,6	632,3	
1992	2430,3	1787,6	73,6	90,2	116,9	62,9	642,6	
1993	2456,2	1829,5	74,5	89,9	116,5	63,9	626,7	
1994	2547,9	1874,7	73,6	89,6	116,1	63,4	673,2	
1995	2659,0	1941,2	73,0	89,5	115,9	63,0	717,8	
1996	2705,3	1964,6	72,6	89,4	115,8	62,7	740,8	
1997	2766,0	1970,2	71,2	89,1	115,4	61,7	795,8	
1998	2848,3	1999,8	70,2	88,9	115,2	61,0	848,5	

a) prozentualer Anteil der erwerbstätigen inländischen Arbeitnehmer an den erwerbstätigen Inländern
b) Lohnquote bei konstant gehaltenem Anteil der Arbeitnehmer an den Erwerbstätigen im Jahre 1960
Quelle: Berechnet und zusammengestellt nach den Tabellen in: VGR Fachserie 18,
Reihe 1.3, Konten und Standardtabellen 1995, Hauptbericht und Reihe 1.1, Konten und
Standardtabellen 1996, Reihe 3: Vierteljahresbesnisse der Inlandsproduktsberechnung,
4. Vierteiljahr 1998, Wiesbaden 1999, S.. 32; Reihe S. 20: Revidierte Vierteljahresergebnisse
der Inlandsproduktsberechnung 1991 bis 1998, Wiesbaden 1999

(früheres Bundesgebiet) und 1998 bei 88,9 % (Deutschland neu).
Die so bereinigte Lohnquote (auf der Basis von 1960) lag damit 1998 fast auf dem **gleichen Niveau wie 1960**. Langfristig gesehen, ist es den Arbeitnehmern nicht gelungen,

ihren Anteil am Volkseinkommen nachhaltig zu erhöhen.

Betrachtet man die Entwicklung der Bruttoeinkommen aus unselbständiger Arbeit (L) seit 1981, so ist festzustellen, daß sie im alten Bundesgebiet von 1981 bis 1991 um das 1,7-fache gestiegen sind, während die Bruttoeinkommen aus Unternehmertätigkeit und Vermögen (G) 1991 sogar 2,3 mal so hoch waren wie 1981.
Eine Trennung der Einkommen aus Unternehmertätigkeit und Vermögen läßt diese Entwicklung noch deutlicher werden: Die Einkommen der Unternehmen nahmen im gleichen Zeitraum um das 2,4-fach und die Vermögenseinkommen um das 1,9-fache zu. Diese Trennung ist insofern wichtig, da auch Arbeitnehmer den Vermögenseinkommen beteiligt sind.
Für **Deutschland** insgesamt stellt sich die Entwicklung von 1991-1998 (nach alter Berechnungsmethode) wie folgt dar:
Die Bruttoeinkommen aus unselbständiger Arbeit sind um das 1,2-fache und die Einkommen aus Unternehmertätigkeit um das 1,5-fache gestiegen. Von einer grundlegenden Verschlechterung der Gewinnsituation am Standort Deutschland insgesamt kann aufgrund dieser Zahlen keine Rede sein.
Die Vermögenseinkommen nahmen absolut aufgrund der rückläufigen Zinsen ab.

6.2.4 Verfügbares Einkommen und Konsum

Für private Haushalte ist nicht die Höhe des Bruttoeinkommens entscheidend, sondern die Höhe des Nettoeinkommens, auch verfügbares Einkommen genannt, da sie dieses Einkommen für Konsum und Ersparnisbildung aufteilen.
Das (aktuelle) verfügbare Einkommen wird von J. M. Keynes als entscheidende Variable für die Höhe des Konsums und der Ersparnis angesehen.[1]
Die nachfolgende Tabelle 6.04 zeigt die zeitliche Entwicklung des Konsums und der Ersparnis, aber auch den jeweiligen Anteil dieser Variablen am verfügbaren Einkommen als prozentuale Quoten, die als **durchschnittliche Konsumquoten bzw. durchschnittliche Sparquoten** der privaten Haushalte bezeichnet werden.[2]
Konsumquote und Sparquote sind in den letzten Jahren im **früheren Bundesgebiet** relativ konstant geblieben. Die Konsumquote lag 1991 bei 86,7 % und die Sparquote damit bei 13,3 %.
Für Gesamtdeutschland ist allerdings ein Anstieg der Konsumquote für 1998 auf 89 % zu beobachten. Für diese Entwicklung können sowohl konjunkturelle Gründe aber auch strukturelle Gründe maßgeblich sein: Die Haushalte versuchen ihren Konsum auch bei sinkendem Einkommen nur unterproportional einzuschränken. Damit sinkt die Sparquote.[3]
Abbildung 6.03 zeigt den sehr engen Zusammenhang zwischen dem verfügbaren Einkommen und dem privaten Konsum für die Zeit von 1970 bis 1998.
Aus Abbildung 6.03 ist außerdem eine Trendgerade erkennbar, die für das frühere Bundesgebiet für die Zeit von 1970 bis 1991 ermittelt wurde. Sie kann als eine langfristige Konsumfunktion interpretiert werden.[4]
Die Differenz zwischen dieser Konsumfunktion und der ebenfalls erkennbaren 45°-Linie

---

[1] Vgl. Peto, R.: Makroökonomik, S. 66 ff. Nach dem ESVG 95 liegen bisher nur Zahlen über das gesamte verfügbare Einkommen der Volkswirtschaft vor (Juli 1999).
[2] Eine andere Möglichkeit, eine Konsumquote der privaten Haushalte zu berechnen, besteht darin, den Konsum der privaten Haushalte auf das Bruttoinlandsprodukt zu beziehen.
[3] Vgl. Peto: Makroökonomik, S. 132 ff.
[4] Vgl. ebenda, S. 134 ff.

ergibt die jeweilige Ersparnis.[1]

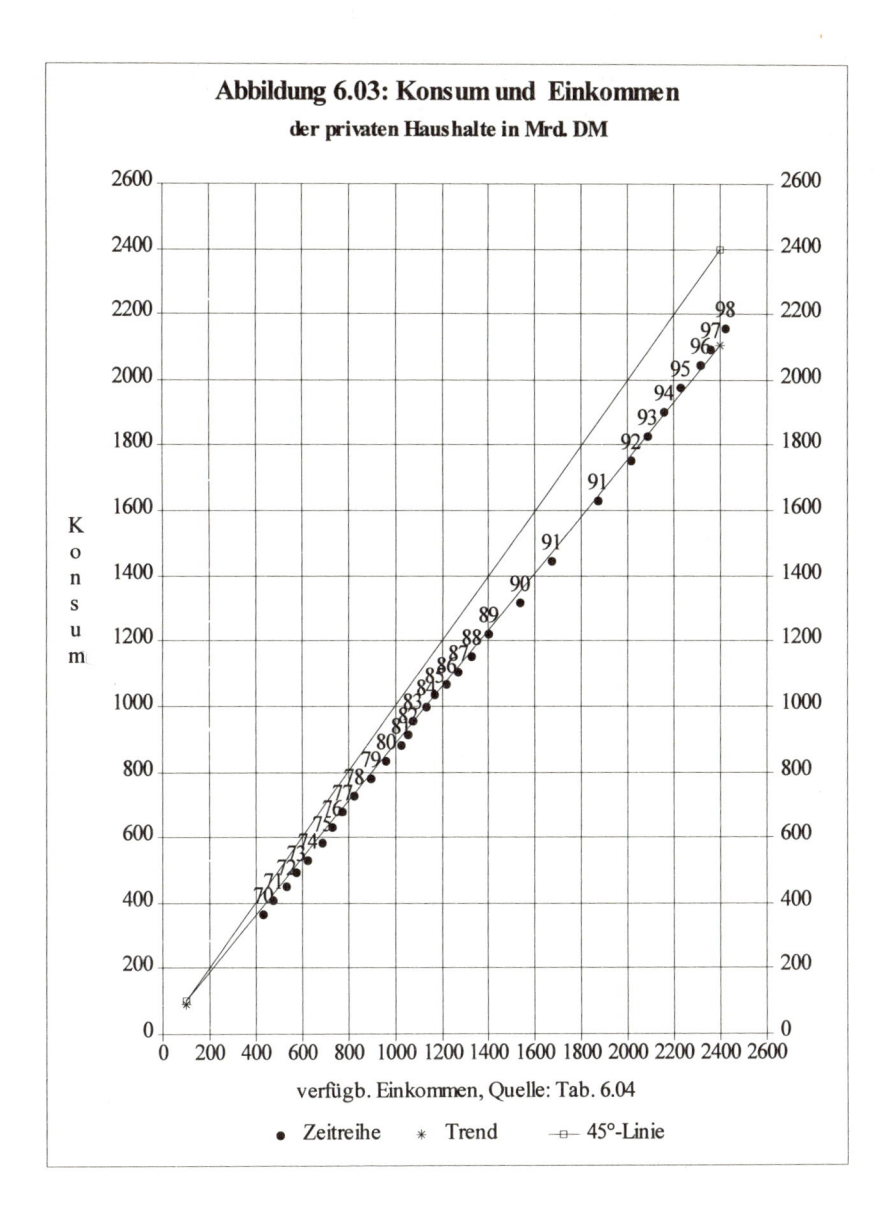

Abbildung 6.03: Konsum und Einkommen
der privaten Haushalte in Mrd. DM

verfügb. Einkommen, Quelle: Tab. 6.04

• Zeitreihe   * Trend   —□— 45°-Linie

---

[1] Die Regressionsanalyse ergab eine Trendgerade mit der Funktion $C_H = 0{,}88\, Y^v - 5{,}91$ (Korrelationskoeffizient 0,99952, Standardabweichung 9.74852 und Bestimmtheitsmaß 0,99904)

Tabelle 6.04: Verfügbares Einkommen der privaten Haushalte und seine Aufteilung

Jahr	verfügbares Einkommen	privater Konsum	Ersparnis	Konsumquote	Sparquote
		früheres Bundesgebiet			
1970	428,0	368,9	59,1	86,2	13,8
1971	472,9	409,0	63,9	86,5	13,5
1972	528,1	452,0	76,1	85,6	14,4
1973	575,4	495,6	79,8	86,1	13,9
1974	624,6	533,6	91,0	85,4	14,6
1975	687,5	583,5	104,0	84,9	15,1
1976	728,8	631,9	96,9	86,7	13,3
1977	776,8	682,1	94,7	87,8	12,2
1978	825,7	725,9	99,8	87,9	12,1
1979	894,9	781,3	113,6	87,3	12,7
1980	960,4	837,0	123,4	87,2	12,8
1981	1022,4	883,5	138,9	86,4	13,6
1982	1049,7	916,1	133,6	87,3	12,7
1983	1076,7	959,3	117,4	89,1	10,9
1984	1129,8	1001,2	128,6	88,6	11,4
1985	1170,1	1036,5	133,6	88,6	11,4
1986	1215,7	1066,4	149,3	87,7	12,3
1987	1267,6	1108,0	159,6	87,4	12,6
1988	1323,2	1153,7	169,5	87,2	12,8
1989	1394,3	1221,0	173,3	87,6	12,4
1990	1532,7	1320,7	212,0	86,2	13,8
1991	1669,2	1446,9	222,3	86,7	13,3
		Deutschland			
1991	1871,3	1630,3	241,0	87,1	12,9
1992	2013,4	1754,7	258,8	87,1	12,9
1993	2083,9	1829,3	254,6	87,8	12,2
1994	2156,8	1906,0	250,8	88,4	11,6
1995	2229,5	1975,3	254,1	88,6	11,4
1996	2312,4	2046,4	266,1	88,5	11,5
1997	2355,1	2095,2	259,8	89,0	11,0
1998	2421,9	2156,1	265,8	89,0	11,0

Quelle: VGR Fachserie 18, Reihe 1.1, Konten und Standardtabellen 1996,
Reihe 3, Vierteljahresergebnisse der Inlandsproduktsberechnungen,
4. Vierteljahr 1998, Wiesbaden 1999, S. 31

6.2.5 Die Herkunft des Inlandsprodukts nach Wirtschaftsbereichen (Entstehungsrechnung)

Für eine Strukturpolitik, insbesondere im Hinblick auf eine längerfristige Sicherung der Arbeitsplätze, ist es notwendig, den Wandel der Branchenstruktur zu untersuchen. Dabei werden die Beiträge der Wirtschaftsbereiche zum Bruttoinlandsprodukt und die Anteile der Erwerbstätigen nach Wirtschaftsbereichen ermittelt.

Tabelle 6.05a zeigt die Beiträge der Sektoren zum realen Bruttoinlandsprodukt (in Preisen von 1991), und zwar für das frühere Bundesgebiet im Zeitvergleich von 1960 und 1993 und für die neuen Bundesländer für 1993 sowie für Deutschland für 1998 nach alter

Tabelle 6.05a: Beiträge der Wirschaftsbereiche zum Bruttoinlandsprodukt
(in Preisen von 1991 nach alter Klassifikation und Berechnungsmethode)

Wirtschaftsbereich	Nummer der Grund-systematik	früheres Bundesgebiet				neue Bundesländer		Deutschland	
		1960		1993		1993		1998	
		Mrd.DM	%	Mrd.DM	%	Mrd.DM	%	Mrd. DM	%
Land- u. Forstwirtschaft, Fischerei	0	21,8	2,3	38,0	1,5	7,3	3,1	46,9	1,5
Produzierendes Gewerbe	1-3	453,5	47,9	914,3	35,7	89,8	37,5	1084,9	34,7
Handel und Verkehr	4-5	128,1	13,5	387,9	15,2	34,3	14,3	469,1	15,0
Dienstleistungsunternehmen	6-7	203,9	21,5	870,7	34,0	55,4	23,2	1126,3	36,0
Private Haushalte u. priv.Organis. ohne Erwerbszweck und Staat	8-9	139,3	14,7	348,6	13,6	52,5	21,9	403,4	12,9
Dienstleistungsektoren (insgesamt)	4-9	471,3	49,8	1607,2	62,8	142,1	59,4	1998,8	63,8
Bruttowertschöpfung (unbereinigt)		946,6	100,0	2559,4	100,0	239,3	100,0	3130,7	100,0
abzüglich unterstellte Entgelte für Bankdienstleistungen		-16,4		-123,8		-9,6		-175,9	
Bruttowertschöpfung (bereinigt)		930,3		2435,6		229,7		2954,8	
zuzüglich nichtabzugsfähige Umsatzsteuer u. Einfuhrabgaben		69,8		206,2		12,1		231,9	
Bruttoinlandsprodukt		1000,0		2641,8		241,8		3186,7	

Quelle: VGR Fachserie 18, Reihe 1.3, Konten und Standardtabellen 1994 und 1996, Hauptbericht;
Reihe 3, Vierteljahresergebnisse der Inlandsproduktsberechnungen, 4. Vierteljahr 1998, Wiesbaden 1999, S. 9

Berechnungsmethode. (Die Beiträge nach neuer Methode sind in Tabelle 6.05b enthalten.) Anhand der prozentualen Anteile am Bruttoinlandsprodukt ist für das **frühere Bundesgebiet** der schrumpfende Beitrag der **Land- und Forstwirtschaft mit Fischerei** zu erkennen, und zwar von 2,3 % (1960) auf nur noch 1,5 % (1993).
Eine ähnliche Tendenz ist beim **produzierenden Gewerbe** zu verzeichnen: Der Beitrag zum Bruttoinlandsprodukt schrumpfte von 47,9 % (1960) auf 35,7 % (1993). Demgegenüber stieg der Anteil des Dienstleistungssektors (insgesamt) von 49,8 % (1960) auf 62,8% (1993).
Die Zahlen für die **neuen Bundesländer** für 1993 zeigen allerdings noch einen Anteil der Landwirtschaft von 3,1 %, des produzierenden Gewerbes von 37,5 % und des Dienstleistungssektors (insgesamt) von 59,4 %.
Für Deutschland ist der Anteil des Dienstleistungssektors (im weitesten Sinne) inzwischen sogar auf 63,8 % (1998) gestiegen.
Tabelle 6.05b wurde nach neuer Sektoreneinteilung und nach den neuen Berechnungsmethoden erstellt. Sie weist mit 67,6 % (1998) einen noch höheren Anteil des Dienstleistungssektors (im weitesten Sinne) auf.
Auch die zeitliche Entwicklung der **sektoralen Anteile der Erwerbstätigen** macht langfristig für das frühere Bundesgebiet in Tabelle 6.06 nach alter Berechnungsmethode und Tabelle 6.05b nach neuer Berechnungsmethode die gleiche Tendenz in Richtung auf

Tabelle 6.05b: Bruttowertschöpfung und Erwerbstätigenanteil der Sektoren
(im Durchschnitt nach neuer Klassifikation und Berechnungsmethode)

Wirtschaftsbereich	Bruttowertschöpfung				Erwerbstätige			
	1991		1998		1991		1998	
	Mrd.DM	in %	rd.D	in %	in 1000	in %	in 1000	in %
1. Land- u. Forstwirtschaft, Fischerei	39,3	1,3	46,2	1,3	1538	4,1	977	2,7
2. Produzierendes Gewerbe	875,0	27,9	897,8	25,5	11215	29,7	8409	23,4
3. Baugewerbe	198,0	6,3	197,7	5,6	2759	7,3	2836	7,9
4. Handel, Gastgewerbe und Verkehr	580,5	18,5	615,8	17,5	9000	23,8	8760	24,3
5. Finanzierung, Vermietung u. Unternehmensdienstleister	786,0	25,1	1031,8	29,3	3560	9,4	4550	12,6
6. Öffentliche und private Dienstleister	653,9	20,9	732,8	20,8	9687	25,7	10467	29,1
Dienstleistungssektoren insgesamt: 4.-6.	2020,3	64,5	2380,4	67,6	22247	58,9	23777	66,0
Summe	3132,5	100,0	3522,1	100,0	37759	100,0	35999	100,0

Quelle: VGR Fachserie 18, Reihe S.20, Revidierte Vierteljahresergebnisse der Inlandsproduktsberechnung

eine **Dienstleistungsgesellschaft** deutliche: Der Anteil der Erwerbstätigen im Dienstleistungssektor stieg im früheren Bundesgebiet von 38,2 % (1960 alt) auf 59,8 % (1993 alt) wie Tabelle 6.06 zeigt. Auch die neuen Bundesländer weisen bereits 1993 eine ähnliche Branchenstruktur auf.
Für Deutschland lag der Anteil der Erwerbstätigen 1998 nach Tab. 6.06 bei 63,7 % und nach Tab. 6.05b sogar bei 66 %.

Dieser **Trend zur Dienstleistungsgesellschaft** wurde anhand langfristiger Untersuchungen von C. Clark und J. Fourastié festgestellt[1], wobei sie folgende Sektoren unterschieden haben:

    Primärer Sektor: Landwirtschaft
    Sekundärer Sektor: Industrie[2]
    Tertiärer Sektor: Dienstleistungen (einschließlich Staat)

Bei dieser Sektoreneinteilung hat sich insbesondere J. Fourastié an der unterschiedlichen Produktivitätsentwicklung der einzelnen Sektoren orientiert:
Dem sekundären Sektor schreibt er die höchste Produktivitätssteigerungsmöglichkeit zu, dem primären eine „mittlere" und dem tertiären Sektor die geringste.
Anhand der Zahlen für das frühere Bundesgebiet scheint sich der bereits erwähnte Trend

---

[1] Vgl. Clark, C.: The Conditions of Economic Progress, 1. Auflage, London 1951; Fourastié, J.: Le grand espoir du XXe siècle, Paris 1963
[2] im Sinne des produzierenden Gewerbes

zur Dienstleistungsgesellschaft zu bestätigen.[1]
Was allerdings bisher nicht klar erkennbar ist, das ist die „große Hoffnung des 20. Jahrhunderts" wie der Titel eines Buches von J. Fourastié heißt, daß die im primären und sekundären Sektor aufgrund von Produktivitätssteigerungen freigesetzter Arbeitskräfte alle im wenig produktiven tertiären Sektor wieder Arbeit finden.
Dies hängt sicher auch damit zusammen, daß man zwischen Dienstleistung unterscheiden muß, die produktionsbezogen sind (Gütertransport) und Dienstleistungen, die davon unabhängig sind, sogenannte personenbezogene Dienstleistungen (Massage).

Tabelle 6.06: Anteil der Erwerbstätigen im Inland nach Wirtschaftsbereichen (im Durchschnitt nach alter Berechnungsmethode)

Wirtschaftsbereich	früheres Bundesgebiet				neue Länder		Deutschland	
	1960		1993		1993		1998	
	in 1000	in %	in 1000	in %	in 1000	in %	in 1000	in %
1. Land- u. Forstwirtschaft, Fischerei	3581	13,7	881	3,0	232	3,7	904	2,7
2. Produzierendes Gewerbe	12497	47,9	10775	37,1	2161	34,8	11439	33,7
3. Handel und Verkehr	4759	18,3	5606	19,3	1124	18,1	6350	18,7
4. Dienstleistungsunternehmen	2364	9,1	5990	20,7	1093	17,6	8276	24,4
5. Private Haushalte u. private Organisationen ohne Erwerbszweck und Staat	2862	11,0	5753	19,8	1598	25,7	7001	20,6
Dienstleistungssektoren insgesamt: 3.-5.	9985	38,3	17349	59,8	3815	61,5	21627	63,7
Erwerbstätige insgesamt	26063	100,0	29005	100,0	6208	100,0	33970	100,0

Quelle: VGR Fachserie 18, Reihe 1.3, Konten und Standardtabellen, Hauptbericht 1996, S.138,

6.2.6 Die Verwendung des Inlandsprodukts

Tabelle 6.07 und Tabelle 6.08 stellen die **Verwendung des Bruttoinlandsprodukts** für das frühere Bundesgebiet und Deutschland dar.
Während Tabelle 6.07 das **nominale Bruttoinlandsprodukt** zeigt, bringt Tabelle 6.08 die **Entwicklung des realen Bruttoinlandsprodukts**. Die Verwendung einer Tabelle mit konstanten Preisen erweist sich als notwendig, da die Preisentwicklung bei den einzelnen Verwendungsarten unterschiedlich verläuft, weshalb eine Änderung des Anteils einzelner Verwendungsarten auch auf Preiseffekte zurückgeführt werden kann.

---
[1] Bei der Interpretation dieser Zahlen ist allerdings Vorsicht geboten, denn allein beispielsweise durch die Umwandlung der DV-Abteilung eines Industriebetriebes in ein rechtlich selbständiges Unternehmen (Outsourcing) nimmt der tertiäre Sektor statistisch zu und der sekundäre ab.

Für das frühere Bundesgebiet wird dabei eine **zeitliche** und eine **strukturelle** Entwicklung mit ausgewählten Jahren (1980 und 1990) dargestellt, während für Deutschland nur eine strukturelle Analyse für 1998 durchgeführt wird.
Zur Darstellung der strukturellen Entwicklung werden **Quoten als prozentuale Anteile der Verwendungsart am Bruttoinlandsprodukt** verwendet. Es handelt sich um **gesamtwirtschaftliche Kennzahlen**, die als Grundlage für wirtschaftspolitische Entscheidungen dienen.
Im einzelnen werden folgende Quoten unterschieden:
Konsumquote der privaten Haushalte, Konsumquote des Staates, Bruttoinvestitionsquote, Exportquote und Importquote.

Die **Konsumquote der privaten Haushalte** für das frühere Bundesgebiet **bezogen auf das Bruttoinlandsprodukt** ist nach alter Berechnungsmethode in konstanten Preisen von 1980 mit 55,3 % auf 54,4 % im Jahre 1990 gesunken. Für Gesamtdeutschland lag sie nach alter Berechnungsmethode 1998 bei 56,5 % und nach neuer Berechnungsmethode bei 56,0 %. Sie ist im Verhältnis zu den anderen Quoten **relativ konstant**, was stabilisierend auf die Konjunktur wirkt.
In der makroökonomischen Analyse wird allerdings bei der Darstellung der Konsumfunktion die **durchschnittliche Konsumquote der privaten Haushalte bezogen auf deren verfügbares Einkommen** verwendet, die für Deutschland im Jahre 1998 bei 89 % lag.[1]

Die **Konsumquote des Staates als prozentuales Verhältnis des staatlichen Konsums zum Bruttoinlandsprodukt** nahm in jeweiligen Preisen und preisbereinigt im **früheren Bundesgebiet** von ca. 20 % (1980) auf ca. 18 % (1990) ab.
Für Deutschland insgesamt ergibt sich eine Konsumquote des Staates von ca. 19 % (1998 alt und neu). Mit diesem leichten Rückgang der Konsumquote des Staates von 1980 bis 1990 ist allerdings noch nicht das „Gesetz der wachsenden Ausdehnung der öffentlichen und speziell der Staatstätigkeit" von Adolph Wagner (1863) widerlegt, denn die Konsumquote des Staates darf nicht mit der **Staatsquote** verwechselt werden, die sich aus einer Prozentuierung **aller** Staatsausgaben (einschließlich Sozialversicherung und aller Nebenhaushalte) ergibt.[2]
Eine steigende Staatsquote ist aus ordnungspolitischen und internationalen Gründen bedenklich ist.
Die **Bruttoinvestitionsquote** als prozentualer Anteil der privaten und staatlichen Bruttoinvestitionen am Bruttoinlandsprodukt ist im früheren Bundesgebiet in jeweiligen Preisen und preisbereinigt etwas rückläufig und lag 1990 in jeweiligen Preisen bei ca. 21,4 % und in Preisen von 1991 bei 21,7 %.
Für Deutschland insgesamt betrug sie 1998 nominal 22 % (alt) bzw. 22,4 % (neu) und real 23,7 %. Sie lag für Gesamtdeutschland vermutlich wegen der hohen Investitionen in den neuen Bundesländern höher.
Die **Exportquote** als prozentualer Anteil des Exports (ohne Faktoreinkommen vom Ausland) am Bruttoinlandsprodukt ist real (in Preisen von 1991) für das frühere Bundesgebiet von 23,6 % (1980) auf 31,3 % (1990) gestiegen. Für Deutschland betrug sie allerdings 1998 nominal nur noch 27,4 % (alt) bzw. 28,7 % (neu) und real 30,6 %.
Ein Großteil des „Exports" des früheren Bundesgebiets ging ab 1991 in die neuen Bundesländer, die einen entsprechend hohen Import von Gütern zu verzeichnen hatten.
Die **Importquote** als prozentualer Anteil des Imports (ohne Faktoreinkommen an das

---

[1] Vgl. Kapitel 6.2.4, S. 112 ff.
[2] Vgl. S. 96

Ausland) am Bruttoinlandsprodukt ist 1990 für das frühere Bundesgebiet real mit 25,8 % gegenüber 1980 (22,5 %) gestiegen, nominal dagegen mit ca. 26 % relativ konstant geblieben. Für Deutschland lag die nominale Importquote 1998 bei 25,6 % (alt) bzw. 27,0 % (neu) und die reale Importquote bei 30,1 %.

Tabelle 6.07: Verwendung des Bruttoinlandsprodukts in jeweiligen Preisen

Verwendung	1980a Mrd.DM	%	1990a Mrd.DM	%	1998a (alt) Mrd.DM	%	1998a (neu) Mrd.DM	%
1. Privater Konsum (Verbrauch)	837,0	56,9	1320,7	54,4	2156,1	57,4	2164,5	57,0
2. Staatlicher Konsum (Staatsverbrauch)	298,0	20,2	444,1	18,3	710,1	18,9	718,5	18,9
3. Bruttoinvestitionen	343,9	23,4	519,3	21,4	826,0	22,0	851,8	22,4
a) Anlageinvestitionen	332,1	22,6	507,8	20,9	728,7	19,4	792,7	20,9
aa) Ausrüstungen	126,8	8,6	234,6	9,7	307,2	8,2	297,0	7,8
ab) Bauten	205,2	13,9	273,2	11,3	421,5	11,2	457,9	12,1
ac) sonstige Anlagen							37,8	1,0
b) Lagerinvestitionen	11,8	0,8	11,5	0,5	97,3	2,6	59,1	1,6
Letzte inländische Verwendung von Gütern	1478,9	100,5	2284,1	94,1	3692,2	98,2	3734,8	98,3
4. Außenbeitrag (b)	-6,9	-0,5	142,0	5,9	65,9	1,8	64,6	1,7
a) Exporte (Ausfuhr)	389,1	26,4	778,9	32,1	1028,2	27,4	1089,5	28,7
b) Importe (Einfuhr)	396,0	26,9	637,0	26,3	962,3	25,6	1024,9	27,0
Bruttoinlandsprodukt zu Marktpreisen	1472,0	100,0	2426,0	100,0	3758,1	100,0	3799,4	100,0

a) Für 1980 und 1990 früheres Bundesgebiet und für 1998 Deutschland
b) Der Außenbeitrag (im engeren Sinne) enthält nicht die Faktoreinkommen vom und an das Ausland (übrige Welt).
Bei den sonstigen Anlagen handelt es sich um immaterielle Anlageinvestitionen (u.a. EDV-Software, Urheberrechte) sowie Nutztiere und -pflanzen.
Quelle: VGR Fachserie 18, Reihe 1.1, Konten und Standardtabellen 1996, Hauptbericht, S. 108 f., Reihe 3, Vierteljahresergebnisse der Inlandsproduktsberechnung, 4. Vierteljahr 1998, Wiesbaden 1999, S.10 f.; MB 6/99, S. 60*.

Die Export- und Importquoten machen die starke Verflechtung der Bundesrepublik mit der Weltwirtschaft und damit zugleich ihre Abhängigkeit von ihren Handelspartnern deutlich. Die Tabellen 6.07 und 6.08 zeigen, daß sich sowohl das Bruttoinlandsprodukt ingesamt als auch seine Komponenten in absoluten Werten nach dem ESVG 95 gegenüber der bisherigen Berechnung verändert haben, weshalb hier nochmals auf die Gründe dieser Änderungen kurz eingegangen werden soll.
Betrachtet man den **privaten Konsum**, so hat er nach dem ESVG 95 im Jahre 1998 um ca. 8 Mrd. DM zugenommen. Diese Änderung gibt nur den Nettoeffekt wieder: Datenbedingt hat der private Konsum dadurch abgenommen, daß die Wohnungsmieten (auch selbstgenutzte) mit einer niedrigeren Miete angesetzt und die bezogenen handwerklichen Leistungen nach unten korrigiert wurden (Handwerkszählung 1995).
Er hat zugenommen durch die genauere Erfassung der Ausgaben für Dienstleistungskäufe (Gaststätten- und Beherbergungsgewerbe, Ausgaben für Freizeit, Verkehr).
Eine konzeptbedingte Erhöhung ergab sich durch die Einbeziehung der Gebühren (für Käufe vom Staat), Naturalentgelte und unterstellte Garagenmieten.

Der **staatliche Konsum** hat insgesamt netto zugenommen, und zwar durch konzeptbedingt und datenbedingte Änderungen.

Tabelle 6.08: Verwendung des Bruttoinlandsprodukts in konstanten Preisen

Verwendung	1980a Mrd.DM	%	1990a Mrd.DM	%	1998a (alt) Mrd.DM	%	1998a (neu) Mrd.DM	%
1. Privater Konsum (Verbrauch)	1115,9	55,3	1370,0	54,4	1800,1	56,5	2068,8	56,0
2. Staatlicher Konsum (Staatsverbrauch)	411,1	20,4	465,0	18,5	616,3	19,3	701,8	19,0
3. Bruttoinvestitionen	468,0	23,2	547,4	21,7	755,4	23,7	862,1	23,3
a) Anlageinvestitionen	455,2	22,6	532,4	21,1	667,0	20,9	802,2	21,7
aa) Ausrüstungen	171,1	8,5	240,9	9,6	297,3	9,3	295,5	8,0
ab) Bauten	284,1	14,1	291,4	11,6	369,7	11,6	464,5	12,6
ac) sonstige Anlagen							42,2	1,1
b) Lagerinvestitionen	12,8	0,6	15,0	0,6	88,3	2,8	59,9	1,6
Letzte inländische Verwendung von Gütern	1995,0	98,9	2382,4	94,5	3171,7	99,5	3632,7	98,3
4. Außenbeitrag (b)	23,1	1,1	138,0	5,5	15,0	0,5	61,3	1,7
a) Exporte (Ausfuhr)	476,8	23,6	789,1	31,3	974,4	30,6	1073,7	29,1
b) Importe (Einfuhr)	453,8	22,5	651,1	25,8	959,4	30,1	1012,4	27,4
Bruttoinlandsprodukt zu Marktpreisen	2018,0	100,0	2520,4	100,0	3186,7	100,0	3694,0	100,0

a) Für 1980 und 1990 früheres Bundesgebiet und für 1998 Deutschland
b) Der Außenbeitrag (im engeren Sinne) enthält nicht die Faktoreinkommen vom und an das Ausland (übrige Welt).
Bei den sonstigen Anlagen handelt es sich um immaterielle Anlageinvestitionen (u.a. EDV-Software, Urheberrechte) sowie Nutztiere und -pflanzen.
Quelle: VGR Fachserie 18, Reihe 1.1, Konten und Standardtabellen 1996, Hauptbericht, S. 108 f., Reihe 3, Vierteljahresergebnisse der Inlandsproduktsberechnung, 4. Vierteljahr 1998, Wiesbaden 1999, S.12 f.; MB 6/99, S. 60*

So sind beispielsweise Betriebe vom Unternehmenssektor beim Staat eingeordnet worden. Betriebe mit vollständiger kaufmännischer Rechnungslegung (Krankenhäuser) wurden allerdings dem Sektor „Kapitalgesellschaften" zugeordnet.
Eindeutig konzeptbedingt ist die Zunahmen durch die bereits mehrfach erwähnten höheren Abschreibungen durch die Einbeziehung militärischer Güter, sofern sie auch zivil genutzt werden können. Außerdem erhöhten sich die Abschreibungen dadurch, daß jetzt auch auf den staatlichen Tiefbau abgeschrieben wird.
Eine Verminderung der staatlichen Konsums ergab sich durch die Verwaltungsgebühren, die jetzt als Verkäufe des Staates behandelt werden.
Auch die **Bruttoinvestitionen** haben nach dem ESVG 95 zugenommen, und zwar durch die Erweiterung des Investitionsbegriffes: Zu den Investitionen zählen jetzt auch Teile der militärischen Güter, Tiefbauten des Staates, Computerprogramme, Urheberrechte.
Die Positionen „**Exporte**" und „**Importe**" haben sich insofern verändert, als jetzt die Einnahmen und Ausgaben aus der Vergabe von Patenten und Lizenzen als Dienstleistungen verbucht werden und nicht als Faktoreinkommen. Damit ändert sich zwar das Bruttoinlandsprodukt, nicht aber das Bruttonationaleinkommen.
Die Werte für Exporte und Importe sind außerdem höher, da der Lohnveredelungsverkehr

brutto und nicht netto ausgewiesen wird. Bisher wurde nur das Entgelt für die Veredelung erfaßt.

6.2.7 Input-Output-Tabellen

6.2.7.1 Das Grundprinzip

Wie bereits bei der Darstellung der Produktionskonten und dem zusammengefaßten Güterkonto der VGR festgestellt wurde, erfassen diese Konten auch die Vorleistungen einer Volkswirtschaft.
Die Vorleistungen können mit Hilfe einer Input-Output-Tabelle aufgegliedert werden, wobei die (güterwirtschaftliche) Lieferverflechtung der Sektoren für eine vergangene Periode deutlich wird.

Man nennt diese tabellarische Darstellungsmethode auch **Verflechtungsmatrix**.[1]
Wassily Leontief erstellte bereits 1936 eine industrielle Verflechtungsmatrix für die USA mit dem theoretischen Hintergrund des Gleichgewichts-Gleichungssystems von Léon Walras.
Abbildung 6.04 zeigt eine Matrix mit drei Sektoren.
In diese Tabelle wurde zeilenweise der Output der jeweiligen Sektoren und spaltenweise der Input eingetragen wird.

Die Zeilensumme ergibt dann den Gesamtoutput und die Spaltensumme den Gesamtinput eines Sektors.
Da eine Addition von realen Mengen unterschiedlicher Produkte bekanntlich nicht möglich ist, müssen die realen Ströme bewertet werden.
Die Matrix in Abbildung 6.04 enthält damit den bewerteten Input und den bewerteten Output der einzelnen Sektoren.

Die Matrix in Abbildung 6.04 unterstellt, daß es neben den Lieferungen zwischen den Sektoren (intersektorielle) auch Lieferungen innerhalb der Sektoren (intrasektorielle) gibt.
So lieferte der Sektor 1 an sich selbst Güter im Wert von 8 Geldeinheiten (intrasektorieller Strom) und an den Sektor 2 Güter im Wert von 61 Geldeinheiten (intersektorieller Strom).[2]

---

[1] Das Grundprinzip wurde bereits in Kapitel 1 anhand eines Beispiels mit monetären Strömen gezeigt. Vgl. dazu auch die Darstellung in: Fischbach, R.: Volkswirtschaftslehre, 6. Auflage, München 1990, S. 162ff.
[2] Für das Zahlenbeispiel wurden (gerundete) Zahlen in Mrd. DM aus der Input-Output-Tabelle 1993 (zu Ab-Werk-Preise) des Statistischen Bundesamtes (aus dem Internet vom 13.7.98) verwendet. Die nichtabzugsfähige Umsatzsteuer wurde unberücksichtigt gelassen.

Abbildung 6.04: Verflechtungsmatrix

Käufe / Input \ Verkäufe / Output		erhaltener Input als Vorleistungen Sektor			Summe der Verkäufe von Vorleistungen
		1	2	3	
		(1)	(2)	(3)	(4)
Sektor 1	(1)	8	61	10	79
Sektor 2	(2)	23	992	345	1360
Sektor 3	(3)	12	518	979	1509
Summe der Käufe	(4)	43	1571	1334	2948

Die in Abbildung 6.04 gezeigte Matrix läßt sich allgemein wie in Abbildung 6.05 darstellen.

Abbildung 6.05: Vorleistungsmatrix (Grundprinzip)

an \ von		Sektoren					Σ
		1	2	j	....	n	
S e k t o r e n	1	V_{11}	V_{12}	V_{1j}	....	V_{1n}	$V_{1.}$
	2	V_{21}	V_{22}	V_{2j}	....	V_{2n}	$V_{2.}$
	.	.	.	.		.	.
	i	V_{i1}	V_{i2}	V_{ij}	....	V_{in}	$V_{i.}$
	.	.	.	.		.	.
	n	V_{n1}	V_{n2}	V_{nj}	....	V_{nn}	$V_{n.}$
Σ		$V_{.1}$	$V_{.2}$	$V_{.j}$	....	$V_{.n}$	$V_{..}$

Dies ist eine Matrix mit n Zeilen und n Spalten. Da hier die Anzahl der Spalten gleich der Anzahl der Zeilen ist, spricht man von einer quadratischen Matrix. Die V_{ij}- Werte heißen Elemente der Matrix, wobei der erste Index (i) immer die Zeile und der zweite Index (j) die

Spalte angibt. Mit dem Index i wird angegeben, aus welchem Sektor der Output kommt und mit dem Index j zu welchem Sektor der Output fließt.
So bedeutet beispielsweise

V_{12}: Der Sektor 1 lieferte V_{12} bewertete Mengeneinheiten an die Branche 2.

V_{22}: Der Sektor 2 lieferte V_{22} bewertete Mengeneinheiten an sich selbst (Eigenverbrauch).

Die Zeilensumme gibt die Summe des Outputs an Vorleistungen des Sektors (i) an. Der erste Index ist dann i und der zweite ein Punkt ($V_{i.}$). Der Gesamtinput des Sektors (i) wird dann analog mit einem Punkt als erster Index und mit (i) als zweiter Index bezeichnet: $V_{.j}$.

Abbildung 6.06: Matrix zur Darstellung der gesamten Güterverwendung und des gesamten Güteraufkommens

Käufe Input / Verkäufe Output		erhaltener Input als Vorleistungen Sektor			Summe der Verkäufe von Vor-Leistungen	Endnachfrage				Σ (4)-(8): (a)
		1	2	3		C_H	C_{St}	I^{br}	ExG	
		(1)	(2)	(3)	(4)	(5)	(6)	(7)	(8)	(9)
Sektor 1	(1)									
Sektor 2	(2)									
Sektor 3	(3)									
Summe der Käufe von Vorleistungen	(4)									
ImG	(5)									
D	(6)									
T^{ind}-Z_U	(7)									
Faktoreinkommen	(8)									
Summe (4)-(8): Gesamtes Güteraufkommmen	(9)									

(a) Gesamte Güterverwendung
Quelle: Erstellt nach Stobbe, A.: Volkswirtschaftslehre I, 4. Auflage, Berlin 1976, S. 188

Es handelt sich allerdings in Abb. 6.04 nicht um eine geschlossene Matrix wie beim Beispiel in Kapitel 1, da auch hier nicht die Zeilensumme des jeweiligen Sektors gleich der Spaltensumme des Sektors ist.

Die einzelnen Sektoren liefern nicht nur Anlagegüter und Vorprodukte an andere Sektoren, sondern auch Konsumgüter an die privaten Haushalte.
Aus diesem Grunde können die Zeilensummen nicht den Spaltensumme je Branche entsprechen.
Bei dieser Art einer Verflechtungsmatrix gilt nur, daß der Wert des Outputs an Vorleistungen der Sektoren insgesamt dem Wert des Inputs an Vorleistungen der Sektoren insgesamt entspricht.
Die Vorleistungsmatrix muß zu einer offenen Matrix erweitert werden, um die anderen Sektoren und Aktivitäten auch zu erfassen wie Abbildung 6.06 zeigt.

Die **Zeilenerweiterung** enthält dann den privaten Konsum (C_H), den staatlichen Konsum (C_{St}), die Bruttoinvestition (I^{br}) und die Exporteinnahmen für Güter (ExG), allerdings nach Sektoren aufgeteilt.
Die **Spaltenerweiterung** umfaßt die Importausgaben für Güter (ImG), die Abschreibungen (D), indirekte Steuern minus Subventionen (T^{ind}-Z_U) und die Faktoreinkommen, wiederum nach Sektoren aufgeteilt.
Die Zeilensummen ergeben die jeweilige sektorale Güterverwendung, während die Spaltensummen das sektorale Güteraufkommen darstellen.[1]
Allerdings bringt die Input-Output-Darstellung die bereits erwähnte höhere Information: Sie zeigt die Vorleistungen zwischen den Sektoren nicht nur als eine Summe wie auf dem Gesamtwirtschaftlichen Produktionskonto, sondern die Vorleistungen nach Sektoren differenziert.

6.2.7.2 Die Input-Output-Tabellen des Statistischen Bundesamtes

Das Statistische Bundesamt hat im Vergleich zu den statistischen Ämtern anderer Staaten relativ spät mit der Erstellung und Veröffentlichung von Input-Output-Tabellen begonnen, und zwar erstmals für 1965.[2]
Die letzte Veröffentlichung von 1994 für das Jahr 1990 enthält in ihrer ausführlichen Fassung 58 Sektoren, die daraus abgeleitete vereinfachte Fassung nur 12.[3] Daneben veröffentlicht das Statistische Bundesamt im Internet eine sehr vereinfachte Version mit nur drei Sektoren.[4]
Die Einteilung der Sektoren ist allerdings nicht institutionell ausgerichtet, sondern nach der Art der Produktion. So entspricht der einzelne dargestellte Sektor der Produktion einer bestimmten Gütergruppe.
Die Produktion unterschiedlicher Güter in einem Unternehmen bedeutet eine unterschiedliche sektorale Zuordnung der Produktionsbereiche. Hier wird der Unterschied zum Kontensystem der Volkswirtschaftlichen Gesamtrechnungen deutlich.

---

[1] Dies entspricht nicht ganz dem Bruttoproduktionswert, da von der gesamten Güterverwendung noch die Importausgaben für Güter abgezogen werden müssen.
[2] Daneben existieren immer noch die bereits früher begonnenen Input-Output-Tabellen der Wirtschaftsforschungsinstitute, wie des Ifo-Instituts für Wirtschaftsforschung in München und des Deutschen Instituts für Wirtschaftsforschung (DIW) in Berlin.
[3] Vgl. VGR, Fachserie 18, Reihe 2, Input-Output-Tabellen 1986, 1988, 1990
[4] Vgl. Statistisches Bundesamt : Input-Output-Tabelle 1993 zu Ab-Werk-Preisen, in: http://www.statistik-bund.de/basis/d/vgrino im August 1998

Die Bewertung der gleichen Güterströme wird in der Input-Output-Tabelle grundsätzlich mit gleichen Preisen vorgenommen, wobei der Anschaffungspreis, die Herstellungspreise oder der Ab-Werk-Preis für Güter der inländischen Produktion möglich wären. Für die Importe käme der Ab-Zoll-Preis in Frage.
Bei den Tabellen des Statistischen Bundesamtes wird der Ab-Werk-Preis bzw. der Ab-Zoll-Preis verwendet.
Auch die Input-Output-Tabellen müssen an das ESVG 95 angepaßt werden, was allerdings frühestens Ende 1999 erfolgen soll.[1]
Die nachfolgende Input-Output-Tabelle des Statistischen Bundesamtes zeigt die vereinfachte Drei-Sektoren- Darstellung:

---

[1] Vgl. Statistisches Bundesamt: VGR, Fachserie 18, Reihe S.20, Revidierte Vierteljahresergebnisse der Inlandsproduktsberechnungen 1991 bis 1998, S. 28 ff.

Abbildung 6.07: Input-Output-Tabelle 1993 zu Ab-Werk-Preisen
Inländische Produktion und Einfuhr -
(Mio. DM)

Aufkommen (Output)	Verwendung (Input)					
	Primärer Bereich	Sekundärer Bereich	Tertiärer Bereich	Input der Produktionsbereiche insgesamt	Letzte Verwendung von Gütern	Gesamte Verwendung von Gütern
	I. Quadrant				II. Quadrant	
Primärer Bereich	8095	60862	10067	79024	32237	111261
Sekudärer Bereich	23098	992285	345452	1360835	1783343	3144178
Tertiärer Bereich	11629	518910	979442	1509981	1769760	3279741
Vorleistungen der Produktionsbereiche (ohne Umsatzsteuer)	42822	1572057	1334961	2949840	3585340	6535180
Nichtabziehbare Umsatzsteuer			40360	40360	176750	217110
Vorleistungen der Produktionsbereiche (einschl. nichtabziehbare Umsatzsteuer)	42822	1572057	1375321	2990200	3762090	6752290
	III. Quadrant					
Abschreibungen	14843	134732	269785	419360		
Produktionssteuern abzüglich Subventionen				99870		
Einkommen aus unselbständiger Arbeit	13904	741348	1019378	1774630		
Einkommen aus Unternehmertätigkeit und Vermögen	6349	156430	552491	715270		
Bruttowertschöpfung zu Marktpreisen	**35096**	**1032510**	**1841654**	**3009130**		
Produktionswert	**77918**	**2604567**	**3216975**	**5999330**		
Einfuhr gleichartiger Güter zu Ab-Zoll-Preise	33343	539611	62766	635720		
Gesamtes Aufkommen an Gütern	**111261**	**3144178**	**3279741**	**6635050**		

Quelle: Statistisches Bundesamt: homepage August 1998

Kontrollfragen zu Kapitel 6

1. Welche Aufgaben haben die Volkswirtschaftlichen Gesamtrechnungen des Statistischen Bundesamtes?
2. Welche Sektoreneinteilung kennt die ausführliche Form der Volkswirtschaftlichen Gesamtrechnungen nach dem ESVG 95?
3. Wie heißen die einzelnen Einkommenskonten der Volkswirtschaftlichen Gesamtrechnungen nach dem ESVG 95?
4. Welchen Zweck hat das Zusammengefaßte Güterkonto, und welche Globalgrößen können daraus abgeleitet werden?
5. Wie unterscheidet sich nominales und reales Inlandsprodukt?
6. Was wird unter der realen Wachstumsrate des Inlandsprodukts verstanden?
7. Welche Rolle spielt die gesamtwirtschaftliche Arbeitsproduktivität in der Wirtschaftspolitik?
8. Wie wird die „bereinigte Lohnquote" berechnet?
9. Welche Wirtschaftszweige gehören zum primären, sekundären und tertiären Sektor?
10. Welcher langfristige Trend wird bei den Beiträgen der Sektoren zum Bruttoinlandsprodukt vermutet, und welche Konsequenzen wurden von Jean Fourastié für die Beschäftigung erwartet?
11. Erklären Sie die Begriffe
    - Bruttoinvestitionsquote,
    - Konsumquote der privaten Haushalte,
    - Exportquote und
    - Staatsquote!
12. Erläutern Sie die Aufgaben einer Verflechtungsmatrix in den Volkswirtschaftlichen Gesamtrechnungen!

Literaturverzeichnis zu Kapitel 6

Brümmerhoff, D.	Volkswirtschaftliche Gesamtrechnung, 5. Auflage, München 1995
Fischbach, R.	Volkswirtschaftslehre, 10. Auflage, München 1998
Statistisches Bundesamt	Fachserie 18: Volkswirtschaftliche Gesamtrechnungen, Reihe 1.3: Konten und Standardtabellen, Hauptbericht 1996, Wiesbaden 1997, zitiert als: VGR (96) und Hauptbericht 1997, Wiesbaden 1998, zitiert als: VGR (97)
Eurostat	Europäisches System Volkswirtschaftlicher Gesamtrechnungen ESVG 1995, Brüssel/Luxemburg 1996, englische Fassung: European System of Accounts ESA 1995

7. Das Inlandsprodukt als Wohlfahrtsindikator

Im Zusammenhang mit der Diskussion über den Sinn eines unbegrenzten Wachstums wurde die Frage gestellt, inwieweit das Inlandsprodukt bzw. das Sozialprodukt als **Indikator für die Wohlfahrt** dienen könne, denn eine Steigerung des Inlandsprodukts bzw. des Sozialprodukts bedeutet nicht automatisch eine Steigerung der **Lebensqualität** der Wirtschaftseinheiten.

Um diese Frage beantworten zu können, muß zuerst geklärt werden, was das Inlandsprodukt bzw. das Sozialprodukt anzeigt und welche Mängel es aufweist. Darüber hinaus wird dann der Versuch unternommen, einen Wohlfahrtsindikator zu ermitteln, der durch Korrekturen am Inlandsprodukt entsteht.

Während das **Bruttoinlandsprodukt (zu Marktpreisen)** der Wert der wirtschaftlichen Nettoleistung ist, die während einer bestimmten Periode **innerhalb eines** *Gebiets* **(Inland)** erstellt wurde, stellt das **Bruttosozialprodukt (zu Marktpreisen)** den Wert der wirtschaftlichen Nettoleistung während einer bestimmten Periode **einer** *Gruppe* **von Wirtschaftssubjekten (Inländer)** dar, die zu einem Gebiet gezählt werden, auch wenn ihre wirtschaftlichen Leistungen zum Teil außerhalb dieses Gebiets stattfinden. Ausgehend vom Bruttoinlandsprodukt werden zu Ermittlung des Bruttosozialprodukts die Faktoreinkommen an das Ausland abgezogen und die Faktoreinkommen vom Ausland dazugezählt. (Wie bereits an anderen Stellen erläutert wurde, wird seit der Einführung des ESVG 95 nicht mehr der Begriff „Bruttosozialprodukt zu Marktpreisen" verwendet, sondern „Bruttonationaleinkommen". Für die folgende Analyse wird das Sozialprodukt als Begriff beibehalten, da die ganze Diskussion zum Wohlstandsindikatorproblem mit dem Begriff „Sozialprodukt" geführt wurde.)

Die obigen Definitionen machen deutlich, daß die bewertete Quantität beim Inlandsprodukt bzw. Sozialprodukt entscheidend ist. Über die Qualität der erzeugten Güter wird nichts ausgesagt.
Allerdings sind steigende Güterpreise auch zum Teil durch die verbesserte Qualität der Güter bedingt. Dies bedeutet, daß ein Teil der nominalen Inlandsprodukts- bzw. Sozialproduktssteigerungen auch auf Qualitätsverbesserungen der Güter zurückzuführen ist.[1]
Aus den obigen Definitionen ist außerdem erkennbar, daß diese beiden Globalgrößen sehr stark an der Produktion der Unternehmen (Marktaktivität) und der Leistungserstellung des Staates (Nichtmarktaktivität) orientiert sind.
Die **Produktion in den privaten Haushalten**, die von Mitgliedern eines privaten Haushalts im eigenen Haushalt durchgeführt wird, erfaßt das Inlandsprodukt nicht, auch nicht nach der Revision (ESVG 95). Die Produktion wird nur dann erfaßt, wenn sie von Hausangestellten ausgeübt wird oder aber dann, wenn sie aus dem Haushalt in ein Unternehmen verlagert wird.[2]
Das Inlandsprodukt wird daher zu niedrig ausgewiesen. Lassen die Hausfrauen ihre Arbeit im Haushalt unerledigt liegen und gehen zur Arbeit in ein Unternehmen, zum Staat oder in einen anderen privaten Haushalt, so steigt zwar das Inlandsprodukt, aber die Lebensqualität der Haushaltsmitglieder im eigenen Haushalt sinkt.

---

[1] Vgl. S. 150
[2] Vgl. S. 52 ff.

Die Einbeziehung der **Hausfrauenarbeit** in das Inlandsprodukt ist bisher wegen statistischer Schwierigkeiten nicht erfolgt. Das Argument allerdings, es handle sich bei der Hausfrauenarbeit um eine Aktivität, die keinen Marktpreis habe (Nichtmarktaktivität) und könne daher auch nicht vom Inlandsprodukt erfaßt werden, ist nicht ganz stichhaltig: Das Inlandsprodukt enthält in großem Umfange Werte für Nichtmarktaktivitäten, so z. B. den Wert für unentgeltliche Dienstleistungen des Staates. Man könnte sich daher bei den privaten Haushalte mit Schätzwerten behelfen.

Eine Erfassung und Bewertung der Leistungen in den privaten Haushalten durch die Haushaltsmitglieder kann grundsätzlich nach einem output-orientierten oder einem input-orientierten Ansatz vorgenommen werden.

Geht man vom output-orientierten Ansatz aus, so ergibt sich der Bruttoproduktionswert durch die Bewertung der Leistungen mit den Marktpreisen vergleichbarer Güter, so wird beispielsweise der Wert des im eigenen Haushalt erstellten Mittagessens mit dem Restaurantpreis eines vergleichbaren Essens bewertet.

Der input-orientierte Ansatz kann entweder nach dem Opportunitätskostenansatz (Welches Einkommen entgeht dem Haushaltsmitglied dadurch, daß es im eigenen Haushalt arbeitet und nicht woanders?) oder über die Kosten einer entsprechenden Fachkraft berechnet werden. Dieser input-orientierte Ansatz ist im Prinzip nichts Außergewöhnliches, denn die staatliche Leistung (als Nichtmarktaktivität) wird so ermittelt.

Das Institut für Sozial- und Familienpolitik der Philipps-Universität in Marburg hat für 1982 eine quantitative Untersuchung nach der zuletzt beschriebenen Methode durchgeführt und dabei festgestellt, daß für 1982 die Leistungen in den privaten Haushalten in Westdeutschland bei ca. 800 Mrd. DM lagen, was etwa 50 % des damaligen Bruttosozialprodukts entsprach.[1]

Das Inlands- und Sozialprodukt wird damit zu niedrig ausgewiesen.

Auf der anderen Seite wird es zu hoch ausgewiesen, wenn man die Tatsache berücksichtigt, daß durch die staatliche Förderung des Bildungssektors **Doppelzählungen** entstehen, weshalb das Inlandsprodukt korrigiert werden müßte: Die staatlichen Ausgaben für **Bildung** sind ja für die privaten Haushalte nichts anderes für sie als unentgeltliche Vorleistungen zur Steigerung der Produktivität ihrer Arbeitskraft und damit ihres Einkommens, aber sowohl die Staatsausgaben für Bildung als auch die Einkommenserhöhungen gehen in das Inlandsprodukt ein.

Das ESVG 95 bringt immerhin den Versuch, die staatlichen Leistungen für private Haushalte, den privaten Haushalten zuzurechnen, indem es den Begriff „Individualkonsum" bildet, was aber nur eine interne Verschiebung der Ausgaben zwischen privaten Haushalten um dem Staat bedeutet.

Ein weiterer Mangel des Inlandsprodukts besteht darin, daß nur Teile der Endnachfrage der privaten Haushalte erfaßt werden. Die privaten Haushalte fragen nicht nur produzierte Güter nach, sondern auch das Gut „**Freizeit**". Es besteht grundsätzlich eine Wahlmöglichkeit zwischen Arbeit und Freizeit.

Ein Beispiel mag die Effekte erläutern: Leistet ein Arbeiter eine Stunde Mehrarbeit, die er verkauft, steigt die Produktion und damit das Inlandsprodukt. Nimmt er jedoch eine Arbeitszeitverkürzung von einer Stunde in Anspruch, so sinkt (bei gleicher Produktivität) das Inlandsprodukt. Die Stunde zusätzlicher Freizeit bedeutet aber eine höhere

---

[1] vgl. Krüsselberg, H.-G./Auge, M./Hilzenberger, M.: Die (schattenwirtschaftliche) Wertschöpfung der Hausarbeit, in: Jahrbücher für Nationalökonomie und Statistik 201 (1986), Heft 2, S. 107-130

Lebensqualität für den Arbeiter, während die Stunde Mehrarbeit eine Abnahme seiner Lebensqualität (bei steigendem Inlandsprodukt) gleichkommt.[1]

Mit dem Wachstum des Inlandsprodukts nimmt auch die **Umweltbelastung** zu: Auf der einen Seite wird der Produktionsfaktor „Natur" (wie der Urwald) verbraucht und auf der anderen Seite ergeben sich durch den Output der Wirtschaftseinheiten starke Belastungen der Umwelt.

Wird das Gut „Natur" als ein freies Gut angesehen, so werden insbesondere die Kosten des Outputs durch Umweltverschmutzung nicht internalisiert, d.h. nicht von den Verursachern übernommen, sondern der Allgemeinheit angelastet, die sie als Sozialkosten (social costs) übernehmen muß. Muß der Verursacher selbst diese Kosten direkt übernehmen, so steigt das Inlandsprodukt langsamer. Die Investitionen für den Umweltschutz, beispielsweise zur Reduzierung der Luft- oder Wasserverschmutzung, bedeuten zwar auch eine Erhöhung des Inlandsprodukts, dafür können aber keine anderen Investitionen vorgenommen werden, um Kapazitäten zu erweitern und Endprodukte zu erzeugen. Insofern wird eine weitere Expansion des Inlandsprodukts dadurch gebremst und zugleich die Lebensqualität erhöht.

Ein starkes Wachstum des Inlandsprodukts ist außerdem mit der Konzentration der Produktion in bestimmten Städten und Regionen verbunden, was zunehmend zu Unannehmlichkeiten führt. Zwar steigen gleichzeitig die Einkommen der in der Stadt Beschäftigten gegenüber den auf dem Lande Tätigen an, doch für die Erhöhung des Inlandsprodukts bedeutet das nichts anderes als eine Entschädigung für die Nachteile, die diese Konzentration mit sich bringt. Lange Anfahrtszeiten mit den damit verbundenen Fahrzeugstaus kürzen die Freizeit der Beschäftigten und mindern damit ihre Lebensqualität bei gestiegenem Sozialprodukt.

Eine weitere Problematik liegt in der Einbeziehung der **Ausgaben des Staates für innere und äußere Sicherheit** in das Inlandsprodukt. Eine Erhöhung dieser Ausgaben bringt nicht immer eine qualitative Verbesserung für andere Wirtschaftseinheiten. So bedeutet beispielsweise eine Erhöhung der Verteidigungsausgaben keine Verbesserung der Lebensqualität (unabhängig von der politischen Frage der Notwendigkeit), denn die privaten Haushalte und die Unternehmen müssen diese Ausgaben über Steuern und Abgaben finanzieren. Eine Steuererhöhung führt jedoch zu einer Verminderung des verfügbaren Einkommens und damit der Lebensqualität. Natürlich entstehen durch die Erhöhung der Verteidigungsausgaben wiederum neue Einkommen, die privaten Wirtschaftseinheiten zugute kommen, doch hätten diese Einkommen auch durch Investitionen des Staates entstehen können, die die Lebensqualität heben, z. B. in Form der Verbesserung der Infrastruktur im weitesten Sinne (Schulen, Straßen, Krankenhäuser). Diese Kritik am Sozialprodukt führte zu dem Versuch von W. Nordhaus und J. Tobin, ein „Measure of Economic Welfare (MEW)", d. h. einen Wohlfahrtsmaßstab zu entwickeln, wobei die bereits erwähnten Mängel, aber auch andere Größen wie Bevölkerungsentwicklung und begrenzte Ressourcen (wie Öl und Kohle) berücksichtigt wurden.

P. A. Samuelson hat die Idee von Nordhaus und Tobin aufgegriffen und diese Globalgrößen in Analogie zu den Inlands- bzw. Sozialproduktgrößen „Net Economic Welfare (NEW)", d.h. „Gesamtwirtschaftlicher Nettonutzen (GNN)" genannt.

Bei der **Berechnung dieses Gesamtwirtschaftlichen Nettonutzens** geht man vom Bruttoinlandsprodukt zu Marktpreisen aus und **subtrahiert** Werte für

---

[1] Dies gilt nur dann, wenn er trotz gesunkener Entlohnung seinen Lebensstandard halten kann, denn die Stunde Mehrproduktion bedeutet zugleich ein Mehreinkommen für den Arbeiter.

- die Unannehmlichkeiten des Stadtlebens,
- die Umweltverschmutzung,
- die Verteidigung (insbesondere auch Kriegskosten) und
- sonstige Doppelzählungen.

Zu diesem Wert werden **addiert:** Werte für
- Freizeit und für
- Hausfrauenarbeit.

Nach der Korrektur des Inlandsprodukts ergeben sich natürlich unterschiedliche zeitliche Entwicklungen des Inlandsprodukts und des Gesamtwirtschaftlichen Nutzens.
P. A. Samuelson hat den von W. Nordhaus und J. Tobin ermittelten Vergleich für die amerikanische Volkswirtschaft dieser beiden Globalgrößen für die Zeit von 1929-1965 fortgeführt.
Die Kluft zwischen den beiden Größen stieg dauernd an: Das Inlandsprodukt stieg stärker als der Gesamtwirtschaftliche Nettonutzen. Die Lebensqualität nahm nicht in gleichem Maße wie das Inlandsprodukt zu. Dies bedeutet aber auch eine Wahlmöglichkeit zwischen einer quantitativen Erhöhung der Produktion und damit des Inlandsprodukts und einer qualitativen Verbesserung der Lebensbedingungen: Es besteht die Möglichkeit, auf ein reines Mengenwachstum zugunsten einer höheren Lebensqualität zu verzichten.

Das Statistische Bundesamt hat bisher im Rahmen der Volkswirtschaftlichen Gesamtrechnungen darauf verzichtet, ein korrigiertes Inlandsprodukt zu publizieren. Es hat sich allerdings seit Anfang der 90er Jahre bemüht, mit einer dieser oben erwähnten Korrekturgrößen intensiv zu beschäftigen, und zwar mit dem Faktor „Umwelt". Es hat 1996 **„Umweltökonomische Gesamtrechnungen (UGR)"** als ein Satellitensystem zu den Volkswirtschaftlichen Gesamtrechnungen vorgelegt.[1]
„Die Umweltökonomischen Gesamtrechnungen sollen statistisch zeigen, welche natürlichen Ressourcen durch Aktivitäten (Produktion/Konsum) einer Periode beansprucht, verbraucht, entwertet oder zerstört werden; Ausgangspunkt ist der in der Wirtschaftsstatistik abgebildete Prozeß ökonomischer Wertschöpfung."[2]
Hier zeigt sich allerdings bereits die Verknüpfung mit den Volkswirtschaftlichen Gesamtrechnungen.
Ausgehend von diesen ökonomischen Strömen und Beständen sollen Umweltbelastung, Umweltzustand und Umweltschutzmaßnahmen dargestellt werden.
Allerdings sollen diese Umweltökonomischen Gesamtrechnungen nicht in die Volkswirtschaftlichen Gesamtrechnungen vollständig integriert, sondern entsprechend dem von den Vereinten Nationen entwickelten „System of Integrated Environment and Economic Accounting (SEEA)" als Satellitensystem installiert werden.[3]

---

[1] Vgl. Statistisches Bundesamt: Pressemappe zur Pressekonferenz „Umweltökonomische Trends" am 13.6.1996
[2] Statistisches Bundesamt: Umweltökonomische Gesamtrechnungen (UGR), Kurzinformation über die Methode, Wiesbaden 13.06.1996
[3] Vgl. United Nations Department of Economic and Social Development, Statistical Division: Handbook of National Accounting: Integrated Environmental and Economic Accounting, Interim version, Studies in Methods, Series F, No. 61, New York 1993; vgl. außerdem: Stahmer, C.: Integrierte Volkswirtschaftliche und Umweltgesamtrechnung, in: WiSta 9/1992, S. 577 ff. und Hamer, G./Stahmer, C.: Integrierte Volkswirtschaftliche und Umweltgesamtrechnung, in: Zeitschrift für Umweltpolitik und Umweltrecht, Heft 1/1992, S. 85 ff. und Heft 2/1992, S. 237 ff.

Kontrollfragen zu Kapitel 7

1. Wie werden die ökonomischen Aktivitäten innerhalb der privaten Haushalte (im engeren Sinne) beim Inlandsprodukt erfaßt?
2. Welche unterschiedlichen Bewertungsansätze gibt es bei der Ermittlung der Leistungen innerhalb der privaten Haushalte (im engeren Sinne)?
3. Stimmt das Argument, daß Investitionen im Bereich des Umweltschutzes auf das Inlandsprodukt in gleicher Weise wirken wie sonstige Investitionen?
4. Inwiefern sind im Inlandsprodukt Doppelzählungen im Bildungsbereich enthalten?
5. Zählen Sie die Werte auf, die vom Inlandsprodukt abgezogen und ihm hinzugefügt werden müssen, um zum „Net Economic Welfare" zu kommen!
6. Wie drücken sich die Unannehmlichkeiten des Stadtlebens ökonomisch aus?
7. Warum kann eine Senkung der Verteidigungsausgaben zu einer Wohlfahrtssteigerung in einer Volkswirtschaft führen („Friedensdividende")?

Literaturhinweise zu Kapitel 7

Hamer, G./Stahmer, C.	Integrierte Volkswirtschaftliche und Umweltgesamtrechnung, in: Zeitschrift für Umweltpolitik und Umweltrecht, Heft 1/1992, S. 85 ff. und Heft 2/1992, S. 237 ff.
Nordhaus, W./Tobin, J.	Is Growth Obsolete? in: National Bureau of Economic Research (Hg.): Economic Growth, Fiftieth Anniversary Colloquium V, General Series 96, New York 1972
Ollmann, P.	Marktprodukt, Sozialprodukt, Wohlfahrtsprodukt, - Perspektiven einer Revision der Volkswirtschaftlichen Gesamtrechnungen -, Berlin 1977
Samuelson, P. A.	Volkswirtschaftslehre, Bd. 1, 7. Auflage, Köln 1981

8. ZAHLUNGSBILANZ

8.1 Definition

Bei der Zahlungsbilanz handelt es sich um die „**Aufzeichnung aller wirtschaftlichen Transaktionen zwischen In- und Ausland**" (IWF-Definition).
Da sich die Aufzeichnungen auf die Vergangenheit beziehen, liegt eine ex post-Rechnung vor.
Der Ausdruck „Bilanz" ist etwas irreführend und suggeriert, daß es sich um eine Bestandsrechnung zu einem bestimmten Zeitpunkt wie bei einer Vermögensbilanz handeln würde. Dies ist nicht der Fall: Die Zahlungsbilanz umfaßt nur **Bestandsänderungen und Ströme während einer bestimmten Periode**.
Was die obige Definition der Zahlungsbilanz betrifft, so enthält auch sie mindestens zwei Probleme:
Erstens ist es leider in der Realität nicht möglich, **alle** Transaktionen zwischen In- und Ausland statistisch zu erfassen und zweitens erfaßt die Zahlungsbilanz auch Transaktionen **innerhalb des Inlandes**, wenn beispielsweise eine Geschäftsbank Devisen an die Deutsche Bundesbank verkauft.

8.2 Die Grundstruktur der Zahlungsbilanz

Zur Erläuterung der Grundstruktur der Zahlungsbilanz kann vom **Auslandskonto** (Konto 4.16) ausgegangen werden, das ja die Transaktionen zwischen dem Inland und der übrigen Welt erfaßt.[1] Das Auslandskonto stellt damit die Zahlungsbilanz eines Landes dar. Allerdings müssen einzelne Posten des Kontos separat einander gegenübergestellt und eventuell weiter aufgegliedert werden, um einen Zusammenhang zum Zahlungsbilanzschema der Deutschen Bundesbank zu bekommen.
Während die Bundesbank zur Darstellung der Zahlungsbilanz die Staffelform wählt, sollen die einzelnen **Teilbilanzen** in Form von T-Konten hier gezeigt werden.

Der **erste Teil der Zahlungsbilanz** wird als **Leistungsbilanz** bezeichnet.
Sie umfaßt die Positionen 1 bis 3 des Auslandskontos.
Stellt man die ersten beiden Positionen des Auslandskontos gegenüber, so erhält man die **Handelsbilanz**.

Konto 8.01:   Handelsbilanz

Warenexporte	1. Warenimporte
	2. Saldo

Die Handelsbilanz erfaßt den **Warenhandel** zwischen In- und Ausland.

---

[1] Vgl. S. 70 ff. Es muß darauf hingewiesen werden, daß die publizierten Zahlen der VGR immer noch nicht mit den Zahlungsbilanzzahlen übereinstimmen, da von unterschiedlichen Statistiken ausgegangen wird. Ein Versuch, die Zahlen anzugleichen, stellt die neue Systematik der Zahlungsbilanz dar. (vgl. „Änderungen in der Systematik der Zahlungsbilanz", in: MB 3/95, S. 33 ff. und „Die deutsche Zahlungsbilanz im Jahre 1998, in: MB 3/99, S. 45 ff.)

Es handelt sich dabei um alle Transaktionen, bei denen der Produktions- oder Warenverkehr dominiert, insbesondere auch um die Lohnveredelung (mit dem ganzen Warenwert) sowie um bestimmte Reparaturarbeiten und Lieferungen von Schiffs- und Flugzeugbedarf. Allerdings wird der Transithandel nicht in der Handelsbilanz, sondern in der Dienstleistungsbilanz erfaßt.

Ergibt sich ein Saldo auf der rechten (linken) Seite der Handelsbilanz, so spricht man von einer positiven (negativen) oder von einer aktiven (passiven) Handelsbilanz.

Die Positionen Nr. 2 des Auslandskontos werden in der **Dienstleistungsbilanz** einander gegenübergestellt.

Konto 8.02: Dienstleistungsbilanz

1. Einnahmen für Dienstleistungen	Ausgaben für Dienstleistungen
2. Saldo	

Zu den in dieser Teilbilanz verbuchten wirtschaftlichen Transaktionen gehören die Einnahmen und Ausgaben der Auslandstouristen, die Einnahmen und Ausgaben für Transportleistungen, Lizenzen, Patente, Filme und Leistungen für die in Deutschland stationierten alliierten Truppen sowie die Wertschöpfung der Versicherungen.

Die Dienstleistungsbilanz kann wie die Handelsbilanz einen positiven oder negativen Saldo aufweisen.

Die Positionen Nr. 3 des Auslandskontos werden zur Bilanz der (grenzüberschreitenden) **Erwerbs- und Vermögenseinkommen** zusammengefaßt. In dieser Bilanz werden die Faktoreinkommen an das Ausland und vom Ausland verbucht. Es handelt sich dabei vor allem um Kapitalerträge (Gewinne und Zinsen) und Einkommen aus unselbständiger Arbeit.

Konto 8.03: Bilanz der Erwerbs- und Vermögenseinkommen

1. Faktoreinkommen vom Ausland	Faktoreinkommen an das Ausland
2. Saldo	

Beim Konto 8.03 wurde von einer negativen Teilbilanz ausgegangen

Die **Bilanz der laufenden Übertragungen** ergibt sich aus der Gegenüberstellung der Positionen Nr. 4 des Auslandskontos. Sie enthält die (oft fiktiven) Gegenbuchungen zu allen Güter- und Forderungsbewegungen zwischen In- und Ausland ohne direkte ökonomische Gegenleistung: Entwicklungshilfe[1], Gastarbeiterüberweisungen, Beiträge zu internationalen Organisationen einschließlich EU, Militärhilfen und

---

[1] Durch die Revision 1998 werden Teile davon als Vermögensübertragungen betrachtet. Sie werden auf der Bilanz der Vermögensübertragungen verbucht. (Vgl. MB 3/99, S. 51)

Versicherungstransaktionen (Nettoprämien, Entschädigungszahlungen und Rückvergütungen **ohne** Zahlungen im Zusammenhang mit Lebensversicherungen). Die Übertragungsbilanz enthält nur die **laufenden** Übertragungen und nicht die Vermögensübertragungen.

Konto 8.04: Bilanz der laufenden Übertragungen

1. empfangene laufende Übertragungen (fremde Leistungen)	geleistete laufende Übertragungen (eigene Leistungen)
2. Saldo	

Auch diese Bilanz schließt in der Regel mit einem Saldo ab.

Eine Zusammenfassung der Teilbilanzen, ergibt folgendes:

1. Die Zusammenfassung der Handelsbilanz und der Dienstleistungsbilanz führt zur **Leistungsbilanz im engsten Sinne.** Der Saldo dieser Bilanz ergibt den **Außenbeitrag zum Bruttoinlandsprodukt** oder den **Saldo der Leistungsbilanz im engsten Sinne.**
2. Die Zusammenfassung der Handelsbilanz, der Dienstleistungsbilanz und der Bilanz der Erwerbs- und Vermögenseinkommen ergibt die **Leistungsbilanz im engeren Sinne**. Der
Saldo wird als Saldo der Leistungsbilanz im engeren Sinne oder **Außenbeitrag zum Bruttosozialprodukt (erweiterter Außenbeitrag)** bezeichnet.
3. Faßt man schließlich die Handelsbilanz, die Dienstleistungsbilanz, die Bilanz der Erwerbs- und Vermögenseinkommen und die Bilanz der laufenden Übertragungen zusammen, so erhält man die **Leistungsbilanz im weiteren Sinne.** Der Saldo wird als der **Saldo der Leistungsbilanz im weiteren Sinne** oder einfach **Leistungsbilanzsaldo** bezeichnet.

Die Vermögensübertragungen vom und an das Ausland (Positionen Nr. 4 des Auslandskontos) sind nicht mehr Teil der Leistungsbilanz, da in der Leistungsbilanz (nach der neuen Systematik) vor allem jene Transfers berücksichtigt werden sollen, die Einfluß auf Einkommen und Verbrauch haben. Dies soll bei Vermögensübertragungen nicht der Fall sein.
Aus diesem Grunde wurde ein eigener **zweiter Teil der Zahlungsbilanz** eingerichtet, der nur die **Bilanz der Vermögensübertragungen** enthält:

Konto 8.05: Bilanz der Vermögensübertragungen

empfangenen Vermögensübertragungen (fremde Leistungen)	1. geleistete Vermögensübertragungen (eigene Leistungen)
	2. Saldo

Beim Konto 8.05 wurde von einer positiven Teilbilanz ausgegangen, da die empfangenen Vermögensübertragungen größer waren als die geleisteten.

Als Vermögensübertragungen werden hier Erbschaften, Schuldenerlasse (beispielsweise an Entwicklungsländer), Schenkungen, Erbschafts- und Schenkungssteuern, bestimmte Investitionszuschüsse, Vermögensmitnahmen von Aus- bzw. Einwanderern erfaßt. Es werden aber auch bestimmte Zahlungen der EU für Infrastrukturmaßnahmen hier verbucht und nicht über die Bilanz der laufenden Übertragungen.

Faßt man den Saldo der Leistungsbilanz (erster Teil der Zahlungsbilanz) und den Saldo der Bilanz der Vermögensübertragungen (zweiter Teil) zusammen, dann erhält man den **Finanzierungssaldo eines Landes. Dies ist zugleich die Änderung der Nettoauslandsposition eines Landes.**

Der **dritte Teil der Zahlungsbilanz** wird unter der Bezeichnung **Kapitalbilanz** zusammengefaßt. Die Kapitalbilanz ist ein Teil der Positionen Nr. 5 des Auslandskontos. Da der Kapitalverkehr zwischen In- und Ausland durch die starke internationale Kapitalverflechtung einen immer wichtigeren Aspekt der Zahlungsbilanz betrifft, wurde bei der neuen Systematik eine sehr differenzierte Gliederung des Kapitalverkehrs vorgenommen, wobei die Teilung in kurz- und langfristige Anlagen nicht mehr dominierte, sondern die Anlageformen, weshalb die Kapitalbilanz wie folgt gegegliedert wurde:

- Direktinvestitionen
- Wertpapiere
- Finanzderivate
- Kreditverkehr
- Sonstige Kapitalanlagen

Es muß an dieser Stelle nochmals darauf hingewiesen werden, daß es sich jeweils **nicht um Bestände**, sondern nur um **Bestandsänderungen** handelt.
Für die obigen Anlageformen sehen die einzelnen Bilanzen wie folgt aus:

Die **Bilanz der Direktinvestitionen** ergibt sich aus der Gegenüberstellung der deutschen Anlagen im Ausland und der ausländischen Anlagen im Inland, wobei es sich bei den deutschen Anlagen um eine Änderung der Forderungen an das Ausland (Pos. 5 rechte Seite des Auslandskontos) und bei den ausländischen Anlagen um eine Änderung der Verbindlichkeiten gegenüber dem Ausland (Pos. 5 linke Seite des Auslandskontos) handelt. In dieser Bilanz werden die Beteiligungen (in Form von Aktien aber auch in anderen Beteiligungsformen) sowie langfristige Darlehen, kurzfristige Finanzbeziehungen verbundener Unternehmen aber auch der grenzüberschreitende Erwerb von Immobilien erfaßt. Die Grundidee ist es, die ökonomischen Aktivitäten zusammenzufassen, die sich durch ein besonderes unternehmerisches Engagement auszeichnen.
Der Saldo der Bilanz wird negativ dargestellt. Es wird angenommen, daß die ausländischen Direktinvestitionen im Inland kleiner sind als die deutschen Direktinvestitionen im Ausland. Es ist (langfristiges) Kapital ins Ausland abgeflossen.

Konto 8.06: Bilanz der Direktinvestitionen

1. Ausländische Direktinvestitionen im Inland (Zunahme: + Abnahme: -)	Deutsche Direktinvestitionen im Ausland (Zunahme: + Abnahme: -)
2. Saldo	

In analoger Weise kann eine **Wertpapierbilanz** erstellt werden:

Konto 8.07: Wertpapierbilanz

1. Ausländische Anlagen im Inland (Zunahme: + Abnahme: -)	Deutsche Anlagen im Ausland (Zunahme: + Abnahme: -)
2. Saldo	

Auch diese Bilanz wurde mit einem negativen Saldo dargestellt, d. h. die deutschen Anlagen im Ausland überwogen die ausländischen Anlagen in Form von Wertpapieren im Inland. Auch hier ist mehr Kapital ins Ausland abgeflossen als vom Ausland zugeflossen. Diese Bilanz erfaßt insbesondere den Kauf von ausländischen Anleihen, Anteile von Geldmarktpapiere, Investmentfondszertifikate, Bankschuldverschreibungen, ausländische Commercial Papers.

Die bisher unter der Wertpapierbilanz erfaßten Finanzderivate werden ab der Revision für 1998 in einer gesonderten **Bilanz der Finanzderivate** zusammengefaßt.[1]
(Auf eine gesonderte Darstellung der Bilanz soll verzichtet werden.)

Die Bilanz des **Kreditverkehrs** als weitere Bilanz des dritten Teils der Zahlungsbilanz wird nach der neuen Systematik weiter nach Institutionen aufgeteilt, und zwar nach Unterbilanzen der

- Kreditinstitute,
- Unternehmen und Privatpersonen,
- des Staates und
- der Bundebank.

Bei diesen Unterbilanzen wird nun auch in kurzfristige und langfristige Kreditbeziehungen unterschieden.
An dieser Stelle soll aber auf eine derartige detaillierte Gliederung verzichtet und nur die **Bilanz des Kreditverkehrs insgesamt** gezeigt werden.

---

[1] Vgl. MB 3/99, S. 57

Konto 8.08: Bilanz des Kreditverkehrs

Änderung der Verbindlichkeiten gegenüber dem Ausland (Zunahme: + Abnahme: -)	1. Änderung der Forderungen des Inlands (Zunahme: + Abnahme: -
	2. Saldo

Die Bilanz wird hier als positiv bezeichnet, weil ein Nettomittelzufluß zu verzeichnen ist. Er kann allein dadurch entstehen, daß das Ausland bei deutschen Banken beispielsweise die Termineinlagen erhöht hat.

Die **Bilanz der Bundesbank als Unterbilanz des Kreditverkehrs** erfaßt alle Transaktionen die nicht die eigentlichen Währungsreserven betreffen. Dies bedeutet vor allen Dingen, daß hier die Änderungen der Forderungen und Verbindlichkeiten der Bundesbank gegenüber den Teilnehmerländern der Europäischen Währungsunion verbucht werden. Alle anderen Änderungen der Forderungen und Verbindlichkeiten gegenüber Ansässigen außerhalb der des Euro-Währungsgebiets werden von Bilanz der Währungsreserven erfaßt.

Als weitere Unterbilanz der Kapitalbilanz wird außerdem eine **Bilanz der sonstigen Kapitalanlagen** geführt, die alle bisherigen Anlagen (als Restbilanz) erfaßt.

Da es sich bei der Zahlungsbilanz um den Versuch handelt, die Transaktionen zwischen In- und Ausland **statistisch** zu erfassen, ergeben sich immer statistische Restposten. Aus diesem Grunde wurde als **vierter Teil der Zahlungsbilanz** eine **Bilanz der statistisch nicht aufgliederbaren Transaktionen (Restposten)** geschaffen:

Konto 8.09: Bilanz der statistisch nicht aufgliederbaren Transaktionen (Restposten)

Restposten	Saldo

Die Restposten ergeben sich allein schon aus der Tatsache, daß die Erfassung der Warenexporte und der Warenimporte über die Außenhandelsstatistik erfolgt, während die Änderungen der Kreditbeziehungen über Meldungen der Geschäftsbanken und der Nichtbanken ermittelt werden.

Seit Beginn des Europäischen Binnenmarktes (1.1.93) ergeben sich zusätzliche Probleme mit der Erfassung des innergemeinschaftlichen Handels (Intrahandelsstatistik) und des außergemeinschaftlichen Handels (Extrahandelsstatistik).[1]

Während die Erfassung des außergemeinschaftlichen Handels immer noch über die Statistik der zollamtlichen Abfertigung möglich ist, muß der innergemeinschaftliche Handel über monatliche Meldungen der Unternehmen erfolgen, wobei allerdings nur

---

[1] vgl. MB 6/93, S. 64 ff.

Unternehmen meldepflichtig sind, die Waren von über 200.000 DM jährlich aus anderen EG-Ländern importieren oder in diese Staaten exportieren.

Der **fünfte Teil der Zahlungsbilanz** betrifft nur die **Währungsreserven Bundesbank**. Diese Transaktionen werden in der **Bilanz der Währungsreserven der Bundesbank** erfaßt, die auch kurz als „**Devisenbilanz**" bezeichnet wird.

Es darf nochmals darauf hingewiesen werden, daß hier **nicht** der Bestand der Deutschen Bundesbank an Devisen erfaßt wird (Dieser Bestand ist der Bilanz der Bundesbank zum Jahresende zu entnehmen.), sondern die **Änderung der Devisenbestände**.

Hier werden allerdings nur noch die Änderungen der Goldbestände, der IWF-Position und der liquiden Fremdwährungsforderungen gegenüber Ansässigen außerhalb des Euro-Währungsgebiets erfaßt.[1]

Konto 8.10: Bilanz der Veränderung der Währungsreserven der Deutschen Bundesbank (Devisenbilanz)

1. Änderung der Verbindlichkeiten der Deutschen Bundesbank gegenüber Wirtschaftseinheiten Wirtschaftseinheiten außerhalb des Euro-Raums (Zunahme: + Abnahme: -)	Änderung der Forderungen der Deutschen Bundesbank gegenüber außerhalb des Euro-Raums (Zunahme: + Abnahme: -)
2. Saldo	

Die Änderung der Forderungen (netto) der Bundesbank gegenüber den Wirtschaftseinheiten außerhalb des Euro-Währungsgebiets war in der obigen Bilanz größer als die Änderung der Verbindlichkeiten (netto), damit hat sich der Devisenbestand der Bundesbank in der betrachteten Periode erhöht und somit ihre Nettoauslandsposition verbessert.

Werden nun alle Teilbilanzen der Zahlungsbilanz konsolidiert, so muß sich ein Saldo von Null ergeben. Die Zahlungsbilanz als Ganzes weist keinen Saldo auf. Man bezeichnet dies auch als **formalen Zahlungsbilanzausgleich**. Es ist daher nicht ganz korrekt, von einer positiven oder negativen oder von einer aktiven und passiven Zahlungsbilanz zu sprechen. Meist ist damit die Leistungsbilanz gemeint.

Faßt man alle Teilbilanzen der Zahlungsbilanz bis auf die Devisenbilanz zusammen, so spricht man von einer **Gesamtbilanz**. Der Saldo dieser Gesamtbilanz entspricht genau dem Saldo der Devisenbilanz. Es genügt also, den Saldo der Devisenbilanz zu betrachten, um den Saldo der Gesamtbilanz zu kennen.

Um die innere Mechanik der Zahlungsbilanz deutlich zu machen, sollen Buchungsfälle behandelt werden.[2]

---

[1] Vgl. MB 3/99, S.57
[2] Es darf nochmals darauf hingewiesen werden, daß es sich im Prinzip um eine doppelte Verbuchung der Transaktionen handelt, allerdings nicht im Sinne einer ordnungsgemäßen Buchführung, sondern mit allen Fehlern, die bei einer statistischen Erfassung auftreten und ohne periodische Abgrenzung der Transaktionen.

Fall A: Es werden Waren im Wert von DM 5 Millionen in die USA exportiert. Dieser Vorgang wird in der Handelsbilanz auf der linken Seite als Warenexport erfaßt. Durch den Warenexport entsteht für den Exporteur eine Forderung an das Ausland (Devisenguthaben), das er gegen DM an die Geschäftsbank X verkauft, da er ja seine Mitarbeiter und Vorlieferanten in DM bezahlen muß.
Das entstandene Devisenguthaben wird in der Bilanz des Kreditverkehrs als eine Änderung der Forderungen des Inlandes auf der rechte Kontenseite verbucht. Die Zahlungsbilanzsumme (die bekanntlich Null ist) hat sich damit nicht verändert, da die 5 Millionen DM einmal auf der linken Seite der Handelsbilanz und einmal auf der rechten Seite der Bilanz des Kreditverkehrs auftauchen. Die Leistungsbilanz hat sich allerdings verbessert.

Fall B: Ein Inländer möchte in den USA Wertpapiere kaufen im Wert von 3 Millionen DM. Dazu benötigt er Devisenguthaben, das er von der Geschäftsbank X gegen DM erwirbt.
Damit nimmt in der Wertpapierbilanz die Position „Deutsche Anlagen im Ausland" auf der rechten Kontoseite um 3 Millionen DM zu und auf der Bilanz des Kreditverkehrs die Position „Änderung der Forderungen des Inlands" ebenfalls auf der rechten Kontenseite um den gleichen Betrag ab. Es handelt sich um einen reinen Passivtausch. Der Saldo der Zahlungsbilanz bleibt Null, aber die Salden der Teilbilanzen haben sich verändert.

Fall C: Die Geschäftsbank X möchte das restliche Devisenguthaben in den USA über 2 Millionen DM aus dem Fall A an die Deutsche Bundesbank verkaufen. Die Deutsche Bundesbank kann das zwar ablehnen, aber sie ist hier bereit, die Devisen gegen eine DM-Gutschrift auf dem Konto der Geschäftsbank X bei ihr zu verkaufen. Damit ändert sich die Bilanz des Kreditverkehrs: Sie nimmt auf der rechten Seite um 2 Millionen DM ab. Die Bilanz der Veränderung der Währungsreserven der Deutschen Bundesbank (Devisenbilanz) nimmt aber auf der rechten Kontenseite bei der Position „Änderung der Forderungen der Deutschen Bundesbank gegenüber Wirtschaftseinheiten außerhalb des Euro-Raumes" um 2 Millionen DM zu. Auch hier handelte es sich auch hier um einen reinen Passivtausch. Der Saldo der Zahlungsbilanz bleibt Null, aber die beiden anderen Teilbilanzen haben sich geändert. Außerdem hat sich in diesem Falle die Gesamtbilanz geändert.

Die Fälle B und C zeigen außerdem, daß in der Zahlungsbilanz, entgegen der Definition des IWF, nicht nur Vorgänge zwischen dem In- und Ausland, sondern auch Vorgänge innerhalb eines Landes betreffen, sofern sie mit der Außenwirtschaft zusammenhängen.

8.3 Zahlungsbilanz und außenwirtschaftliches Gleichgewicht

Die Überprüfung der Zielsetzung „außenwirtschaftliches Gleichgewicht" im Sinne des § 1 des Stabilitäts- und Wachstumsgesetzes wird meist mit Hilfe der Zahlungsbilanz vorgenommen.
Da die Zahlungsbilanz selbst formal immer ausgeglichen ist, konzentriert man sich auf unterschiedliche Teilbilanzen oder meist auf konsolidierte Teilbilanzen. Da es kein wissenschaftliches Kriterium gibt, wann denn ein **Zahlungsbilanzgleichgewicht** besteht, gibt es mehrere Konzepte, wann man von einem Zahlungsbilanzgleichgewicht sprechen kann und zwar, wenn

- der Außenbeitrag des Bruttoinlandsprodukts oder

- der Außenbeitrag des Bruttonationaleinkommens oder
- der Saldo der Leistungsbilanz oder
- der Saldo der Gesamtbilanz oder
- der Saldo der Devisenbilanz

gleich Null ist[1].
Daher ist es wichtig anzugeben, welcher der obigen Indikatoren für die Überprüfung des Zieles „außenwirtschaftliches Gleichgewicht" zugrundegelegt wird.
Dabei bleibt es sowieso problematisch, Teilbilanzen der Zahlungsbilanz zur Überprüfung einer Gleichgewichtssituation heranzuziehen. Man muß deshalb zwischen dem Zahlungsbilanzausgleich oder dem Ausgleich bestimmter Teilbilanzen und dem außenwirtschaftlichen Gleichgewicht unterscheiden.
Die Zahlungsbilanz ist eine ex post-Rechnung, die nicht erkennen läßt, ob ein außenwirtschaftliches Gleichgewicht herrscht. Man kann es nur vermuten, wenn sie bestimmte Werte anzeigt, denn in der Wirtschaftstheorie spricht man dann von einem **Gleichgewicht**, wenn die individuellen Wirtschaftspläne übereinstimmen, d.h., wenn es zu einem Ausgleich kommt und damit keine ungeplanten Größen auftreten. Den Zahlen der Zahlungsbilanz ist nicht anzusehen, welche Größen geplant und welche ungeplant waren.
Trotz dieser grundsätzlichen Bedenken gegen den Begriff „Gleichgewicht" hat der **Sachverständigenrat** zur Begutachtung der gesamtwirtschaftlichen Entwicklung für die Bundesrepublik Deutschland, basierend auf einem Vorschlag des IWF, ein **außenwirtschaftliches Gleichgewicht als einen Zustand definiert, bei dem die Währungsreserven der Volkswirtschaft unverändert bleiben, ohne daß Anpassungstransaktionen vorgenommen werden.**[2]
Eine Änderung der Währungsreserven ist aus dem Saldo der Gesamtbilanz zu erkennen, der ja zugleich der Saldo der Devisenbilanz ist. Damit bezieht sich die Aussage des Sachverständigenrats auf die Währungsreserven der Bundesbank. Der Sachverständigenrat hat sich damit am Gesamtbilanzkonzept orientiert. Dabei hat er zwischen den autonomen und den induzierten Transaktionen unterschieden. Während sich die autonomen Transaktionen aus den Aktivitäten der Wirtschaftssubjekte ergeben, die ohne Rücksicht auf die Zahlungsbilanzsituation nach eigener einzelwirtschaftlicher Zielsetzung vorgenommen werden, sind induzierte Investitionen Eingriffe der Währungsbehörde, um den Wechselkurs und damit die Zahlungsbilanzsituation eines Landes zu beeinflussen. Zur Beurteilung der Frage, ob derartige Interventionen vorgenommen wurden, müssen außer der Zahlungsbilanz noch weitere Informationen vorliegen. Die Bundesbank veröffentlichte in der Regel beispielsweise in ihren Geschäftsberichten die vorgenommenen Interventionen und bezeichnet sie als „Operationen am Devisenmarkt".[3]
Ein außenwirtschaftliches Gleichgewicht kann nach der Auffassung des Sachverständigenrates dann vorliegen, wenn keine induzierten Interventionen der Bundesbank erfolgen.
Diese Auffassung konzentriert sich bei den Interventionen sehr stark auf die Zentralbank, wobei die Währungskompetenzen in der Bundesrepublik Deutschland eigentlich bei der Bundesregierung (und seit 1.1.99 beim Europäischen Rat in der Zusammensetzung der

---

[1] Auf eine Darstellung des Grundbilanzkonzeptes, das eine Konsolidierung der Leistungsbilanz und der Bilanz des langfristigen Kapitalverkehrs vorsah, wurde wegen der neuen Systematik der Zahlungsbilanz verzichtet.
[2] Vgl. Jahresgutachten des Sachverständigenrates 1968, Ziff. 193
[3] Vgl. Deutsche Bundesbank: Geschäftsbericht 1993, S. 54 ff.

Wirtschafts- und Finanzminister) liegen.. Es wäre daher sinnvoll, dann ein außenwirtschaftliches Gleichgewicht zu vermuten, wenn die außenwirtschaftliche Situation der Bundesrepublik Deutschland zu keiner Intervention der Zentralbank und/oder der Bundesregierung Anlaß gibt.

8.4 Die Entwicklung der Zahlungsbilanz der Bundesrepublik Deutschland

Mit Abbildung 8.01 wird die zeitliche Entwicklung der Zahlungsbilanz der Bundesrepublik Deutschland in den letzten Jahren in **Staffelform** dargestellt.
Bei dieser Darstellung der Entwicklung, die dem Geschäftsbericht der Bundesbank zu entnehmen ist[1], werden sowohl Exporte als auch Importe zu fob-Werten angesetzt.[2]
Dagegen enthalten die von der Bundesbank für einzelne Monate veröffentlichten Zahlungsbilanzen die Exporte zu fob-Werten und die Importe zu cif-Werten, weshalb der Saldo der Dienstleistungsbilanz höher ist.
(Auf den Saldo der Leistungsbilanz hat diese Verschiebung keinen Einfluß, da ja beide Bilanzen bei der Ermittlung der Leistungsbilanz konsolidiert werden.)

Was die zeitliche Entwicklung der Salden einzelner **Teilbilanzen** betrifft, so ist festzustellen, daß sich die Situation ab 1991 für die Bundesrepublik bei allen Teilbilanzen völlig verändert hat:[3]
Noch 1990 gab es einen **Leistungsbilanzüberschuß** von ca. 75 Mrd. DM, während von 1991 bis 1995 ein jährliches Defizit von ca. 20-33 Mrd. DM zu verzeichnen war.[4]
Dies ist überwiegend im Zusammenhang mit der Wiedervereinigung zu sehen. Der größer gewordene nationale Markt führte zu einer Ausweitung des innerdeutschen Handels (vor allem für Unternehmen aus dem früheren Bundesgebiet) anstelle einer Ausweitung des Außenhandels. Daneben steigerte der Nachholbedarf der neuen Bundesländer den Import. In diese Phase fielen gleichzeitig ein Rückgang der Weltkonjunktur und zusätzlich Währungsturbulenzen im Europäischen Wechselkurssystem (EWS).
Seit 1996 normalisiert sich die Leistungsbilanzsituation. Die Leistungsbilnaz weist nur noch geringe Defizite auf, da der positive **Saldo der Handelsbilanz** immer weiter zunimmt und 1998 sogar 140,5 Mrd. DM betragen hat. Der größere Überschuß ist auf die leichte konjunkturelle Erholung (seit 1994) in Deutschland aber vor allem auf den gestiegenen Export zurückzuführen, sicher auch im Zusammenhang mit einer Abwertung der DM im Verhältnis zum US-Dollar. Zugleich nahmen die Importe (vor allem Rohstoffe und Vorprodukte) nicht in gleichem Maße zu.[5]
Ein weiterer Grund für die noch immer etwas defizitäre Leistungsbilanz liegt im zunehmenden Defizit der **Dienstleistungsbilanz** seit 1991, bedingt durch ein Defizit vor allem im Auslandsreiseverkehr überwiegend durch die Einwohner der neuen Bundesländer, die ihre neue Reisefreiheit in Anspruch nahmen, aber auch durch die anhaltende Auslandsreiselust der westdeutschen Bevölkerung. Hier scheint sich allerdings ein Defizit von ca. 50 Mrd. DM eingependelt zu haben. Außerdem wurde das Defizit in der

---

[1] Vgl. Deutschen Bundesbank: Geschäftsbericht 1998, S. 49 ff.
[2] fob = free on board = Wert der Waren an der Grenze des Lieferlandes einschließlich Verladungskosten
[3] Vgl. zu den folgenden Ausführungen "Die deutsche Zahlungsbilanz im Jahre 1998" in: MB 3/99, S. 45 ff.
[4] Vgl. Deutschen Bundesbank: Geschäftsbericht 1993, S. 46 ff.
[5] Allerdings sind die Zahlen ab 1993 nur bedingt mit den Zahlen der Vorjahre vergleichbar, da sich ab 1.1.93 die statistische Erfassung des innergemeinschaftlichen Handels geändert hat. Vgl. MB 6/93, S. 64 ff.

Dienstleistungsbilanz auch durch den starken Rückgang der Einnahmen aus der Stationierung fremder Truppen auf deutschem Gebiet wegen der Truppenreduzierung bestimmt.
Die **Bilanz der Erwerbs- und Vermögenseinkommen** zeigt für 1995 und 1996 noch einen kleinen Überschuß und ab 1997 ein Defizit. Dies ist überwiegend auf den Rückgang der Kapitalerträge (netto) zurückzuführen. Durch das ständige Leistungsbilanzdefizit seit 1991 ist das Netto-Auslandsvermögen der Bundesrepublik zurückgegangen. Damit reduzierten sich auch die Zinserträge aus dem Auslandsvermögen.
Zusätzlich ergaben sich laufend Defizite auch in der **Übertragungsbilanz**, nicht zuletzt durch den Nettobeitrag der Bundesrepublik für den EU-Haushalt (für 1998: 29,6 Mrd. DM). Daneben fallen die Heimatüberweisungen der Gastarbeiter ins Gewicht.
Die erste Teilbilanz der **Kapitalbilanz** ist die **Bilanz der Direktinvestitionen**. Sie zeigt, daß die deutschen Direktinvestitionen im Ausland (152,4 Mrd. DM im Jahre 1998) gegenüber den ausländischen Direktinvestitionen in Deutschland (35 Mrd. DM im Jahre 1998) erheblich überwogen. Die Gründe für die deutschen Investitionen liegen sicher in einer regionalen Diversifizierung der Produktionsstandorte, wobei die Investitionen in den EU-Ländern aber auch inzwischen in den mittel- und osteuropäischen Reformländern dominieren. Sicher spielt bei den niedrigen Investitionen in Deutschland die Standortproblematik (relativ hohes Lohn- und Steuerniveau) eine Rolle.
Die zweite Teilbilanz der Kapitalbilanz ist die **Bilanz der Wertpapiere**. Sie zeigt für die letzten Jahre sehr starke Schwankungen, die mit Portfolio-Umschichtungen zu tun haben. Das Jahr 1998 brachte eine Rekordanlage des Auslands am deutschen Renten- und Aktienmarkt von 255,5 Mrd. DM, wobei sich das Interesse der ausländischen Anleger sehr stark auf den Rentenmarkt konzentrierte. Vermutlich waren es Gelder, die im Gefolge der „Rußlandkrise" einen „sicheren Hafen" suchten. Andererseits waren die deutschen Wertpapieranlagen im Ausland im Jahre 1998 mit 246 Mrd. DM beinahe genauso hoch, was allerdings eher an der höheren Verzinsung im Ausland lag.
Die dritte Teilbilanz der Kapitalbilanz ist die **Bilanz des Kreditverkehrs**. Sie umfaßt die kurz- und langfristigen Finanzbeziehungen der Unternehmen und Privatpersonen, des Staates, der Bundesbank und der Geschäftsbanken.
Analysiert man die Salden der letzten Jahre, so ist festzustellen, daß auch hier der Mittelzufluß aus dem Ausland seit 1997 zugenommen hat, und zwar in Form von kurzfristigen Mitteln der Kreditinstitute.
Betrachtet man die Entwicklung der Zahlungsbilanz schließlich unter dem Aspekt des **Gesamtbilanzkonzepts**, so erkennt man am Saldo der **Devisenbilanz** (Saldo der Währungsreserven der Bundesbank), der ja der Zusammenfassung aller Teilbilanzen aber ohne die Devisenbilanz (Gesamtbilanz) entsprechen muß, daß 1996 und 1997 noch eine Zunahme und 1998 eine Abnahme von allerdings nur 7,2 Mrd. DM zu verzeichnen ist, so daß in den letzten Jahre aller Vermutung nach ein außenwirtschaftliches Gleichgewicht vorlag.

Abbildung 8.01: Zahlungsbilanz
(Mrd. DM)

Position	1995	1996	1997	1998
I. Leistungsbilanz	-27,2	-8,4	-2,4	-6,2
1. Warenhandel	93,2	107,4	125,1	140,5
Ausfuhr (fob) (1)	749,9	786,5	885,9	948,7
Einfuhr (fob) (1)	656,7	679,1	760,8	808,2
2. Dienstleistungen	-65,0	-66,2	-71,7	-77,3
darunter: Reiseverkehr	-49,0	-50,5	-51,7	-53,7
3. Erwerbs- und Vermögenseinkommen	0,3	1,7	-3,0	-16,1
darunter: Kapitalerträge	1,7	3,5	-1,3	-14,3
4. Laufende Übertragungen	-55,7	-51,3	-52,8	-53,3
darunter:				
Nettoleistung zum EG-Haushalt (2)	-29,3	-27,2	-28,1	-29,6
Sonstige laufende öffentliche Leistungen an das Ausland (netto)	-11,0	-8,1	-8,8	-7,8
II. Vermögensübertragungen	-3,8	-3,3	0,1	1,3
III. Kapitalbilanz (Nettokapitalexport: -)	63,3	23,3	-0,5	23,5
1. Direktinvestitionen	-38,8	-68,0	-53,2	-117,4
Deutsche Anlagen im Ausland	-56,0	-76,5	-69,9	-152,4
Ausländische Anlagen im Inland	17,2	8,5	16,7	35,0
2. Wertpapiere	49,6	96,1	4,4	9,5
Deutsche Anlagen im Ausland	-25,5	-46,0	-154,1	-246,0
darunter: Aktien	1,7	-21,9	-62,6	-108,5
Rentenwerte	-24,1	-20,6	-76,6	-109,2
Ausländische Anlagen im Inland	75,1	142,1	158,5	255,5
darunter: Aktien	-1,7	22,1	27,4	97,2
Rentenwerte	86,0	102,8	122,9	147,9
3. Finanzderivate	-1,0	-8,8	-15,1	-12,0
4. Kreditverkehr	58,7	8,0	68,5	151,0
Kreditinstitute	42,4	-5,0	63,9	140,8
darunter: kurzfristig	3,6	-28,2	67,8	144,1
Unternehmen und Privatpersonen	23,8	9,4	21,6	10,0
darunter: kurzfristig	25,8	10,5	23,1	-3,8
Staat	-4,2	4,9	-17,1	-3,2
darunter: kurzfristig	-4,1	4,0	-6,6	6,9
Bundesbank	-3,3	-1,3	0,1	3,4
5. Sonstige Kapitalanlagen	-5,2	-4,0	-5,1	-7,6
IV. Saldo der statistisch nicht aufgliederbaren Transaktionen (Restposten)	-22,1	-13,4	-3,5	-11,4
V. Veränderung der Währungsreserven zu Transaktionswerten (Zunahme: -) (3) (Summe I+II+III+IV)	10,2	-1,8	-6,3	7,2

(1) Spezialhandel nach der amtlichen Außenhandelsstatistik einschl. Ergänzungen; Einfuhr ohne Fracht- und Seetransportversicherungskosten, die in den Dienstleistungen enthalten sind.
(2) Ohne Erhebungskosten, EAGFL (Ausrichtungsfonds) und Regionalfonds.
(3) Ohne SZR-Zuteilung und bewertungsbedingte Veränderungen.
Die Ergebnisse sind durch Änderung in der Erfassung des Außenhandels mit größerer Unsicherheit behaftet.
Quelle: Geschäftsbericht 1998 der Deutschen Bundesbank, S. 57

Kontrollfragen zu Kapitel 8

1. Was versteht man unter einer Zahlungsbilanz?
2. Welcher Zusammenhang besteht zwischen dem Auslandskonto und der Zahlungsbilanz?
3. Welche Transaktionen werden in der Dienstleistungsbilanz erfaßt?
4. Wo werden die Überweisungen der Gastarbeiter in ihr Heimatland verbucht?
5. Wie sieht die Devisenbilanz aus (Zeichnung als Konto!), und welche Transaktionen werden in ihr verbucht?
6. Welche statistischen Erfassungsprobleme ergeben sich bei der Zahlungsbilanz?
7. Welche Teilbilanzen umfaßt die Leistungsbilanz?
8. Wie erhält man die Gesamtbilanz, und was sagt sie aus?
9. Was versteht man unter der Kapitalverkehrsbilanz?
10. Was versteht man unter einem "außenwirtschaftlichen Gleichgewicht", und mit welchen Teilbilanzsalden kann es gemessen werden?

Literaturhinweis zu Kapitel 8

Borchert, M.	Außenwirtschaftslehre, Theorie und Politik, 3. Auflage, Opladen 1987
Glastetter, W.	Außenwirtschaftspolitik, 2. Auflage, Köln 1979
Rose, K./Sauerheimer, K.	Theorie der Außenwirtschaft, 11. Auflage, München 1992
Stobbe, A.	Volkswirtschaftliches Rechnungswesen, 8. Auflage (Nachdruck), Berlin 1994

9. PREISE

Bei der Analyse der zeitlichen Entwicklung des Inlandsprodukts konnte bereits festgestellt werden, daß das Inlandsprodukt in jeweiligen Preisen, auch nominales Inlandsprodukt genannt, seit 1960 ständig gewachsen ist. Dabei ergab sich die Frage, inwieweit dieses Wachstum auf eine Mengen- und/oder auf eine Preisniveauänderung zurückzuführen ist. Um die Preiseffekte auszuschalten, wurde daher die Entwicklung des Inlandsprodukts zu konstanten Preisen, auch reales oder preisbereinigtes Inlandsprodukt genannt, im Zeitablauf beobachtet.

An dieser Stelle soll nun geklärt werden, wie das Preisniveau statistisch ermittelt werden kann, und wie mit ihm Preisbereinigungen durchzuführen sind.

Neben dieser Aufgabe im Rahmen der Volkswirtschaftlichen Gesamtrechnungen soll mit Hilfe von Preisindizes als gesamtwirtschaftliche Indikatoren festgestellt werden, inwieweit das makroökonomische Ziel „Preisniveaustabilität" erreicht wurde.[1]

9.1 Preisindizes

9.1.1 Einführung

Auf die einfache Frage: „Wie hoch ist das Preisniveau einer Volkswirtschaft gegenüber dem Vorjahr?" gibt es keine einfache Antwort, denn „das" Preisniveau gibt es nicht. Dies soll an einem historischen Beispiel demonstriert werden[2]:

Ende des Mittelalters stiegen aufgrund vermehrter Gold- und Silbereinfuhr von Amerika nach Europa die Güterpreise.

Der Italiener G. R. Carli versuchte 1764 die durchschnittliche Preisentwicklung von 1500 bis 1750 zu berechnen und wollte dies in einer einzigen Meßzahl ausdrücken.

Zu diesem Zweck wählte er die Preisentwicklung typischer italienischer Güter: Wein, Weizen und Olivenöl. Basisjahr (o) war das Jahr 1500 und Berichtsjahr (1) das Jahr 1750.

Er setzte die Preise des Berichtsjahres (1750) für Wein (P_1'), Weizen (P_1'') und Olivenöl (P_1''') in Bezug zu den Preisen des Basisjahres (1500) für Wein (P_o'), Weizen (P_o'') und Olivenöl (P_o'''). Er bildete daraus das einfache arithmetische Mittel:

$$\frac{1}{3}(\frac{P_1'}{P_o'} + \frac{P_1''}{P_o''} + \frac{P_1'''}{P_o'''}) = \frac{1}{3}\sum\frac{P_1}{P_o}$$

Carli hat damit in seinem Warenkorb drei Güter typische italienische Landesprodukte erfaßt. Er hat aber die unterschiedliche wirtschaftliche Bedeutung dieser Güter **nicht** berücksichtigt. Sie gingen alle in seinen Index mit dem gleichen Gewicht ein.

Es wäre erforderlich gewesen, sie nach den verbrauchten Mengen zu gewichten. Weiterhin ist daraus nicht erkennbar, welche Qualität von Olivenöl und welche Art er für die Preisentwicklung zugrunde gelegt hat.

---

[1] Vgl. zu den makroökonomischen Zielen: Peto, R.: Makroökonomik, S. 22 ff.
[2] Vgl. Kellerer, H.: Statistik im modernen Wirtschafts- und Sozialleben, Reinbeck bei Hamburg 1972, S. 78 f.

Außerdem wäre zu bedenken, ob auch das Basisjahr 1500 ein „normales" Jahr war. Ein Jahr mit außergewöhnlichen wirtschaftlichen und politischen Entwicklungen (Aufstände, Krisen) ist als Basisjahr ungeeignet.
Dieses historische Beispiel hat bereits einige Probleme der Preisniveauentwicklung und ihrer Messung deutlich gemacht.

9.1.2 Preisindizes nach Laspeyres und Paasche

Wie bereits ausgeführt, spielt die Gewichtung der Güter im Preisindex eine wichtige Rolle. Bei der **Art der Gewichtung** können zwei verschiedene Preisindizes unterschieden werden:
1. Man verwendet die Menge des Basisjahres als Gewichte. Dieser Index wird nach dem Statistiker E. Laspeyres der **Preisindex nach Laspeyres** genannt.

Formelmäßig ergibt sich:

$$P_L = \frac{\sum p_i \cdot q_o}{\sum p_o \cdot q_o} \cdot 100$$

(o = Basisjahr; i = Berichtsjahr; p = Preis; q = Menge)

2. Man verwendet als Gewichte die Mengen des Berichtsjahres.
Dies ist der **Preisindex nach Paasche**, genannt nach dem Statistiker H. Paasche.

Formelmäßig ergibt sich:

$$P_P = \frac{\sum p_i \cdot q_i}{\sum p_o \cdot q_i} \cdot 100$$

Der Vorteil des Laspeyres-Index' besteht darin, daß die Gütermengen als konstant angesehen werden und dadurch die Preiskomponente beim Zahlenvergleich deutlich wird. Die Konstanz der Zusammensetzung der Gütermengen mit Hilfe eines Warenkorbs des Basisjahres ist aber auch zugleich sein Nachteil: Je weiter Basisjahr und Berichtsjahr auseinander liegen, desto weniger stimmen die Güter und die Mengen, die im Berichtsjahr tatsächlich nachgefragt werden, mit der Nachfrage im Basisjahr überein. Es ist daher erforderlich, von Zeit zu Zeit ein neues Basisjahr einzuführen.
Die Problematik des Laspeyres-Index' besteht aber darin, daß er einen systematischen Fehler aufweist: Bei steigenden Preisen einzelner Güter geht die Nachfrage bei normalem Verhalten der Nachfrager zurück. Da die Mengen aber beim Laspeyres-Index konstant gehalten werden, überzeichnet der Index die inflationäre Entwicklung.
Andererseits wurde bereits in Kapitel 7 darauf hingewiesen, daß Preiseffekte auch auf eine Qualitätsverbesserung der Produkte zurückgeführt werden können. In diesem Falle kann nicht von Inflation gesprochen werden.[1]
Der Vorteil des Paasche-Index besteht eindeutig darin, daß der Warenkorb mit Gewichtung (Wägungsschema) der aktuellen Situation (Berichtsjahr) entspricht. Für jedes neue Jahr muß allerdings das Wägungsschema geändert werden, was auf Kosten der

---
[1] Vgl. dazu die neueste Untersuchung im Auftrag der Deutschen Bundesbank: Probleme der Inflationsmessung, in MB 5/98, S. 53 ff.

Vergleichbarkeit mit früheren Jahren geht. Nur ein Vergleich zwischen dem Basisjahr und dem Berichtsjahr ist unproblematisch. Der Paasche-Index weist aber durch die konstanten Mengen des Berichtsjahrs ebenfalls einen systematischen Fehler auf: Bei steigenden Preisen einzelner Güter geht die Nachfrage bei normalem Verhalten der Nachfrager zurück. Da die niedrigeren Mengen des Berichtsjahres verwendet werden, unterzeichnet der Index die inflationäre Entwicklung.

Ein Rechenbeispiel soll den Unterschied der beiden Indizes verdeutlichen[1]:

Tabelle 9.01:

| Gut | Preis je Einheit in der | | gekaufte Mengen im | | Preiszu- | Mengen- |
| | Basiszeit | Berichtszeit | Basisjahr | Berichtsjahr | nahme | änderung |
	p_0	p_i	q_0	q_i	in %	in %
A	4	6	5	4	+ 50	− 20
B	6	8	10	15	+ 33 1/3	+ 50
C	10	12	8	16	+ 20	+ 100

Dies bedeutet, daß die gekauften Mengen der Güter (B, C), deren Preise relativ weniger gestiegen sind (als von A), stärker zugenommen haben als die übrigen Güter. Der Paasche-Index wird daher niedriger ausfallen als der Laspeyres-Index:

$$P_L = \frac{6 \cdot 5 + 8 \cdot 10 + 12 \cdot 8}{4 \cdot 5 + 6 \cdot 10 + 10 \cdot 8} \cdot 100 = \frac{206}{160} \cdot 100 \approx 129$$

$$P_P = \frac{6 \cdot 4 + 8 \cdot 15 + 12 \cdot 16}{4 \cdot 4 + 6 \cdot 15 + 10 \cdot 16} \cdot 100 = \frac{336}{266} \cdot 100 \approx 126$$

9.1.3 Preisindizes des Statistischen Bundesamtes

Auf der Basis dieser beiden theoretischen Konzepte werden vom Statistischen Bundesamt unterschiedliche Preisindizes entwickelt. Die wichtigsten Preisindizes sollen kurz analysiert werden, und zwar zunächst die Preisindizes für die Lebenshaltung und danach der Preisindex für das Bruttoinlandsprodukt.

9.1.3.1 Preisindizes für die Lebenshaltung

9.1.3.1.1 Arten der Indizes

Ein Preisindex für die Lebenshaltung soll angeben, ob und um wieviel sich die Lebenshaltung für private Haushalte verteuert oder verbilligt hat.

---

[1] Vgl. Kellerer, H., a.a.O., S. 89

Das Statistische Bundesamt ermittelt einen **Preisindex für die Lebenshaltung aller privaten Haushalte**, der sehr umfassend ist und üblicherweise als **allgemeiner Inflationsindikator** dient.
Daneben hat das Statistische Bundesamt noch weitere Preisindizes für spezielle Haushaltstypen entwickelt.
Für die Abgrenzung der Typen sind die Einkommenshöhe, die Haushaltsgröße, die Art der Haushaltsmitglieder (Kinder und/oder Erwachsene) und die spezielle Nachfragestruktur nach der sozialen Schicht maßgebend.
Aufgrund dieser Kriterien hat das Statistische Bundesamt folgende drei spezielle Preisindizes der Lebenshaltung entwickelt[1], und zwar
- der Haushalte von Renten- und Sozialhilfeempfänger (geringes Einkommen),
- der Arbeiter- und Angestelltenhaushalte (mittleres Einkommen) und
- der Angestellten und Beamten (höheres Einkommen).

Anfang 1999 wurde das Basisjahr des Preisindex' für die Lebenshaltung neu aus das Jahr 1995 festgelegt, was insbesondere deshalb notwendig war, da dieser Preisindex nach Laspeyres berechnet wird. Die Neuberechnung und die Umbasierung bezogen sich sowohl auf das frühere Bundesgebiet als auch auf die neuen Bundesländer und auf den Preisindex für Deutschland insgesamt, obwohl sich die Preisentwicklungen in diesen beiden Gebieten inzwischen sehr stark angenähert haben.
Bei der Neubasierung wurde zunächst der **Warenkorb** geändert, da sich die Verbrauchergewohnheiten seit 1991 geändert haben.
Wichtigste Änderung des Warenkorbs ist die Berücksichtigung der Zuzahlungen im Gesundheitswesen.[2] Eine weitere Änderung gab es beim Wägungsschema durch die Harmonisierungsmaßnahmen der Verbraucherpreisindizes auf europäischer Ebene.
Die Vorgaben für den Harmonisierten Verbraucherpreisindex (HVPI), den das Statistische Bundesamt für die Preisentwicklung insbesondere in der Eurozone entwickelte, wurden auch beim Preisindex für die Lebenshaltung berücksichtigt.

Daneben wurde eine international vereinbarte Klassifikation für einen Verbraucherpreisindex verwendet, die als „Classification of Individual Consumption by Purpose" bezeichnet wird, und zwar in leicht veränderter Form wie Tabelle 9.02 zeigt.
Diese Tabelle zeigt außerdem die Gewichte der unterschiedlichen Gütergruppen im Jahre 1995 im Vergleich zu 1991.

Aus Tabelle 9.02 ist ein Rückgang des Anteils der Nahrungsmittel zu erkennen, so daß vermutet werden kann, daß das Gesetz von Ernst Engel (1857) immer noch gilt: Bei steigendem Einkommen nehmen die Ausgaben der privaten Haushalte für Nahrungsmittel verzögert zu. Ihr Anteil an den Haushaltsausgaben sinkt damit.

Auf der anderen Seite ist zu beobachten, daß das Gesetz von Heinrich Schwabe (1868) sich nicht zu bestätigen scheint: Mit steigendem Einkommen der privaten Haushalte nehmen die Ausgaben für Wohnungsnutzung zu, ihr Anteil an den Ausgaben sinkt jedoch.

---

[1] Vgl. Elbel, G.: Zur Neuberechnung des Preisindex für die Lebenshaltung auf der Basis 1991, in: Wirtschaft und Statistik 11/95, S. 801 ff. Das Statistische Bundesamt hat die Absicht, diese speziellen Preisindizes beim kommenden Preisindex auf der Basis 2000 nicht weiterzuführen, da sie zur wirtschaftlichen und gesellschaftlichen Realität keinen engen Bezug mehr aufweisen, weshalb auf eine detaillierte Analyse verzichtet werden soll.
[2] Vgl. Zu den Einzelheiten: „Wirtschaft und Statistik, Heft 3 und Heft 4, 1999

Tabelle 9.02:
Preisindex für die Lebenshaltung aller privaten Haushalte
Anteil der Hauptgruppen an den Warenkörben (Wägungsschemata)

COICOP-VPI (a)	Gewichte in %		Änderung in Prozentpunkten
	1991	1995	
01 Nahrungsmittel und alkoholfreie Getränke	14,48	13,13	-1,35
02 Alkoholische Getränke und Tabakwaren	4,50	4,17	-0,33
03 Bekleidung und Schuhe	7,69	6,88	-0,81
04 Wohnung, Wasser, Elektriziät, Gas und andere Brennstoffe	24,05	27,48	3,43
05 Hausrat und laufende Instandhaltung des Hauses	7,29	7,06	-0,23
06 Gesundheitspflege	3,06	3,44	0,38
07 Verkehr	15,68	13,88	-1,80
08 Nachrichtenübermittlung	1,79	2,27	0,47
09 Freizeit und Kultur	9,96	10,36	0,40
10 Bildungswesen	0,54	0,65	0,11
11 Hotels, Cafés und Restaurants	5,84	4,61	-1,24
12 Verschiedene Waren und Dienstleistungen	5,11	6,10	0,99
Lebenshaltung insgesamt	99,98	100,00	

(a) Classification of Individual Consumption by Purpose- Verbraucherpreisindex (VPI)
Quelle: Statistisches Bundesamt Internetseite vom 25.2.1999,
www.statistik-bund.de/presse/deutsch/pm/wkorb.htm

Ein weiteres Phänomen scheint sich zu bestätigen: Seit Jahren sind die Einzelhandelsumsätze bei Bekleidung und die Umsätze der Restaurants rückläufig.

9.1.3.1.2 Die praktische Bedeutung der Preisindizes für die Lebenshaltung

In der wirtschaftspolitischen Diskussion über das makroökonomische Ziel „Preisniveaustabilität" spielt der Preisindex für die Lebenshaltung aller privater Haushalte eine wichtige Rolle, während in der tarifpolitischen Auseinandersetzung auch die speziellen Preisindizes als Orientierungsgröße zur Beurteilung der Frage dienen, inwieweit eine Reallohnsenkung eingetreten ist.[1]
Allerdings muß in diesem Zusammenhang darauf hingewiesen werden, daß es sich bei den Preisindizes um Spätindikatoren der Konjunktur handelt, die also nur die Situation in der Vergangenheit erkennen lassen, nicht aber die zukünftige Entwicklung. Insofern sind sie für die Tarifparteien als Orientierungshilfe nur bedingt tauglich.

---

[1] Vgl. Peto, R.: Makroökonomik, S. 238 ff.

Für sozialpolitische Entscheidungen auf dem Gebiet der Renten und Sozialhilfe wird der Preisindex von Renten- und Sozialhilfeempfänger herangezogen, sofern keine automatische Anpassung (Dynamisierung) der Renten an bestimmte Einkommensentwicklung vorgesehen ist.
Preisindizes werden in der betrieblichen Praxis bei langfristigen Verträgen (Übernahme eines Unternehmens auf Rentenbasis, Pachten, Mieten usw.) im Rahmen von Wertsicherungsklauseln benötigt, wobei allerdings in der Regel die Zustimmung der Deutschen Bundesbank erforderlich ist, da in Deutschland grundsätzlich das Nominalwertprinzip gilt.[1]
Nach § 3 Satz 1 des Währungsgesetzes dürfen Geldschulden zwischen Gebietsansässigen nur mit Genehmigung der zuständigen Landeszentralbank in einer anderen Währung als in Deutscher Mark (oder auch jetzt in Euro) eingegangen werden. Der gleiche Genehmigungsvorbehalt gilt auch für Geldschulden, deren Betrag in DM durch den Kurs einer anderen Währung oder durch den Preis oder eine Menge von Feingold oder von anderen Gütern oder Leistungen bestimmt werden sollen. Wertsicherungsklauseln sind also im Prinzip verboten, wenn sie nicht nach den Genehmigungsrichtlinien der Deutschen Bundesbank genehmigungspflichtig und –fähig sind.
Verträge mit Wertsicherungsklauseln sind in der Regel zur Genehmigung an die zuständige Landeszentralbank (als Hauptstelle der Deutsche Bundesbank) zu schicken. Widerpricht die Landeszentralbank nicht, so ist der Vertrag genehmigt.

9.1.3.2 Der Preisindex für das Bruttoinlandsprodukt

Der Preisindex für das Bruttoinlandsprodukt soll die Preisentwicklung der gesamten Produktionsleistungen einer Volkswirtschaft messen.[2]
Das Statistische Bundesamt ermittelt diesen Preisindex von der Verwendungsseite her als Saldo der Preisentwicklung zweier „Warenkörbe", und zwar des Warenkorbs „letzte Verwendung von Gütern" und des Warenkorbs „Importausgaben".
Die „letzte Verwendung von Gütern" ergibt sich, wie an anderer Stelle bereits dargestellt, wie folgt[3]:

      Privater Verbrauch
      + Staatsverbrauch
      = letzter Verbrauch
      + Bruttoinvestitionen
      = letzte inländische Verwendung
      + Ausfuhr von Waren und Dienstleistungen
      = letzte Verwendung von Gütern

Zur Ermittlung des Preisindex' für das Bruttoinlandsprodukt wird für jede dieser einzelnen Globalgrößen ein eigener Paasche-Index gebildet, dabei geht in den Preisindex der letzten inländischen Verwendung die Preisentwicklung des privaten Verbrauchs, des Staatsverbrauchs und der Bruttoinvestitionen mit ein. Unter Berücksichtigung der

---

[1] Das Problem wird beispielsweise bei Mieten so gelöst, daß im Mietvertrag neue Verhandlungen über die Miethöhe fällig sind, wenn der Preisindex für die Lebenshaltung aller privater Haushalte innerhalb einer bestimmten Frist eine bestimmte Steigerung aufweist.
[2] Vgl. Bartels, H.: Preisindices in der Sozialproduktsberechnung, in: Wirtschaft und Statistik, Heft 1(1963), S. 15 ff.
[3] Vgl. das Zusammengefaßte Güterkonto des Statistischen Bundesamtes S. 97

Preisentwicklung der Ausfuhr erhält man den **Preisindex der letzten Verwendung von Gütern**.[1]
Von diesem Preisindex wird dann der Preisindex für die Einfuhr von Gütern abgezogen, um zum **Preisindex für das Bruttoinlandsprodukt** zu kommen.

Wirtschaftspolitisch interessant ist die Frage, inwieweit der Preisindex für das Bruttoinlandsprodukt als Indikator für das Ziel „**Preisniveaustabilität**" dienen kann.
Geht man davon aus, daß die Veränderung des Preisniveaus sich auf die Veränderung der Preise aller Umsätze (bzw. Transaktionen) in einer Volkswirtschaft beziehen soll, so ergibt sich, daß dies von diesem Index nicht erwartet werden kann. Er erfaßt einerseits nicht alle Umsätze von Waren, Dienstleistungen, finanziellen Titeln und Faktorleistungen, sondern geht nur von der volkswirtschaftlichen Endnachfrage aus, d.h. von den im Inland erbrachten Faktorleistungen. Dabei wurden die Vorleistungen beim Bruttoinlandsprodukt bereits saldiert und andererseits der Staatsverbrauch erfaßt, der bekanntlich den Wert der unentgeltlichen staatlichen Leistungen darstellt. Allerdings sind die Kosten für die Vorleistungen in den Preisen der vermarkteten Endnachfrageprodukten und im den Kosten des staatlichen Konsums enthalten.
Mit seiner Hilfe ist daher erkennbar, wie sich die Preise für die Gesamtheit der Nettoleistungen der Produktionsfaktoren verändert haben.[2]
Damit kann die Kaufkraftänderung bzw. die Änderung des Geldwertes im Hinblick auf diese Leistungen mit diesem Preisindex dargestellt werden.
Insofern ist er ein brauchbarer Indikator für die Entwicklung des Preisniveaus.

9.1.3.3 Die Entwicklung des Preisniveaus in der Bundesrepublik Deutschland

Betrachtet man die Entwicklung des Preisindexes für die Lebenshaltung aller privater Haushalte für das gesamte Bundesgebiet ab 1991 (Tabelle 9.03 und Abbildungen 9.01 und 9.02), so ist zu erkennen, daß die Inflationsrate von 5,0 % im Jahre 1992 auf unter 2 % ab 1995 sank und 1998 nur noch bei 1,0 % lag. Man kann daher die Zeit ab 1995 als eine Phase der Preisniveaustabilität bezeichnen.
Der Preisanstieg wurde ab 1994 vor allem durch den Rückgang der Energiepreise gebremst.
Das Ziel „Preisniveaustabilität" war allerdings eindeutig von 1992-1994 gefährdet. Nachhaltig beeinflußt wurde die Preisentwicklung durch Mieterhöhungen, aber auch durch die Preise für das Bildungswesen.[3] Die Inflationsrate wurde in den Jahren 1992-1994 vor allem durch die Erhöhung der sogenannten administrierten Preise bestimmte, d.h. von Preisen, die vom Staat direkt (Gebühren) oder indirekt (Benzinpreise) beeinflußt werden.
Der Teilindex für Wohnung wurde bis Mitte der 90er Jahre auch durch die Mietpreiserhöhungen in den neuen Bundesländern beeinflußt. Die Mieten aus der Zentralverwaltungswirtschaft der DDR mußten an realistische Marktpreise stufenweise angepaßt werden, da sie zum Teil noch auf dem Vorkriegsniveau waren und noch nicht einmal Kostenmieten darstellten. Mit der Anpassung der Mieten an Marktpreise bestand auch die Chance, einen aussagefähigen Index für Deutschland zu entwickeln.

---

[1] Zu den Preisindizes der einzelnen Globalgrößen vgl. Bartels, H., a.a.O., S. 15 f.
[2] Vgl. Bartels, H., ebenda
[3] Zu den Inflationsursachen und insbesondere den administrierten Preisen vgl. Peto, R.: Geldtheorie, S. 154 ff.

Tabelle 9.03: Preisindex für die Lebenshaltung aller privaten Haushalte (Index 1995=100)

Jahres-durch-schnitt	Gesamt index	Nahrungs-mittel, alkoholfreie Getränke	Bekleidung, Schuhe	Wohnung, Wasser, Strom, Gas usw.	Bildungs-wesen	Gesundheits-pflege
			Deutschland			
1991	87,2	98,5	99,0	96,2	94,5	98,2
1992	91,6	100,0	99,8	99,2	99,2	99,8
1993	95,7	100,4	100,5	101,8	102,7	101,2
1994	98,3	99,0	99,2	97,1	96,1	98,9
1995	100,0	100,0	100,0	100,0	100,0	100,0
1996	101,4	100,6	100,7	102,4	103,7	101,5
1997	103,3	102,0	101,1	105,1	107,8	108,7
1998	104,3	103,0	101,5	106,0	112,9	114,4
	Veränderung gegenüber dem Vorjahr in %					
1992	5,0	1,5	0,8	3,1	5,0	1,6
1993	4,5	0,4	0,7	2,6	3,5	1,4
1994	2,7	-1,4	-1,3	-4,6	-6,4	-2,3
1995	1,7	1,0	0,8	3,0	4,1	1,1
1996	1,4	0,6	0,7	2,4	3,7	1,5
1997	1,9	1,4	0,4	2,6	4,0	7,1
1998	1,0	1,0	0,4	0,9	4,7	5,2

Quelle: Statistisches Bundesamt, Internet-Seite:www.statistik-bund.de vom 19.4.99

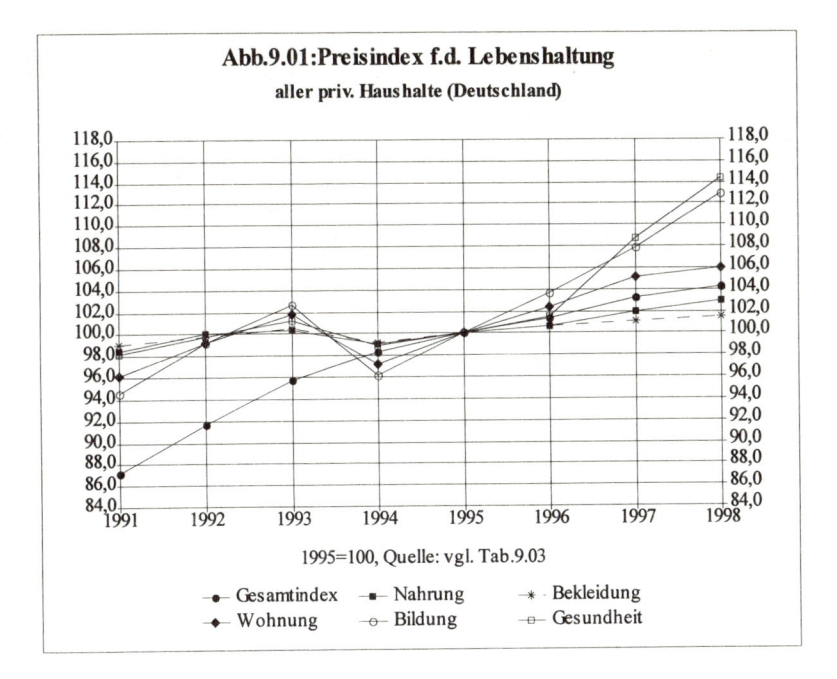

Abb.9.01: Preisindex f.d. Lebenshaltung aller priv. Haushalte (Deutschland)

1995=100, Quelle: vgl. Tab.9.03

— Gesamtindex — Nahrung — Bekleidung
— Wohnung — Bildung — Gesundheit

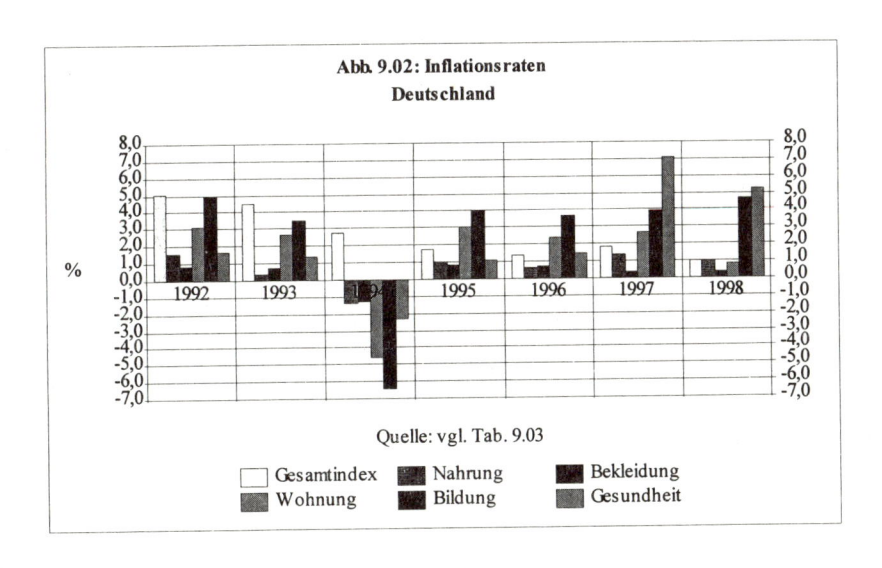

Abb. 9.02: Inflationsraten Deutschland

Quelle: vgl. Tab. 9.03

☐ Gesamtindex ■ Nahrung ■ Bekleidung
■ Wohnung ■ Bildung ■ Gesundheit

Tabelle 9.04 zeigt die Entwicklung des Preisniveaus des Bruttoinlandsprodukts (auf der Basis 1995 = 100 nach dem ESVG 95) und die daraus ermittelten Inflationsraten.
Die Entwicklung des Preisniveaus verlief nach diesem Index tendenziell analog zum Preisindex für die Lebenshaltung, wobei 1992 ein Spitzenwert von 5 % erreicht wurde. Ab 1993 fielen die Inflationsraten und lagen dann ab 1996 unter 2 %. Das Ziel „Preisniveaustabilität" war erreicht.
Tabelle 9.04 zeigt deutlich, daß die Inflationsraten durch den Konsum und die Bruttoanlageinvestitionen bestimmt wurden, während die Preise der Importe überwiegend zu einer Stabilisierung des Preisniveaus beitrugen.

Tabelle 9.04: Preisindex des Bruttoinlandsprodukts
(1995=100)

Jahr	Brutto- inlands- produkt	Importe a)	Letzte Verwen- dung	Exporte a)	letzte inländische Verwendung		
					ins- gesamt	Konsum	Brutto- investi- tionen
1991	87,8	101,1	88,8	95,6	89,0	88,3	91,3
1992	92,2	99,8	92,5	96,5	93,0	92,4	95,0
1993	95,6	98,7	95,6	97,2	95,9	95,7	96,8
1994	98,0	99,3	97,9	98,1	98,3	97,9	99,4
1995	100,0	100,0	100,0	100,0	100,0	100,0	100,0
1996	101,0	100,6	101,2	100,3	101,1	101,7	99,0
1997	101,7	103,5	102,7	101,6	102,3	103,2	99,1
1998	102,9	101,2	103,3	101,5	102,8	104,1	98,8
Veränderung gegenüber dem Vorjahr in %							
1992	5,0	-1,3	4,2	0,9	4,5	4,6	4,1
1993	3,7	-1,1	3,4	0,7	3,1	3,6	1,9
1994	2,5	0,6	2,4	0,9	2,5	2,3	2,7
1995	2,0	0,7	2,1	1,9	1,7	2,1	0,6
1996	1,0	0,6	1,2	0,3	1,1	1,7	-1,0
1997	0,7	2,9	1,5	1,3	1,2	1,5	0,1
1998	1,2	-2,2	0,6	-0,1	0,5	0,9	-0,3

a) ohne Faktoreinkommen vom und an das Ausland
Quelle: VGR, Fachserie 18, Reihe S. 20, Revidierte Vierteljahresergebnisse der Inlandsproduktsberechnung, 1991 bis 1998, S. 70 f., eigene Berechnungen

Kontrollfragen zu Kapitel 9

1. Inwiefern spielt die Gewichtung der einzelnen Güter bei einem Preisindex eine Rolle?
2. In welcher Weise wird beim Laspeyres- bzw. beim Paasche-Index gewichtet?
3. Warum überzeichnet der Laspeyres-Index die Entwicklung des Preisniveaus, und was folgt daraus für seine Verwendung als gesamtwirtschaftlicher Indikator?
4. Welche Faktoren bestimmen die Struktur des Konsums der privaten Haushalte?
5. Wie hat sich der Anteil der Ausgaben für Nahrungsmittel und der Wohnungsmieten am Warenkorb gegenüber dem alten Warenkorb verändert?
6. Wie wird der Preisindex für das Bruttoinlandsprodukt berechnet?
7. Worin besteht der Unterschied zwischen dem Preisindex für die Lebenshaltung und dem Preisindex des privaten Verbrauchs (des Bruttoinlandsprodukts)?

Literaturhinweise zu Kapitel 9

Bartels, H.	Preisindices in der Sozialproduktsberechnung, in Wirtschaft und Statistik, Heft 1 (1963), S. 15-18
Brümmerhoff, D.	Volkswirtschaftliche Gesamtrechnungen, 5. Auflage, München 1995
Bücker, R.	Statistik für Wirtschaftswissenschaftler, 3. Auflage, München 1997
Elbel, G.:	Zur Neuberechnung des Preisindex für die Lebenshaltung auf der Basis 1991, in: Wirtschaft und Statistik, Heft 11 (1995), S. 807 ff.
Kellerer, H.	Statistik im modernen Wirtschafts- und Sozialleben, Reinbeck 1972
Peto, R.	Geldtheorie und Geldpolitik, München 1993, insbesondere das Kapitel „Geldwertänderungen"
Pohl, R.	Theorie der Inflation, Grundzüge der monetären Makroökonomik, München 1981
Statistisches Bundesamt	Die Revision 1995, Pressekonferenz zur Umstellung des Preisindex für die Lebenshaltung auf die Basis 1995 = 100. In: Internet: http://www.statistik-bund.de vom 12.3.99
Woll, A.	Inflation, Definitionen, Ursachen, Wirkungen und Bekämpfungsmöglichkeiten, München 1979

10. Beschäftigung

10.1 Grundbegriffe des Arbeitsmarktes[1]

Seit der Weltwirtschaftskrise von 1929 ist das Ziel der Vollbeschäftigung in den Vordergrund der ökonomischen Theorie und der praktischen Wirtschaftspolitik gerückt. Vollbeschäftigung bedeutet jedoch nicht, daß jede Erwerbsperson eine Garantie für ihren Arbeitsplatz oder auf einen anderen Arbeitsplatz hat.
Im Marktsinne herrscht dann Vollbeschäftigung, wenn bei einem gegebenen Lohnsatz das Angebot an Arbeit gleich der Nachfrage nach Arbeit ist.
Ist die Nachfrage nach Arbeit zu diesem Lohnsatz größer als das Angebot, so spricht man von **Überbeschäftigung**. Ist dagegen das Angebot an Arbeit zu diesem Lohnsatz größer als die Nachfrage, dann liegt **Unterbeschäftigung bzw. Arbeitslosigkeit** vor.
Diese theoretische Konzeption setzt einen einheitlichen Arbeitsmarkt mit einem einheitlichen Lohnsatz voraus. Sie unterstellt außerdem eine völlige Homogenität des Gutes Arbeit. Homogenität bedeutet hier, daß jede Erwerbsperson jede Art von Arbeit übernehmen oder jederzeit umgeschult werden kann. Weiterhin wird eine völlige räumliche und sektorale Mobilität des Faktors Arbeit unterstellt.

Die praktische Wirtschaftspolitik kann aus diesem Modell nur grundlegende Einsichten gewinnen, aber nicht feststellen, ob in einer konkreten Volkswirtschaft Vollbeschäftigung, Unterbeschäftigung oder Überbeschäftigung vorliegt. Sie ist auf Indikatoren angewiesen, die diese Situation anzeigen.

Um Arbeitsmarktindikatoren ermitteln zu können, muß die **Wohnbevölkerung** eines Landes zunächst nach ihrer Beteiligung am Erwerbsleben (Erwerbskonzept) in die Gruppen **„Erwerbspersonen"** und **„Nichterwerbspersonen" unterteilt** werden, wie die folgende Abbildung 10.01 zeigt:[2]
Während alle Personen (mit Wohnsitz in Deutschland), die unmittelbar oder mittelbar eine auf Erwerb gerichtete Tätigkeit ausüben oder suchen als **Erwerbspersonen** bezeichnet werden, gelten Personen, die dies nicht tun (wie Rentner und Schüler) als **Nichterwerbspersonen**.
Zu den Erwerbspersonen gehören sozialpflichtige und geringfügig Beschäftigte, Beamte und Arbeitslose. Stehen die Erwerbspersonen in einem Arbeitsverhältnis oder betreiben ein Gewerbe oder eine Landwirtschaft oder üben sie einen freien Beruf aus, so werden sie **Selbständige** genannt. Erwerbstätige mit einem Arbeitsverhältnis werden als **beschäftigte Arbeitnehmer** bezeichnet.
Erwerbslose sind dagegen Personen ohne Arbeitsverhältnis, die sich um eine Arbeitsstelle bemühen, unabhängig davon, ob sie beim Arbeitsamt gemeldet sind.
Ein Teil der Erwerbslosen sind die **Arbeitslosen:** „Personen ohne Arbeitsverhältnis - abgesehen von einer geringfügigen Beschäftigung - die sich als Arbeitsuchende beim Arbeitsamt gemeldet haben, eine Beschäftigung von mindestens 18 und mehr Stunden für mehr als 3 Monate suchen, für eine Arbeitsaufnahme sofort zur Verfügung stehen, nicht arbeitsunfähig erkrankt sind und das 65. Lebensjahr noch nicht vollendet haben."[3]

---

[1] Vgl. zu diesem Kapitel: Peto, R.: Makroökonomik, S. 20ff.
[2] Zu den folgenden Grundbegriffen vgl. Statistisches Jahrbuch 1998, S. 99 ff.
[3] Statistisches Jahrbuch, S. 100

Im Rahmen des Vergleichs innerhalb der EU wird im Augenblick die Arbeitslosendefinition der Internationalen Arbeitsorganisation (ILO = International Labour Organization) verwendet, bei der es sich allerdings nach der obigen Definition um Erwerbslose handelt:

Nach dieser Definition sind **Erwerbslose** (unemployed persons) alle Personen ab einem bestimmten Alter, die während des Bezugszeitraums

a) „ohne Arbeit", d.h. weder abhängig beschäftigt noch selbständig waren;

b) „verfügbar" waren, d.h. während des Bezugszeitraums für eine abhängige oder eine selbständige Tätigkeit zur Verfügung standen;

c) „Arbeit suchten", d.h. in einer dem Bezugszeitraum kurz vorangegangenen Periode spezifische Schritte unternommen haben, um eine abhängige Tätigkeit zu finden oder als Selbständige tätig zu werden.[1]

Arbeitslos ist bei dieser Definition der ILO auch jemand, der sich nicht beim Arbeitsamt als Arbeitsloser gemeldet hat, sondern bei einem privaten Vermittler.

Abbildung 10.01

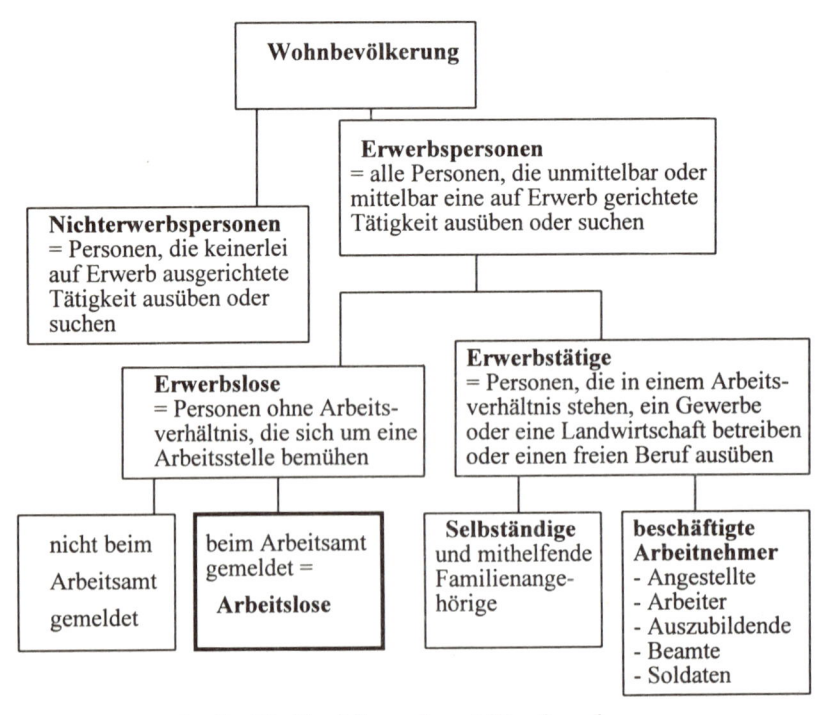

```
                        ┌─────────────────────┐
                        │   Wohnbevölkerung   │
                        └──────────┬──────────┘
                                   │
           ┌───────────────────────┴───────────────────────┐
           │                                               │
                                           ┌──────────────────────────────────┐
                                           │  Erwerbspersonen                 │
                                           │  = alle Personen, die unmittel-  │
                                           │  bar oder mittelbar eine auf     │
                                           │  Erwerb gerichtete Tätigkeit     │
                                           │  ausüben oder suchen             │
┌────────────────────────┐                 └──────────────────────────────────┘
│ Nichterwerbspersonen   │
│ = Personen, die        │
│ keinerlei auf Erwerb   │
│ ausgerichtete          │
│ Tätigkeit ausüben      │
│ oder suchen            │
└────────────────────────┘
                              ┌─────────────────────┐  ┌─────────────────────────┐
                              │ Erwerbslose         │  │ Erwerbstätige           │
                              │ = Personen ohne     │  │ = Personen, die in      │
                              │ Arbeitsverhältnis,  │  │ einem Arbeitsverhältnis │
                              │ die sich um eine    │  │ stehen, ein Gewerbe     │
                              │ Arbeitsstelle       │  │ oder eine Landwirtschaft│
                              │ bemühen             │  │ betreiben oder einen    │
                              │                     │  │ freien Beruf ausüben    │
                              └─────────────────────┘  └─────────────────────────┘
```

| nicht beim Arbeitsamt gemeldet | beim Arbeitsamt gemeldet = **Arbeitslose** | Selbständige und mithelfende Familienangehörige | beschäftigte **Arbeitnehmer** - Angestellte - Arbeiter - Auszubildende - Beamte - Soldaten |

Quelle: Die Graphik wurde erstellt aufgrund der Definition im Statistischen Jahrbuch 1998, S. 99 ff.

---

[1] Vgl. ESVG 95, S. 265; ESA 95, S. 246

Aufgrund dieser Unterteilung der Wohnbevölkerung nach dem Erwerbskonzept, können die folgenden **Arbeitsmarktindikatoren** ermittelt werden, und zwar in absoluten oder relativen Zahlen.

So werden in **absoluten Zahlen** ermittelt, und zwar die Zahl der

- **Erwerbspersonen,**
- **Erwerbstätigen,**
- **beschäftigten Arbeitnehmer,**
- **Arbeitslosen,**
- **Erwerbslosen,**
- **Kurzarbeiter und**
- **offenen Stellen.**

Als **Verhältniszahlen** wird die **Arbeitslosenquote als die Zahl der Arbeitslosen in Prozent der Erwerbspersonen (ohne Soldaten)**[1] **und die Erwerbslosenquote als die Zahl der Erwerbslosen in Prozent der Erwerbspersonen (ohne Soldaten)** ermittelt.

Geht man von den obigen Zahlen aus, so wird auch hier der Faktor Arbeit im Grunde genommen als homogen und räumlich und sektoral vollkommen mobil angesehen. Daß diese Annahmen in der Realität nicht gegeben sind, zeigt die Situation, wenn der Zahl der Arbeitslosen die gleiche Zahl an offenen Stellen gegenübersteht.
Diese Situation deutet bereits darauf hin, daß die Struktur des Angebots nicht mit der Nachfragestruktur übereinstimmt. Diese **strukturelle Diskrepanz** ist eine der Ursachen der Arbeitslosigkeit.

Im folgenden soll kurz auf **mögliche Ursachen Arbeitslosigkeit** eingegangen werden:

1. Die **konjunkturelle** Arbeitslosigkeit entsteht durch die zyklische Schwankung der Wirtschaftsaktivität in einem Lande. Sie besteht während der Rezession (Abschwung), dem konjunkturellen Tief (Talsohle) und auch noch im Aufschwung.
Die Messung der zyklischen Schwankung der Wirtschaftsaktivität wird überwiegend anhand der Entwicklung des Bruttoinlandsprodukts vorgenommen. Die konjunkturelle Arbeitslosigkeit wird nach J. M.. Keynes auch als keynesianischen Arbeitslosigkeit bezeichnet, da sich Keynes in den 30er Jahren besonders mit der Bekämpfung dieser Art von Arbeitslosigkeit beschäftigt hat.

2. Die **saisonale** Arbeitslosigkeit entsteht durch eine saisonal unterschiedliche Auslastung der Produktionskapazitäten, so z. B. im Baugewerbe während eines harten Winters.
Sie kann aber auch institutionell bedingt sein wie beispielsweise durch Ferienregelungen. Außerhalb der Ferienzeiten (Schulferien) sind die Kapazitäten in den Ferienorten nicht ausgelastet.

3. Die **friktionelle** Arbeitslosigkeit, auch **Fluktuationsarbeitslosigkeit** genannt, entsteht durch zeitliche Verzögerungen zwischen dem Ausscheiden einer Erwerbsperson und der Wiederaufnahme eines neuen Arbeitsverhältnisses, wobei dieser Arbeitsplatzwechsel in

---

[1] Die Zahl der Erwerbspersonen ohne Soldaten wird auch „zivile Erwerbspersonen" genannt und analog dazu die Zahl der abhängigen Erwerbspersonen „zivile abhängige Erwerbspersonen".

Wiederaufnahme eines neuen Arbeitsverhältnisses, wobei dieser Arbeitsplatzwechsel in einer dynamischen Volkswirtschaft allein durch die ständigen Änderungen der Wirtschaftsstruktur bedingt ist. In jeder Volkswirtschaft gibt es einen Bodensatz von friktioneller Arbeitslosigkeit. Allerdings wird davon ausgegangen, daß dies nur eine vorübergehende Phase ist.

4. Die bereits mehrfach erwähnte **strukturelle** Arbeitslosigkeit zeigt sich in mehreren Formen, da die Anpassungsprozesse an Änderungen nicht ohne (meist längere) zeitliche Verzögerungen vor sich gehen und der Faktor Arbeit weder völlig homogen und noch völlig mobil ist, wie bereits erwähnt wurde.

a) Die **regionale** Arbeitslosigkeit entsteht durch die Immobilität der Produktionsfaktoren, wobei der Idealfall nicht die Mobilität des Faktors Arbeit, sondern die Mobilität des Faktors Kapital ist: Das Kapital müßte zum Faktor Arbeit kommen und nicht umgekehrt. Typisches Beispiel, daß meist der Faktor Arbeit zum Faktor Kapital kommt, war der Zuzug der Gastarbeiter. Andererseits sieht man heute eher den „Idealfall" durch die Globalisierung der Produktion: Das Kapital wandert zu den Arbeitskräften.

b) Die **sektorale** Arbeitslosigkeit entsteht dadurch, daß sich ganz bestimmte Wirtschaftszweige, u.a. durch Änderung der Nachfragestruktur oder internationale Konkurrenz, in der Krise befinden. Im Falle einer Monostruktur eines Gebietes bedeutet eine sektorale Krise gleichzeitig eine regionale Krise.

c) Die strukturelle Arbeitslosigkeit kann auch in Form einer **demographischen** Arbeitslosigkeit auftreten: Die Bevölkerungsstruktur eines Landes ändert sich so, daß die Zahl der jugendlichen Erwerbspersonen stärker steigt als die Zahl der ausscheidenden Erwerbspersonen.
Weitere Ursachen wären eine starke Zunahme der Frauenerwerbsquote oder der Zuzug von Arbeitskräften aus anderen Volkswirtschaften.

d) Die strukturelle Arbeitslosigkeit kann auch **technologisch** bedingt sein:
Durch neue Technologien entstehen zwar einerseits Arbeitsplätze, andererseits schrumpfen ganze Branchen oder Berufe gehen unter. Die neuen Technologien erhöhen die Arbeitsproduktivität und setzen (bei stagnierender Wirtschaft) Arbeitskräfte frei.

e) Eine andere Art der strukturellen Arbeitslosigkeit besteht in Form der nicht ausreichenden oder falschen **Qualifikation** der Arbeitskräfte: Die Qualifikation der Arbeitskräfte stimmt mit dem Anforderungsprofil der angebotenen Stellen nicht überein. Hier kann nur eine Höherqualifizierung oder eine Umschulung helfen, diesen Mangel zu beheben.

5. Weitere Formen der Arbeitslosigkeit stellen die **freiwillige und die unfreiwillige** Arbeitslosigkeit dar.
Freiwillige Arbeitslosigkeit entsteht dann, wenn Erwerbspersonen nicht bereit sind, zum herrschenden Lohnsatz (Tariflohn) ein Arbeitsverhältnis einzugehen, weil sie den Lohnsatz für sich selbst als zu niedrig ansehen. Sie bieten nur bei einem höheren Lohnsatz ihre Arbeit an.

Unfreiwillige Arbeitslosigkeit ergibt sich dann, wenn Erwerbspersonen bei einem bestimmten Lohnsatz (Tariflohn) keine Arbeit finden, da bei diesem Lohnsatz ein Angebotsüberschuß besteht. Da diese Art von Arbeitslosigkeit nach Auffassung der neoklassischen Theorie nur durch die Existenz eines Mindestlohnes (in Form eines Tariflohnes oder staatlich garantierten Mindestlohnes) existiert, wird sie auch als **Mindestlohnarbeitslosigkeit** bezeichnet.

6. **Wechselkursbedingte** Arbeitslosigkeit entsteht durch die Aufwertung einer Währung, da sie den Export erschwert.
Dabei muß die Aufwertung nicht unbedingt durch die fundamentalen Daten einer Volkswirtschaft begründet sein, sondern kann auch durch eine Spekulationswelle ausgelöst werden.

Die **statistische Erfassung der Lage am Arbeitsmarkt** wie sie in der Bundesrepublik Deutschland existiert, weist immer noch erhebliche Mängel auf und ist daher seit Jahren heftiger Kritik ausgesetzt.
Vor allem wird argumentiert, daß die Zahl der vom Arbeitsamt erfaßten Arbeitslosen nicht der Realität entspricht, da die Zahl einerseits zu niedrig ist, da nur die beim Arbeitsamt gemeldeten Arbeitslosen berücksichtigt werden (und eine weitere stille Reserve bestehen würde), andererseits die publizierte Zahl der Arbeitslosen zu hoch sei, da es sich vielfach um „Karteileichen" handele:
Es würden immer noch Personen als arbeitslos geführt, die gar nicht sofort für den Arbeitseinsatz zu Verfügung stünden[1], weil sie zwar Arbeitslosengeld oder Arbeitslosenhilfe beziehen, daneben aber in der Schattenwirtschaft tätig wären.

Es wird daher schon seit langer Zeit gefordert, die Arbeitsmarktstatistiken in der Bundesrepublik zu vereinheitlichen. Ansätze dieser Reform sind schon erkennbar, da sich das Statistische Bundesamt bemüht, seine eigene Statistik mit der Statistik der Bundesanstalt für Arbeit zu harmonisieren.
Die Beschäftigtenstatistik der Bundesanstalt für Arbeit erfaßt diejenigen Personen, die der Sozialversicherungspflicht unterliegen.
Das Statistische Bundesamt ermittelt die Zahl der Erwerbspersonen mit Hilfe des Mikrozensusverfahrens und aufgrund von sogenannten „Bereichsstatistiken", die die Erwerbstätigen in den einzelnen Wirtschaftszweigen erfassen. Das Konzept des Statistischen Bundesamtes wird daher auch als **Erwerbspersonenkonzept** (Labour-force-Konzept) bezeichnet. Allerdings weist diese Statistik noch Mängel auf, da es beispielsweise keine Bereichsstatistik für den Dienstleistungssektor gibt und im Verarbeitenden Gewerbe nur die Erwerbstätigen aus Unternehmen mit mehr als 20 Beschäftigten erfaßt werden. Das Statistisches Bundesamt versucht, diese Lücke mit Hilfe von Großzählungen und entsprechender Hochrechnungen zu schließen.

---

[1] Dazu gehören auch Arbeitslose, die sich in einer beruflichen Weiterbildung in Form einer Umschulungsmaßnahme (finanziert durch das Arbeitsamt) befinden. Sie stehen daher für eine sofortige Arbeitsaufnahme nicht zur Verfügung. Vgl. S. 174 f.

10.2 Die Entwicklung der Beschäftigungssituation in der Bundesrepublik Deutschland

10.2.1 Die zeitliche Entwicklung anhand von Arbeitsmarktindikatoren

Zur Darstellung der zeitlichen Entwicklung der Beschäftigungssituation sollen folgende Indikatoren herangezogen und ihre Entwicklung kurz besprochen werden, die in Abbildung 10.02, Tabelle 10.01a und Tabelle 10.01b graphisch oder tabellarisch dargestellt ist:

- die Arbeitslosenquote,
- die Erwerbslosenquote,
- die Zahl der Erwerbspersonen,
- die Zahl der Erwerbstätigen,
- die Zahl der erwerbstätigen Arbeitnehmer,
- die Zahl der Arbeitslosen und
- die Zahl der Erwerbslosen.

Während die Tabelle 10.01b und die Abbildung 10.02 die Zahlen nach der bisherigen Definition des Statistischen Bundesamtes enthält, zeigt Tabelle 10.01a die Zahlen nach der Erwerbslosendefinition der Internationalen Arbeitsorganisation (ILO) ab 1991. Danach liegen die Erwerbslosenquoten bei der ILO-Definition niedriger als bei der bisherigen Arbeitslosenquote des Statistischen Bundesamtes.[1]
Im **früheren Bundesgebiet** ist die **Arbeitslosenquote** ist seit Mitte der 70er Jahre (erste Ölkrise) auf ca. 3-4 % gestiegen und hat Anfang der 80er Jahre (zweite Ölkrise) Quoten von ca. 7-8 % erreicht. Erst 1989 ging sie auf 6,9 % zurück und erreichte1991 mit 5,5 % ihren Tiefpunkt (Wiedervereinigungsboom). Seit der Rezession 1993 ist sie wieder angestiegen und lag 1997 sogar bei 9,8 %.
1998 zeichnete sich eine leichte Wende ab, und zwar mit einer Quote von 9,4 %.
In absoluten Zahlen: Die Zahl der Arbeitslosen im früheren Bundesgebiet lag 1998 bei ca. 2,9 Millionen.
Für die **neuen Bundesländer** lagen die Quoten von 1992 bis 1996 bei ca. 15 %. 1998 stieg die Arbeitslosenquote sogar auf 18,5 %, was einer Arbeitslosenzahl von ca. 1,4 Millionen entsprach.
Für **Deutschland** insgesamt ergab sich für 1998 eine Arbeitslosenquote von 11,2 % und eine Arbeitslosenzahl von ca. 4,3 Millionen (Tab. 10.01b).
Nach der ILO-Definition lag die **Erwerbslosenquote** 1998 für **Deutschland** nur bei 9,4 %. Die Zahl der Erwerbslosen war mit 3,7 Millionen (Tab. 10.01a) signifikant niedriger und die Zahl der Erwerbstätigen mit 35,9 Millionen höher als nach den bisherigen Ergebnissen (Tab. 10.01b). Dieser Unterschied ist konzeptionsbedingt und datenbedingt:
Es wurde bei der Berechnung der Quote von der Zahl der **Erwerbslosen** ausgegangen. Die Zahl der Erwerbslosen war niedriger als die Zahl der Arbeitslosen, da sie statistisch anders ermittelt wurde (Mikrozensus). Außerdem hat die Zahl der **Erwerbstätigen** nach der neuen Berechnung nicht so stark abgenommen wie bisher angenommen. Die Großzählungen der vergangenen Jahre, insbesondere die Handels- und Gastgewerbezählung 1993 sowie die Handwerkszählung 1995 und die Ergebnisse anderer Statistiken brachten einen genaueren Überblick über die geringfügig Beschäftigten. Zwar nahm die Zahl der

---

[1] In Tab. 10.01a entspricht die Zahl der Erwerbspersonen der Summe aus Arbeitslosen und Erwerbstätigen.

sozialversicherungspflichtigen Arbeitnehmer ab, die Zahl der geringfügig Beschäftigten aber zu. Die Zahl der Arbeitnehmer verminderte sich von 1991 bis 1998 um 2,8 Mio. und die Zahl der geringfügig Beschäftigten stieg um 2,2 Mio. Auch die Zahl der Selbständigen und mithelfenden Familienangehörigen lag im gleichen Zeitraum nach neueren Erkenntnissen höher.

Sicher ist eine monokausale Erklärung der Entwicklungen auf dem Arbeitsmarkt nicht möglich, weshalb **unterschiedliche Gründe** genannt werden sollen:
Für die **alten Bundesländer** werden u.a. die bereits erwähnten **Konjunktureinbrüche** (Mitte und Ende der 70er Jahre und 1993), aber auch das **im internationalen Vergleich zu hohe Lohnniveau**[1], das **relativ niedrige Wachstum des Inlandsprodukts**[2], die **ständige Aufwertung der DM** gegenüber dem Dollar und dem Pfund Sterling sowie die **Inflationsbekämpfung** durch die Deutsche Bundesbank als Ursachen angesehen.[3]
Schließlich werden **demographische Faktoren** wie die **Entwicklung der Zahl der Erwerbspersonen im Verhältnis zu der Zahl der Erwerbstätigen** als Erklärung herangezogen. Abbildung 10.02 und Tabelle 10.01a zeigen, daß die Zahl der Erwerbspersonen von 1980 bis 1992 allein um 3,1 Millionen gestiegen ist. Die Zahl der Erwerbstätigen (im Inland) hat dagegen im gleichen Zeitraum immerhin um 2,8 Millionen zugenommen. Dies bedeutet, daß in dieser Periode netto 2,8 Millionen Arbeitsplätze dazugekommen sind, die aber nicht ausreichen, um jedem der 3,1 Millionen zusätzlichen Erwerbspersonen einen Arbeitsplatz zu sichern.
Die demographische Entwicklung in dieser Phase war gekennzeichnet durch den Zustrom neuer Arbeitskräfte (vor allem Aussiedler), eine kontinuierliche Erhöhung der Frauenerwerbsquote und die starken Zunahme der Zahl der ins Erwerbsleben tretender Jugendlicher. Seit 1992 ist sogar ein Rückgang der Erwerbspersonenzahl zu beobachten, aber die Zahl der Erwerbstätigen ging in dieser Periode allein um 1,5 Millionen zurück.

Was die **neuen Bundesländer** betrifft, so kann die hohe Arbeitslosenquote von ca. 15 % (1992-1996) als Folge der Transformation von der Zentralverwaltungswirtschaft in die Marktwirtschaft erklärt werden, da die Einführung der Marktwirtschaft die versteckte Arbeitslosigkeit der bisherigen Zentralverwaltungswirtschaft erst aufdeckte (Fehlleitung des Faktors Arbeit). Daneben spielt auch der Wegfall der traditionellen Märkte der DDR im Osten Europas durch die Entwicklung in den Reformländern und damit auch der Zusammenbruch des Rats für gegenseitige Wirtschaftshilfe (RGW) eine Rolle. Nach einer hohen Subventionierung der vorhandenen Arbeitsplätze durch den Staat (über die Treuhand) mußten sich die privatisierten Unternehmen neue Märkte erschließen oder alte wieder erobern.[4] Diese strukturelle Arbeitslosigkeit (hier in Form der Entlassungsarbeitslosigkeit) wurde ab 1997 aber auch noch durch die inzwischen hohe Verflechtung mit der westdeutschen Wirtschaft durch die gleichen Faktoren verstärkt, so daß die Arbeitslosenquote in den neuen Bundesländern 1998 sogar bei 18,5 % lag.

---

[1] Vgl. S. 178 ff. die Darstellung der Entwicklung der Lohnstückkosten.
[2] Vgl. dazu die Ausführungen über Beschäftigung und Wachstum, S. 177 ff.
[3] Vgl. die Ausführung zu dem Thema „Beschäftigung und Preisniveau", S.175 ff.
[4] Zur Subventionierung vgl. die Entwicklung der Lohnstückkosten in den neuen Bundesländern, S. 178 ff.

Tabelle 10.01a: Arbeitslosigkeit und Erwerbstätigkeit

Jahr	Erwerbspersonen	Erwerbstätige Inländer	Änderung der Erwerbstätigenzahl	beschäftigte Arbeitnehmer (Inländer)	Selbständige (a)	Erwerbslose (b)	Erwerbslosenquote
	Durchschnitt in 1000		%	Durchschnitt in 1000			%
	Deutschland						
1991	40012	37804		34224	3580	2208	5,5
1992	39783	37162	-1,7	33520	3642	2621	6,6
1993	39689	36577	-1,6	32888	3689	3112	7,8
1994	39755	36440	-0,4	32652	3788	3315	8,3
1995	39573	36375	-0,2	32543	3832	3198	8,1
1996	39587	36089	-0,8	32251	3838	3498	8,8
1997	39704	35797	-0,8	31883	3914	3907	9,8
1998	39645	35935	0,4	31937	3998	3710	9,4

(a) einschließlich mithelfende Familienangehörige
(b) Abgrenzung der Erwerbslosen nach den Definitionen der Internationalen Arbeitsorganisation (ILO)
Quelle: VGR, Fachserie 18, Reihe S. 20, Revidierte Vierteljahresergebnisse
der Inlandsproduktsberechnung 1991 bis 1998, Wiesbaden 1999, S. 42; Reihe S. 3,
Vierteljahresergebnisse der Inlandsproduktsberechnung, 1. Vierteljahr 1999, S. 11

10. Beschäftigung

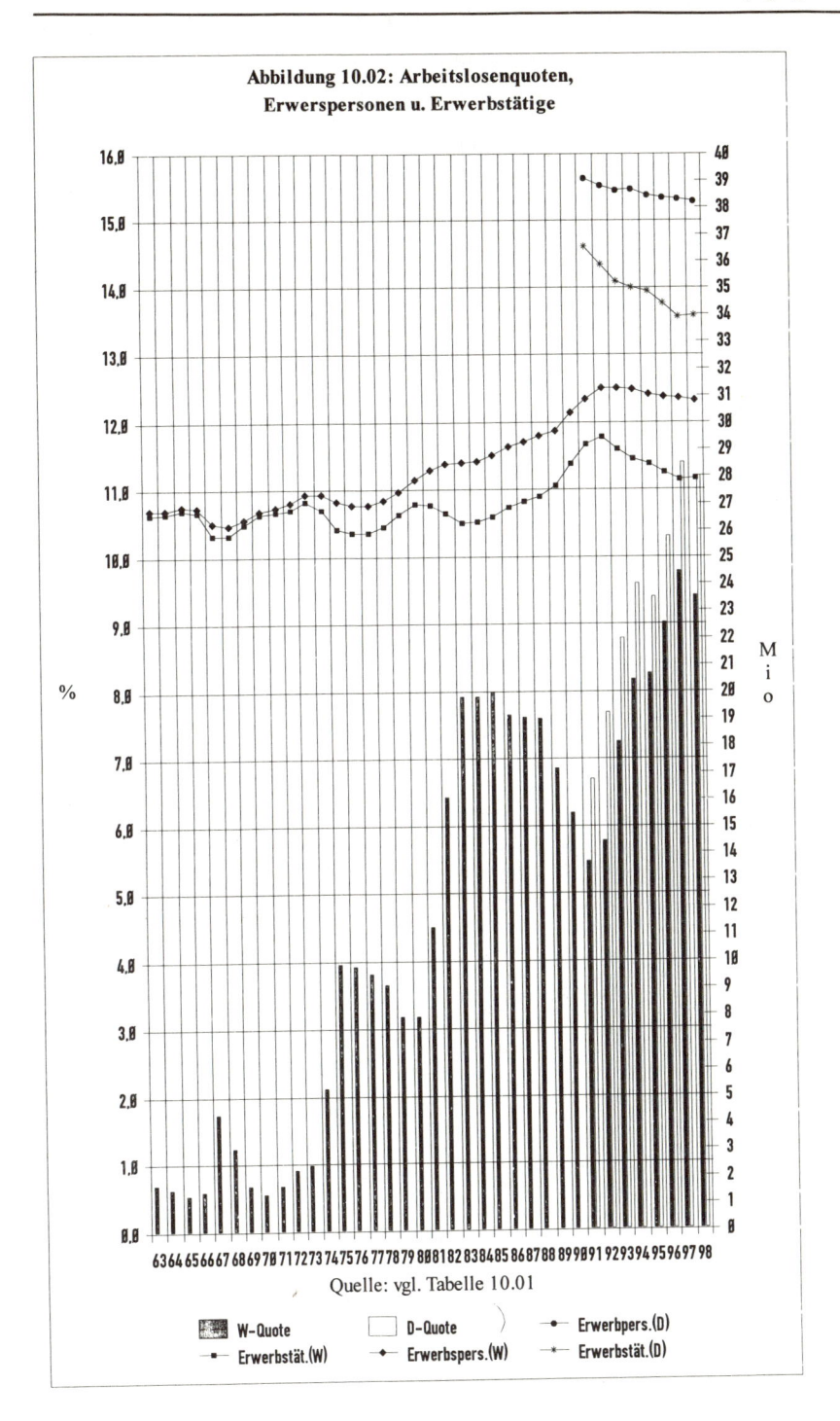

Abbildung 10.02: Arbeitslosenquoten, Erwerspersonen u. Erwerbstätige

Quelle: vgl. Tabelle 10.01

Legende: W-Quote, D-Quote, Erwerbpers.(D), Erwerbstät.(W), Erwerbspers.(W), Erwerbstät.(D)

Tabelle 10.01b: Arbeitslosigkeit und Erwerbstätigkeit

Jahr	Erwerbs-personen	Erwerbs-tätige (im Inland)	Änderung der Erwerbs-tätigenzahl	beschäftigte Arbeit-nehmer (im Inland)	Offene Stellen	Arbeits-lose	Arbeits-losen-quote
	Durchschnitt in 1000		%	Durchschnitt in 1000			%
früheres Bundesgebiet							
1967	26263	25804	-3,3	21054	302	459	1,7
1968	26149	25826	0,1	21183	488	323	1,2
1969	26407	26228	1,6	21752	747	179	0,7
1970	26709	26560	1,3	22246	795	149	0,6
1971	26853	26668	0,4	22605	648	185	0,7
1972	27020	26774	0,4	22841	546	246	0,9
1973	27339	27066	1,1	23222	572	273	1,0
1974	27320	26738	-1,2	23036	315	582	2,1
1975	27094	26020	-2,7	22467	236	1074	4,0
1976	26942	25882	-0,5	22512	235	1060	3,9
1977	26949	25919	0,1	22686	231	1030	3,8
1978	27123	26130	0,8	22961	246	993	3,7
1979	27444	26568	1,7	23472	304	876	3,2
1980	27869	26980	1,6	23897	308	889	3,2
1981	28223	26951	-0,1	23907	208	1272	4,5
1982	28463	26630	-1,2	23639	105	1833	6,4
1983	28509	26251	-1,4	23293	76	2258	7,9
1984	28559	26293	0,2	23351	88	2266	7,9
1985	28793	26489	0,7	23559	110	2304	8,0
1986	29084	26856	1,4	23910	154	2228	7,7
1987	29279	27050	0,7	24141	171	2229	7,6
1988	29503	27261	0,8	24365	189	2242	7,6
1989	29696	27658	1,5	24750	251	2038	6,9
1990	30362	28479	3,0	25460	314	1883	6,2
1991	30878	29189	2,5	26136	331	1689	5,5
1992	31263	29455	0,9	26388	324	1808	5,8
1993	31277	29007	-1,5	25936	243	2270	7,3
1994	31221	28665	-1,2	25579	234	2556	8,2
1995	31029	28464	-0,7	25365	267	2565	8,3
1996	30952	28156	-1,1	25052	270	2796	9,0
1997	30905	27884	-1,0	24770	282	3021	9,8
1998	30819	27915	0,1	24785	342	2904	9,4
neue Bundesländer und Berlin-Ost							
1991	8234	7321		6950	31	913	11,1
1992	7557	6387	-12,8	5969	33	1170	15,5
1993	7357	6208	-2,8	5746	36	1149	15,6
1994	7456	6314	1,7	5814	51	1142	15,3
1995	7443	6396	1,3	5881	55	1047	14,1
1996	7436	6267	-2,0	5749	57	1169	15,7
1997	7442	6078	-3,0	5544	56	1364	18,3
1998	7430	6055	-0,4	5498	79	1375	18,5
Deutschland							
1991	39112	36510		33086	362	2602	6,7
1992	38820	35842	-1,8	32357	357	2978	7,7
1993	38634	35215	-1,7	31682	279	3419	8,8
1994	38677	34979	-0,7	31393	285	3698	9,6
1995	38472	34860	-0,3	31246	322	3612	9,4
1996	38388	34423	-1,3	30801	327	3965	10,3
1997	38347	33962	-1,3	30314	338	4385	11,4
1998	38249	33970	0,0	30283	421	4279	11,2

Quelle: SVR (96), Tabelle 21*, S. 347, Statistisches Bundesamt: VGR Fachserie 18, Reihe 3, Vierteljahresergebnisse der Inlandsproduktsberechnung, 4. Vierteljahr 1998; WiSta 2/1999, S. 60*

10.2.2 Strukturdaten zur Beschäftigungssituation

Tabelle 10.02 zeigt die **regionale Verteilung** der Arbeitslosigkeit anhand von **Arbeitslosenquoten der Bundesländer**.
Dabei ist bemerkenswert, daß die Arbeitslosenquoten **im früheren Bundesgebiet** in den Gebieten Berlin-West, Bremen, Hamburg, Niedersachsen, Nordrhein-Westfalen und dem Saarland seit 1992 ständig über dem Durchschnitt lagen.
Dies ist zum Teil durch die ländliche Struktur wie in Niedersachsen oder aber durch den immer noch stattfindenden Strukturwandel von der traditionellen Industriestruktur (Schwerindustrie) - wie in Nordrhein-Westfalen und vor allem im Saarland (Monostruktur durch Kohle und Stahl) - zu einer modernen diversifizierten Wirtschaftsstruktur bedingt.
Andere Länder wie Baden-Württemberg, Bayern, Hessen und Rheinland-Pfalz haben eine günstigere (vielfältigere) Struktur die auch den Dienstleistungssektor und die Hochtechnologie umfaßt. Zudem haben diese Länder nicht die Altlasten einer rückläufigen Schwerindustrie zu tragen.

Bei den **neuen Bundesländern** ist die Differenzierung nicht so groß, doch liegen die Länder Mecklenburg-Vorpommern, Sachsenanhalt und Thüringen über dem Durchschnitt, wobei hier die Altlasten aus der DDR-Vergangenheit oder auch die ländliche Struktur (Mecklenburg-Vorpommern) sicher diese Quoten bedingen.

Mit Tabelle 10.03 wird versucht, die **Altersstruktur der Arbeitslosen** und die Dauer der Arbeitslosigkeit für das frühere Bundesgebiet und für Deutschland für 1997 darzustellen.
Tabelle 10.03 läßt das bekannte Phänomen erkennen, daß die über 55- bis 60-jährigen Arbeitslosen überproportional mit ca. 19 % (1997) vertreten sind, während ihr Anteil an den Erwerbspersonen nur ca. 11 (1997) beträgt..
Demgegenüber lag der Anteil der Jugendlichen (unter 20 Jahren) von 1994 bis 1997 mit ca. 3 % etwas unter ihrem Erwerbspersonenanteil. Der Arbeitslosenanteil der 20- bis 25-jährigen lag dagegen über ihrem Anteil an den Erwerbspersonen.

Ein weiteres Strukturproblem ist die **Dauer der Arbeitslosigkeit**. Trotz verschiedener Programme zur Bekämpfung der **Langzeitarbeitslosigkeit** ist der Anteil der **über 12 Monate** dauernden Arbeitslosigkeit von 1994 mit ca. 31 % im Jahre 1997 inzwischen auf ca. 35 % im früheren Bundesgebiet gestiegen. Für Gesamtdeutschland lag der Anteil 1997 bei ca. 34 %.
Allerdings muß hier darauf hingewiesen werden, daß es sich nicht um feste „Bestände", sondern um einen laufenden Zu- und Abgang von Arbeitslosen handelt.

Eine weitere Erkenntnis kann aus der **beruflichen Qualifikation** der Arbeitslosen gezogen werden:
Der Anteil der Arbeitslosen ohne abgeschlossene Berufsausbildung lag 1997 bei 37,8 %, während der Anteil der Arbeitslosen mit abgeschlossener Berufsausbildung bei 62,2 % lag.
Eine Berufsausbildung allein schützt aber nicht vor Arbeitslosigkeit, insbesondere dann nicht, wenn es sich „nur" um eine betriebliche Ausbildung handelt. Der Anteil dieser Gruppe liegt bei 51 %.
Alle anderen Gruppen, insbesondere mit einem Fachhochschulstudium (1,5 %) und einem Universitätsstudium (3,8 %) liegen wesentlich unter diesem Wert.

Tabelle 10.02: Regionale Struktur der Arbeitslosigkeit nach Ländern

	durchschnittliche Arbeitslosenquote (a)					
	Jahresdurchschnitt (b)					
	1992	1993	1994	1995	1996	1997
Früheres Bundesgebiet	6,6	8,2	9,2	9,3	10,1	11,0
Baden-Württemberg	4,4	6,3	7,5	7,4	8,0	8,7
Bayern	4,9	6,4	7,1	7,0	7,9	8,7
Berlin-West	11,1	12,3	13,3	14,3	15,7	17,3
Bremen	10,7	12,4	13,7	14,0	15,6	16,8
Hamburg	7,9	8,6	9,8	10,7	11,7	13,0
Hessen	5,5	7,0	8,2	8,4	9,3	10,4
Niedersachsen	8,1	9,7	10,7	10,9	12,1	12,9
Nordrhein-Westfalen	8,0	9,6	10,7	10,6	11,4	12,2
Rheinland-Pfalz	5,7	7,5	8,4	8,5	9,4	10,3
Saarland	9,0	11,2	12,1	11,7	12,4	13,6
Schleswig-Holstein	7,2	8,3	9,0	9,1	10,0	11,2
	Jahresdurchschnitt (b)					
Neue Länder und Berlin-Ost	14,8	15,8	16,0	14,9	16,7	19,5
Brandenburg	14,8	15,3	15,3	14,2	16,2	18,9
Mecklenburg-Vorpommern	16,8	17,5	17,0	16,1	18,0	20,3
Sachsen	13,6	14,9	15,7	14,4	15,9	18,4
Sachsen-Anhalt	15,3	17,2	17,6	16,5	18,8	21,7
Thüringen	15,4	16,3	16,5	15,0	16,7	19,1
Berlin-Ost	14,3	13,7	13,0	12,4	14,4	17,3

(a) Arbeitslose in Prozent der abhängigen zivilen Erwerbspersonen
(sozialversicherungspflichtige und geringfügig Beschäftigte, Beamte und Arbeitslose)
(b) Durchschnitte berechnet aus den Werten Januar bis November, dem halben
Dezemberwert des Vorjahres und dem halben Dezemberwert des laufenden Jahres.
Die Quoten für 1997 sind bei Berlin und bei der Zusammenfassung der Wirtschaftsgebiete
Ost und West wegen der Neugliederung der Berliner Arbeitsämter nicht mit den
Vorjahreswerten vergleichbar.
Quelle: Statistisches Bundesamt: Statistisches Jahrbuch 1998, S. 123 f.

Tabelle 10.03: Altersstruktur der Arbeitslosen, Dauer der Arbeitslosigkeit und Berufsausbildung der Arbeitslosen
(jeweils Ende September)

1. Altersstruktur der Arbeitslosen						
	Prozentualer Anteil der Altersgruppe an der Zahl der					Erwerbs-
	Arbeitslosen				D	
	(jeweils Ende September)					personen (D)
Altersgruppe	1994	1995	1996	1997	1997	April 1997
unter 20 Jahre	2,7	3,0	3,2	3,0	3,2	3,6
20 bis unter 25 Jahre	10,3	9,9	9,8	9,4	9,0	8,1
25 bis unter 30 Jahre	13,2	12,3	11,8	10,9	10,5	12,1
30 bis unter 35 Jahre	12,8	12,5	13,0	13,0	12,7	14,6
35 bis unter 40 Jahre	10,5	10,5	11,4	11,9	12,2	13,9
40 bis unter 45 Jahre	8,9	8,9	9,7	10,2	10,8	12,8
45 bis unter 50 Jahre	7,9	8,2	9,1	9,8	10,3	12,0
50 bis unter 55 Jahre	10,3	9,7	9,2	9,4	9,7	9,7
55 bis unter 60 Jahre	18,9	20,7	19,5	19,1	19,0	10,7
60 bis unter 65 Jahre	4,3	4,4	3,4	3,3	2,6	2,5
	99,8	100,1	100,1	100,0	100,0	100,0

2. Dauer der Arbeitslosigkeit					
	Prozentualer Anteil				
	früheres Bundesgebiet				D
Zeitraum	1994	1995	1996	1997	1997
unter 1 Monat	11,5	11,9	11,7	11,1	11,0
1 bis unter 3 Monate	19,6	20,4	19,7	18,0	17,8
3 bis unter 6 Monate	15,7	15,1	15,7	14,6	15,2
6 bis unter 12 Monate	20,7	19,4	20,2	20,3	21,9
12 bis unter 24 Monate	19,3	17,0	16,3	18,6	18,9
24 Monate und länger	13,2	16,3	16,4	17,4	15,2

3. Berufsausbildung der Arbeitslosen	
	Prozentualer Anteil
	D
a) Mit abgeschlossener Berufsausbildung	62,2
Betriebliche Ausbildung	51,0
Berufsfachschule	1,7
Fachschule	4,2
Fachhochschule	1,5
Hochschule/Universität	3,8
b) Ohne abgeschlossene Berufsausbildung	37,8

Quelle: Amtliche Nachrichten der Bundsanstalt für Arbeit, Arbeitsstatistik 1993-Jahreszahlen, 42. Jahrgang, Sondernummer, Nürnberg, 25. Juli 1994, S. 82-85 u. Arbeitsstatistik 1994- Jahreszahlen, 43. Jahrgang, Sondernummer, 21. Juli 1995, S. 83-85; Arbeitsstatistik 1995- Jahreszahlen, 44. Jahrgang, Sondernummer, 30.9.1996, S. 85ff.;
Statistisches Jahrbuch 1998, S. 101, S. 122, eigene Berechnungen

10.2.3 Offene und verdeckte Arbeitslosigkeit

Die bisher aufgeführten Arbeitslosenzahlen erfassen die beim Arbeitsamt registrierten Arbeitslosen. Daneben gibt es noch eine sogenannte **verdeckte Arbeitslosigkeit** wie Tabelle 10.04 in vielfältiger Weise zeigt, eine Tabelle die in vereinfacher Form vom Jahresgutachten 1998 des Sachverständigenrates übernommen wurde.

Tabelle 10.04: Offene und verdeckte Arbeitslosigkeit (in 1000 Personen)

	früheres Bundesgebiet			neue Bundesländer			Deutschland		
	1996	1997	1998	1996	1997	1998	1996	1997	1998
A. Registrierte Arbeitslose	2796	3021	2904	1169	1364	1375	3965	4385	4279
B. Verdeckte Arbeitslosigkeit									
Kurzarbeiter (Arbeitslosenäquivalenz)	74	55	34	38	26	17	112	81	51
ABM-Teilnehmer (a)	76	72	76	278	312	279	354	384	355
andere Leistungsempfänger (b)	200	205	200	67	39	67	267	244	267
Berufliche Weiterbildung	307	257	276	239	243	230	546	500	506
Deutsch-Sprachlehrgänge	42	46	42	8	7	8	50	53	50
Altersübergangsgeldempfänger	2	2	1	186	341	186	188	343	187
Altersrente wg. Arbeitslosigkeit	391			271					
Summe B	1092	637	629	1087	968	787	1517	1605	1416
C. Offene und verdeckte Arbeitslosigkeit (Summe A + B)	3888	3658	3533	2256	2332	2162	5482	5990	5695

(a) Neben den Teilnehmern an Arbeitsbeschaffungsmaßnahmen (§§ 260 bis 271, 416 SGB III) sind auch die Teilnehmer an Strukturanpassungsmaßnahmen (§§ 272 bis 279, 415 SGB III) berücksichtigt.
(b) Leistungsempfänger nach §§ 125, 126 und 428 SGB III.
Quelle: SVR (98), Tab. 35, S. 89

Der Sachverständigenrat hat dabei die **Kurzarbeit** in Arbeitslosenäquivalenz umgerechnet und damit für 1998 für Deutschland insgesamt immerhin noch 51.000 verdeckte Arbeitslose berechnet.

Auch die **Teilnehmer an Arbeitsbeschaffungsmaßnahmen (ABM)** zählen nach Auffassung des Sachverständigenrates zu dieser Gruppe, wobei allerdings zu bedenken wäre, daß dieser Personenkreis ja beschäftigt ist, nur vom Staat subventioniert wird. Neben dieser Gruppe umfaßt die verdeckte Arbeitlosigkeit auch andere **Leistungsempfänger**, die meist der Arbeitsvermittlung nicht zur Verfügung stehen müssen (wie bei Leistungsfortzahlung im Krankheitsfall). Sie haben allerdings keine Arbeitsstelle im Gegensatz zu den ABM-Teilnehmern.

Schließlich zählt der Sachverständigenrat zur verdeckten Arbeitslosigkeit auch, die **Personen, die an einer beruflichen Weiterbildungsmaßnahme (oder Umschulungsmaßnahme) und an Sprachlehrgängen teilnehmen**.

In den neuen Bundesländern haben 230.000 Personen im Jahre 1998 an einer beruflichen Weiterbildung teilgenommen. Dies ist eine relativ hohe Zahl, wenn man sie mit den ca. 280.000 Personen des früheren Bundesgebiets vergleicht, da die Zahl der Erwerbspersonen

im früheren Bundesgebiet viermal so hoch ist. Die Situation in den neuen Bundesländern hat sich daher bis jetzt noch nicht „normalisiert".
Die verdeckte Arbeitslosigkeit umfaßt auch **Personen, die in den Vorruhestand gegangen sind** im Rahmen der Vorruhestands- und der Altersübergangsgeldregelung. Die Zahlen dieser Personengruppe sind seit 1996 dramatisch zurückgegangen, da die gesetzliche Regelung in den alten Bundesländern verschärft wurde. Die Zahl der **Altersübergangsgeldempfänger** ist inzwischen für Deutschland insgesamt auf ca. 190.000 (1998) geschrumpft.

Unter Berücksichtigung all dieser Personenkreise ergeben sich für Deutschland 1998 ca. 4,3 Millionen registrierte Arbeitslose und 1,4 Millionen verdeckte Arbeitslose, was zusammen ca. 5,7 Millionen Arbeitslose ergibt.

10.2.4 Beschäftigung und Preisniveau

Die folgende Abbildung 10.03 stellt einen Zusammenhang zwischen der **Inflationsrate und der Arbeitslosenquote** (früheres Bundesgebiet) dar, und zwar für die Zeit von 1963-1998.[1]
Als erster hat **A. W. Phillips** diesen Zusammenhang mit einer Untersuchung für Großbritannien vermutet.[2]

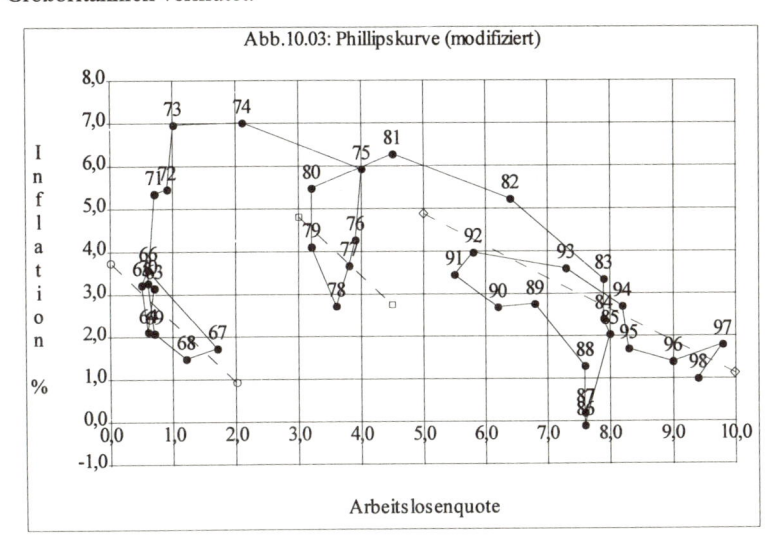

Abb.10.03: Phillipskurve (modifiziert)

Quelle: Tabellen 10.01b und 9.04

Allerdings stellte er den Zusammenhang zwischen der Wachstumsrate der Nominallöhne und der Arbeitslosenquote dar. Es ermittelte dazu eine Regressionslinie (Phillipskurve).

---

[1]Quellen zu Abbildung 10.7: Tabellen 10.01 und 9.04, SVR (94), Tab, 82*, S. 427 sowie eigenen Berechnungen der Trends (Regressionslinien).
[2]Vgl. Phillips, A.W.: The Relation between Unemployment and the Rate of Change of Money Wage Rates in the United Kingdom, 1861-1957, in: Economica, New Series 25 (November 1958), S. 283-299.
Ausführliche Darstellungen mit wirtschaftspolitischen Konsequenzen vgl. Peto, R.: Makroökonomik, S. 246 ff. und Geldtheorie, S. 167 ff.

P. A. Samuelson und R.M. Solow haben diesen Zusammenhang modifiziert, indem sie von den Wachstumsraten der Nominallöhne die Wachstumsraten der Produktivität abgezogen haben. Damit ergab sich die **modifizierte Phillipskurve** als eine Darstellung des Zusammenhangs zwischen **Arbeitslosenquote und Inflationsrate**.

Abbildung 10.03 zeigt diese modifizierte Phillipskurve für das frühere Bundesgebiet. Zusätzlich zur Darstellung der Zahlen wurden für die Jahre 1963-1970, 1976-1980 und 1983-1998 zur Andeutung von **modifizierten Phillipskurven** jeweiligen Trends (lineare Regressionslinie) berechnet und mit gestrichelten Linien dargestellt.

Danach ist während dieser Phasen die Arbeitslosenquote bei steigender Inflationsrate zurückgegangen. Dies führte bereits bei Phillips zu der Annahme, daß ein trade-off besteht zwischen der Höhe der Arbeitslosenquote und der Höhe der Inflationsrate. Damit wäre es möglich, sich mit Hilfe einer höheren Inflationsrate eine niedrigere Arbeitslosenquote zu erkaufen.

Die Tatsache, daß die Arbeitslosenquote zeitweilig bei steigendem Preisniveau rückläufig ist, kann mit der Geldillusion der Arbeitnehmer in dem Sinne erklärt werden, daß sie zwar die Preisentwicklung bemerken, aber aufgrund von Tarifverträgen ihre Löhne nicht sofort anpassen können (Lohn-lag-Hypothese).[1]

Die Zahlen lassen aber auch eine andere Betrachtungsweise zu: Eine rigorose Bekämpfung der Inflation, eventuell durch eine restriktive Geldpolitik führt zu einer Erhöhung der Arbeitslosenquote, da u.a. durch diese Politik das Zinsniveau relativ hoch gehalten wird und damit Investitionen verhindert werden. Eine derartige Inflationsbekämpfung ist dann problematisch, wenn die Inflationsrate vorübergehend durch den Staat selbst über eine Erhöhung der administrierten Preise durch Steuererhöhungen (Mineralölsteuern, Mehrwertsteuer usw.) oder Gebührenerhöhungen (Müllabfuhr- und Abwassergebühren) produziert wurde und nicht nachfragebedingt ist durch Lohnerhöhungen.[2]

Wie bei der Darstellung der Phillipskurve gezeigt wurde, stellt sich die Frage, ob man zwischen den beiden Übeln hohe Inflationsrate und hohe Arbeitslosenquote wählen könne. Für Deutschland stellt sich diese Frage schon lange nicht mehr, da die Duldung einer entsprechend hohen Inflationsrate die internationale Wettbewerbsfähigkeit Deutschlands erheblich einschränken würde.[3]

Besonders problematisch wird es dann, wenn beide Indikatoren zusammen immer weiter ansteigen. Vor diesem Hintergrund, haben angelsächsische Ökonomen die beiden Raten addiert, um einen Gesamtindikator für eine Volkswirtschaft zu bekommen. Sie nannte ihn **„Elends-Index"** (Misery Index).

Diesen **Elends-Index** zeigt Abbildung 10.04 für das frühere Bundesgebiet. Während der Index noch bis 1970 einen Wert unter 5 % zeigt, hat er ab 1973 völlig abgehoben und erreichte mit 11,5 % im Jahre 1982 einen Spitzenwert, sank dann Mitte der 80er Jahre auf unter 8 % und erreichte 1993 wieder beinahe 11 %. 1998 lag er schließlich ca. 10 %.

Der Index wurde dabei eindeutig durch die hohen Arbeitslosenquoten maßgeblich bestimmt wie Abbildung 10.04 zeigt.

---

[1] Zur Geldillusion vgl. Peto, R.: Makroökonomik, S. 242ff.
[2] Zu den administrierten Preisen vgl. Peto, R.: Geldtheorie, S. 165 und SVR (94), Ziff. 75 ff., S. 74 ff. sowie S. 291
[3] Vgl. dazu auch Peto, R.: Makroökonomik, ebenda

Abb. 10.04: Elends-Index
(früheres Bundesgebiet)

[Diagramm: Inflationsrate+AL-Q und AL-Quote (B), Jahre 63–98, Werte 0,0–12,0 %]

Quelle: vgl. Abb.10.03

— Inflationsrate+AL-Q   — AL-Quote (B)

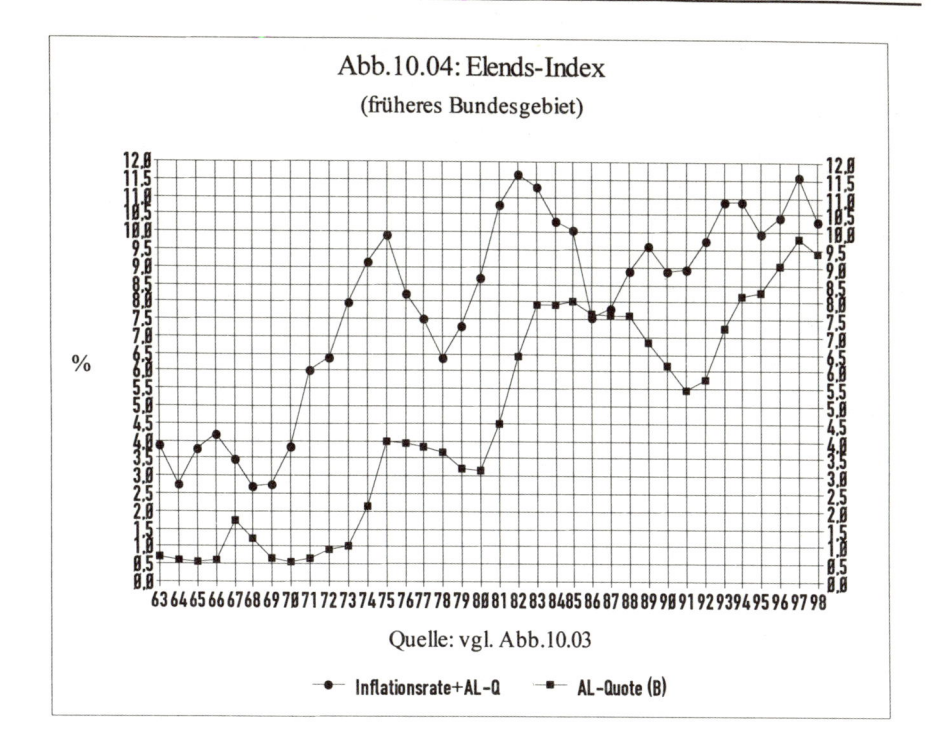

10.2.5 Beschäftigung und Wirtschaftswachstum

Die folgende Abbildung 10.05 versucht, den Zusammenhang zwischen Wirtschaftswachstum und Beschäftigung herzuleiten.
Zu diesem Zweck wurden die jährlichen Beschäftigungsänderungen (Änderungen der Beschäftigtenzahl) und die entsprechenden realen Wachstumsraten des Bruttoinlandsprodukts von 1970-1998 dargestellt und eine Regressionslinie berechnet.[1]

Daß ein Zusammenhang besteht, ist zu vermuten, denn ein Wirtschaftswachstum löst die Nachfrage nach Produktionsfaktoren aus. Sicher werden bei einem derartigen Wachstum auch Substitutionseffekte von Arbeit durch Kapital ausgelöst, aber bei einer gegebenen Technik ist nur dann eine Expansion möglich, wenn auch der Faktor Arbeit vermehrt eingesetzt wird. Die Frage ist daher interessant, wie groß das Wirtschaftswachstum sein muß, damit ein Beschäftigungseffekt ausgelöst wird. Anders formuliert: Wo liegt die **Beschäftigungsschwelle**?

Betrachtet man die Graphik, so ist davon auszugehen, daß erst bei einem realen Wachstum des Bruttoinlandsprodukts von jährlich über 2 % Beschäftigungseffekt ausgelöst werden.

---

[1] Es handelt sich um eigene Berechnung anhand der Zahlen von Tabelle 10.01 und Tabelle 6.03. Vgl. dazu für die Zeit von 1970-1989 die Berechnungen und den Kommentar von Siebert, H.: Wirtschaftswachstum löst das Problem einer verfestigten Arbeitslosigkeit nicht, in: Handelsblatt vom 14.12.93

Selbst ein Wachstum von real 4 % würde eine Erhöhung der Beschäftigung im früheren Bundesgebiet von etwas über 1 % bewirken oder in absoluten Zahlen von ca. 308.000 Personen bei einer Zahl von Arbeitslosen (1998) von 2,9 Millionen im früheren Bundesgebiet.
Damit wird deutlich, daß ein Wirtschaftswachstum allein nicht ausreicht, um das strukturelle Arbeitslosenproblem zu lösen.
Es ist weiterhin zu vermuten, daß diese Schwelle von 2 % deshalb so hoch liegt, weil die Arbeitsproduktivität in Deutschland in den letzten Jahren durch Rationalisierung bei zeitweilig bei über 2 % pro Jahr lag[1]. Damit war ein Wachstum möglich, ohne vermehrten

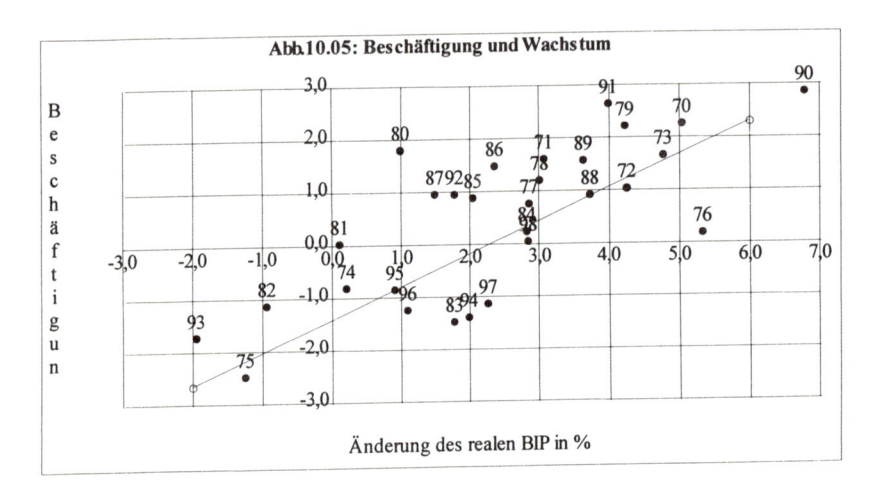

Abb.10.05: Beschäftigung und Wachstum

(Diagramm: Beschäftigung vs. Änderung des realen BIP in %)

Einsatz des Faktors Arbeit. Das Phänomen eines „jobless growth" tauchte auf.

10.2.6 Beschäftigung und Lohnniveau

Bei den Ursachen der Arbeitslosigkeit wird immer wieder **das hohe Lohnniveau in Deutschland** im Verhältnis zu anderen Ländern beklagt. Das Lohnniveau kann jedoch bei diesem Vergleich nicht in absoluter Höhe herangezogen werden, sondern nur unter Berücksichtigung der Entwicklung der **Arbeitsproduktivität**, denn eine Lohnerhöhung kann dann kostenmäßig kompensiert werden, wenn gleichzeitig die Produktivität zunimmt. Daher wird von den Tarifpartnern eine **produktivitätsorientierte Lohnpolitik** gefordert, die zugleich preisniveauneutral ist.[2]

Ein **gesamtwirtschaftlicher Indikator**, der sowohl das Lohnniveau als auch den Produktivitätsfortschritt berücksichtigt, sind die **Lohnstückkosten**. Die Lohnstückkosten ergeben sich in der Divisionskalkulation aus dem Verhältnis der Lohnkosten zu der Zahl der gefertigten Leistungseinheiten. In Mehrproduktunternehmen und damit auch bei einer gesamtwirtschaftlichen Betrachtung können die vorhandenen Leistungseinheiten nur addiert werden, wenn sie vorher bewertet werden. Auf diese Weise erhält man die betriebliche Leistung für einen einzelnen Betrieb, die auch als Bruttoproduktionswert bezeichnet wird. Werden die Vorleistungen abgezogen, ergibt sich der

---

[1] Vgl. S. 104 ff.
[2] Vgl. Peto, R.: Geldtheorie, S. 163; vgl. S. 106

Nettoproduktionswert des Betriebs. Die Summe aller Nettoproduktionswerte einer Volkswirtschaft ergibt aber das Bruttoinlandsprodukt.
Die gesamtwirtschaftlichen **nominalen Lohnstückkosten** müssen daher auf „Umwegen" wie folgt berechnet werden:

$$\text{Lohnstückkosten} = \frac{\text{Bruttoeinkommen aus unselbständiger Arbeit je beschäftigter Arbeitnehmer im Inland}}{\text{Bruttoinlandsprodukt in konstanten Preisen je Erwerbstätiger im Inland}}$$

Hier wird nach dem Inlandskonzept vorgegangen, so daß die Bruttoeinkommen aus unselbständiger Arbeit **im Inland** auch nicht vollständig identisch sind mit den Bruttoeinkommen aus unselbständiger Arbeit **der Inländer** als Anteil am Volkseinkommen. (Tabelle 6.03).
Auf dem Bruchstrich des obigen Quotienten steht damit das Pro-Kopf-Einkommen der im Inland beschäftigter Arbeitnehmer. Der Nenner erfaßt die Pro-Kopf-Leistung der im Inland beschäftigten Erwerbstätigen, ein Indikator, der bereits an anderer Stelle ermittelt wurde (Tabelle 6.01) und den man als **gesamtwirtschaftliche Arbeitsproduktivität** bezeichnet. **Damit werden durch den Indikator „Lohnstückkosten" die Arbeitsproduktivitätsentwicklung und die Entwicklung der Lohnkosten erfaßt.**
Die folgende Tabelle 10.05 zeigt die Berechnungen der Lohnstückkosten und ihre zeitliche Entwicklung für Deutschland (sowie für die Teilgebiete) sowohl in absoluter Höhe als auch als Index auf der Basis des Jahres 1991. Eine absolute Höhe der Lohnstückkosten von beispielsweise DM 0,60 bedeutet, daß für die Erstellung einer Produkteinheit Lohnkosten in Höhe von DM 0,60 angefallen sind.[1]
Tabelle 10.05 und Abbildung 10.05 stellen die zeitliche Entwicklung der Lohnstückkosten in absoluter Höhe seit 1981 (linke Ordinate) und die Änderungsraten gegenüber dem Vorjahr (rechte Ordinate) dar.
Für das **frühere Bundesgebiet** ist eine Steigerung der absoluten Höhe der Lohnstückkosten von DM 0,50 im Jahre 1981 auf DM 0,65 ab 1993 auf ca. 0,66 DM. Dies bedeutet, daß die Lohnstückkosten seit 1981 zwar erheblich gestiegen sind, zum ersten Mal nach dem Kriege seit 1993 praktisch stagnieren.
Die Steigerung der Lohnstückkosten würde damit einer der Gründe der Arbeitslosigkeit seit den 80er Jahren sein.
Eine weitere Erkenntnis aus ist die Entwicklung der Lohnstückkosten in den **neuen Bundesländern**: Die Lohnsteigerung der letzten Jahre im Osten waren zwar zur Angleichung des Lebensstandards notwendig, haben aber zu einer extremen Lohnstückkostensteigerung 1992 mit 11,1 % und 1993 noch mit 2,7 % geführt, die eben bedingt war durch eine zu geringe Arbeitsproduktivität.
Die Situation hat sich 1993 normalisiert u.a. durch die hohen Wachstumsraten des Bruttoinlandsprodukts.
Die Normalisierung wurde durch zwei Faktoren bestimmt, und zwar durch einen Personalabbau bei gleichzeitig steigender Produktion.

---

[1] Es handelt sich um eigene Berechnung anhand der angegebenen Quellen.
Die Bundesbank kommt bei ihren Berechnungen zu einem ähnlichen Ergebnis. Sie ermittelt dabei die „Lohnkosten je Produkteinheit" (Vgl. Deutsche Bundesbank: Saisonbereinigte Wirtschaftszahlen, September 1998, Statistisches Beiheft zum Monatsbericht 4, S. 34 f.

Tabelle 10.05: Lohnstückkostenberechnung

Jahr	entstandene Einkommen aus unständiger Arbeit im Inland	beschäftigte Arbeitnehmer (im Inland)	Bruttoeink. je beschäft. Arbeitnehmer	BIP in Preisen von 1991	Erwerbstätige im Inland	BIP pro Erwerbstätiger (Produktivität)	Lohnstückkosten		
								Index	Veränd. gegenüber dem Vorjahr
	(a)	(b)	(c)=(a)/(b)	(d)	(e)	(f)=(d)/(e)	(g)=(c)/(f)	(h)	(i)
	Mrd. DM	1000	DM	Mrd. DM	1000	DM	DM	1991=100	%
früheres Bundesgebiet									
1981	902,6	23907	37752,5	2020,0	26951	74951	0,50	83	
1982	929,8	23639	39331,2	2001,0	26630	75141	0,52	87	3,9
1983	949,0	23293	40743,1	2036,2	26251	77567	0,53	87	0,4
1984	983,7	23351	42126,2	2093,5	26293	79622	0,53	88	0,7
1985	1021,4	23559	43355,8	2136,0	26489	80637	0,54	89	1,6
1986	1074,4	23910	44936,8	2186,1	26856	81401	0,55	92	2,7
1987	1119,6	24141	46367,2	2218,4	27050	82011	0,57	94	2,4
1988	1163,8	24365	47764,4	2301,0	27261	84406	0,57	94	0,1
1989	1216,3	24750	49141,4	2384,4	27658	86210	0,57	94	0,7
1990	1315,5	25460	51670,1	2520,4	28479	88500	0,58	97	2,4
1991	1430,2	26136	54721,5	2647,6	29189	90705	0,60	100	3,3
1992	1529,4	26388	57958,2	2694,3	29455	91472	0,63	105	5,0
1993	1544,0	25931	59543,0	2639,1	29002	90997	0,65	108	3,3
1994	1571,3	25570	61451,3	2694,0	28656	94012	0,65	108	-0,1
1995	1613,6	25365	63615,2	2733,7	28464	96041	0,66	101	1,3
1996	1629,4	25052	65041,1	2769,0	28156	98345	0,66	101	-0,2
1997	1636,6	24769	66074,5	2831,0	27875	101561	0,65	100	-1,6
neue Bundesländer und Berlin-Ost									
1991	177,8	6950	25582,7	206,0	7321	28138	0,91		
1992	209,9	5969	35165,0	222,1	6387	34774	1,01		11,2
1993	232,9	5757	40455,1	242,8	6219	39042	1,04		2,5
1994	252,6	5829	43335,0	266,2	6330	42054	1,03		-0,6
1995	271,4	5881	46148,6	280,1	6396	43793	1,05		2,3
1996	275,3	5749	47886,6	285,5	6259	45614	1,05		-0,4
1997	272,2	5543	49107,0	290,2	6053	47943	1,02		-2,4
Deutschland									
1991	1608,0	33086	48600,6	2853,6	36510	78159	0,62		
1992	1739,3	32357	53753,4	2916,4	35842	81368	0,66		6,2
1993	1776,9	31688	56075,2	2881,9	35221	81823	0,69		3,7
1994	1823,9	31399	58088,2	2960,2	34986	84611	0,69		0,2
1995	1885,0	31246	60327,7	3013,8	34860	86454	0,70		1,6
1996	1904,7	30801	61839,2	3054,5	34415	88755	0,70		-0,2
1997	1908,8	30312	62971,8	3121,2	33928	91995	0,68		-1,8

Quelle: Tab. 6.01, 6.02, 10.01b; VGR Fachserie 18, Reihe 3, Vierteljahresergebnisse der Inlandsproduktsberechnung, 4. Vierteljahr 1997

Was die absoluten Zahlen der Lohnstückkosten betrifft, so liegen sie seit 1992 über einer DM (1997 DM 1,02). Das bedeutet, daß die Unternehmen im Osten immer noch hoch subventioniert produzieren und damit ihre Löhne finanzieren. Allerdings ist das Zahlenmaterial aus den neuen Bundesländern immer noch unvollständig, weshalb der Aussagewert begrenzt ist.[2]

---

[2] Vgl. SVR (94) Ziff. 129, S. 113

10. Beschäftigung

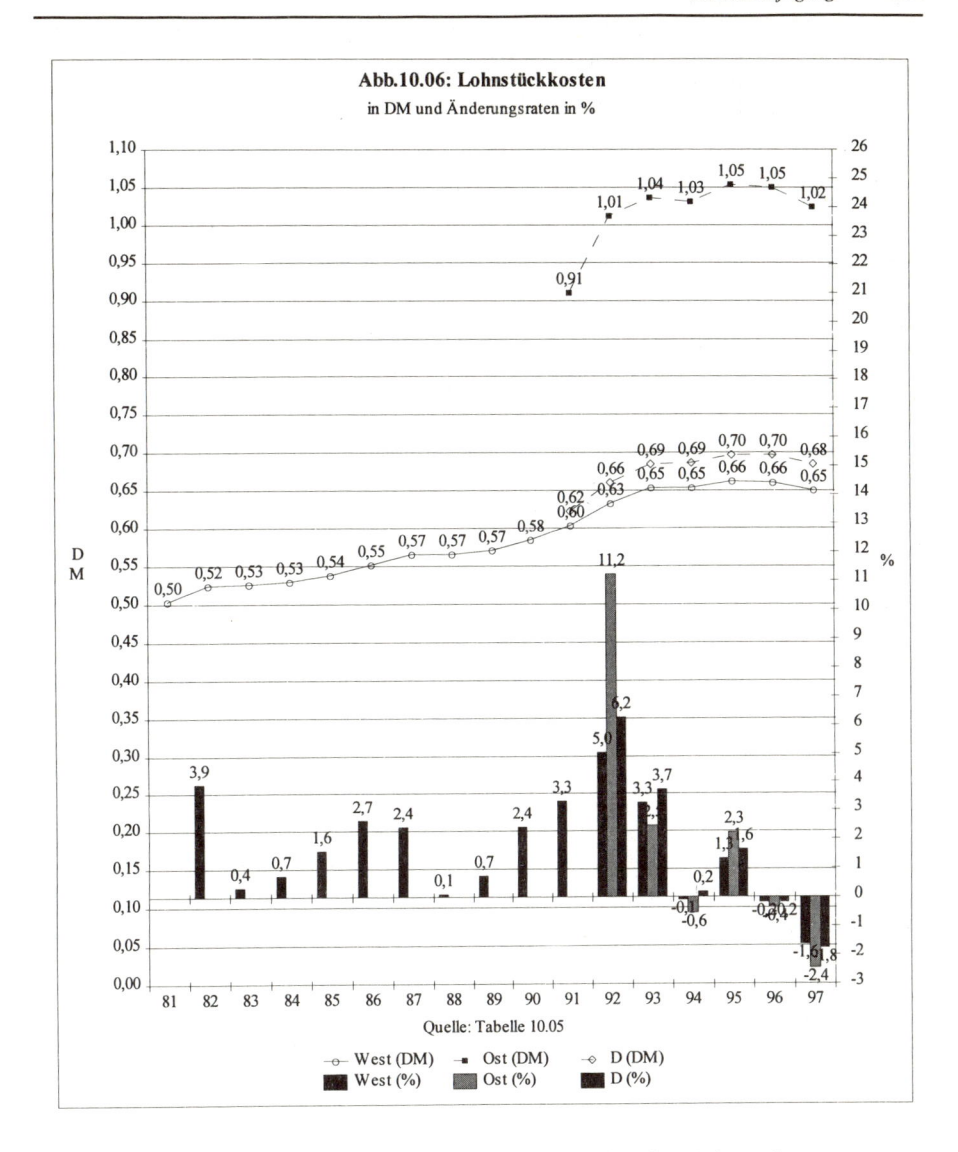

Abb.10.06: Lohnstückkosten
in DM und Änderungsraten in %

[Diagramm: Lohnstückkosten West (DM), Ost (DM), D (DM) als Linien und West (%), Ost (%), D (%) als Balken, Jahre 81–97. Quelle: Tabelle 10.05]

West (DM)-Werte: 0,50; 0,52; 0,53; 0,53; 0,54; 0,55; 0,57; 0,57; 0,57; 0,58; 0,60; 0,63; 0,65; 0,65; 0,66; 0,66; 0,65
Ost (DM)-Werte: 0,91; 1,01; 1,04; 1,03; 1,05; 1,05; 1,02
D (DM)-Werte: 0,62; 0,66; 0,69; 0,69; 0,70; 0,70; 0,68

West (%): 3,9; 0,4; 0,7; 1,6; 2,7; 2,4; 0,1; 0,7; 2,4; 3,3; 3,3; 2,1; 0,2; 1,3; -0,3; -0,4; -1,9
Ost (%): 11,2; 5,0; 3,7
D (%): 6,2; 3,3; 2,3; 1,6; -0,6; -0,2; -1,8; -2,4

Die Lohnstückkostenentwicklung ist aber nicht nur im nationalen Rahmen interessant, sondern vor allem im **internationalen Vergleich**, d. h. im Vergleich mit unseren Konkurrenten als Produktionsstandort und im Vergleich zu unseren Handelspartnern. Abbildung 10.07 zeigt den Vergleich zwischen Deutschland (früheres Bundesgebiet), Frankreich (F), Großbritannien (GB), Spanien (E), den Vereinigten Staaten (USA) und Japan. Um den Vergleich ohne Probleme der Paritäten sinnvoll durchführen zu können, wurden die Lohnstückkosten auf der Basis der Preise von 1991 für das Bruttoinlandsprodukt ermittelt. Das Ergebnis der Untersuchung zeigt für die Zeit **vor** 1991 drei Ländergruppen:
Die **Ländergruppe mit sehr niedrigen Lohnstückkosten** aus den Ländern

Abb. 10.07: Lohnstückkostenvergleich
1991=100

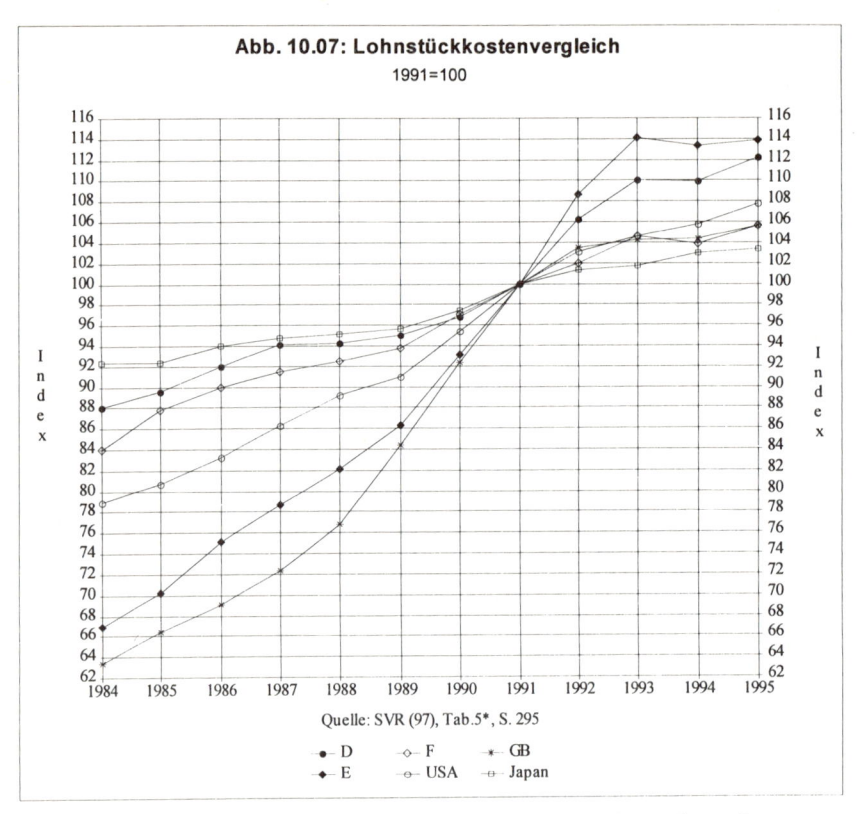

Quelle: SVR (97), Tab.5*, S. 295

D, F, GB, E, USA, Japan

Großbritannien und Spanien. Der Abstand dieser Länder zu den anderen Gruppen war besonders Mitte der 80er Jahre extrem. Spanien gehört aber seit Anfang der 90er Jahre zu den Ländern mit den höchsten Lohnstückkosten, während Großbritanniens auch nach 1991 immer noch zur Gruppe der Länder mit den niedrigsten Lohnstückkosten gerechnet werden muß. Die andere extreme Gruppe ist die Gruppe mit den **höchsten Lohnstückkosten** bis 1991 bestehend aus **Deutschland**, **Japan** und **Frankreich**. Die französischen Lohnstückkosten lagen und liegen allerdings immer unter den deutschen Kosten. (Frankreich gehört seit 1992 zur Gruppe mit den niedrigsten Lohnstückkosten.) Deutschland liegt nach 1991 auf dem zweiten Platz nach Spanien, während Japan nach 1991 die niedrigsten Lohnstückkosten aufweist.

Zur dritten Gruppe mit **mittleren Stückkosten** zählt die **USA**, diese Position wurde bis 1993 beibehalten. Seit liegen die USA allerdings auf Platz drei nach Deutschland.[3]

Damit lassen die hohen Lohnstückkosten in Deutschland vermuten, daß diese Tatsache eine der Ursachen ist für die aktuell hohe Arbeitslosigkeit.

---

[3] Bei der Auswahl dieser Länder konnte leider nicht auf Zahlenmaterial der Reformländer in Osteuropa zurückgegriffen werden, die sicher mit ihren Stückkosten zur Gruppe mit den niedrigsten Stückkosten gehören.

Kontrollfragen zu Kapitel 10

1. Was wird unter „Vollbeschäftigung" im Marktsinne verstanden?
2. Wie werden die Indikatoren „Arbeitslosenquote" und „Erwerbslosenquote" in der Bundesrepublik Deutschland heute definiert?
3. Welche Mängel weisen diese Arbeitsmarktindikatoren auf?
4. Welche Arten von Erwerbspersonen gibt es?
5. Zählen Sie weitere wichtige Indikatoren auf, die verwendet werden, um die Arbeitsmarktsituation zu erkennen und darzustellen!
6. Nennen Sie die unterschiedlichen Ursachen der Arbeitslosigkeit!
7. Wann liegt freiwillige und unfreiwillige Arbeitslosigkeit vor?
8. Welche Arten struktureller Arbeitslosigkeit gibt es?
9. Wie ist die regionale Arbeitslosigkeit in Deutschland verteilt?
10. Zählen Sie die Ursachen für die hohe Arbeitslosigkeit seit den 80er Jahren im früheren Bundesgebiet und in den neuen Bundesländern seit 1991 auf!
11. Welche Personengruppen werden vom Sachverständigenrat zur Ermittlung verdeckter Arbeitslosigkeit herangezogen?
12. Inwiefern wird ein Zusammenhang zwischen der Höhe der Inflationsrate und der Höhe der Arbeitslosenquote gesehen?
13. Was wird mit dem Elends-Index (Misery Index) gezeigt?
14. Wie hoch müßte das jährliche Wachstum des realen Bruttoinlandsprodukts sein, um (nach den Zahlen der Vergangenheit) im früheren Bundesgebiet Beschäftigungseffekte auszulösen (Beschäftigungsschwelle)?
15. Was versteht man unter den Lohnstückkosten, und wie werden sie (gesamtwirtschaftlich) berechnet?
16. Inwiefern spielt die Höhe der Lohnstückkosten als eine der Ursachen der Arbeitslosigkeit in Deutschland eine Rolle?

Literaturhinweise zu Kapitel 10

Deutsche Bundesbank	Längerfristigen Entwicklungen am Arbeitsmarkt, in: Monatsbericht August 1989, S. 32-40
Franke, H.	Arbeit für alle, Wege aus der Krise in die Zukunft der Arbeitslandschaft, Herford 1987
Peto, R.	Grundlagen der Makroökonomik, 11. Auflage, München 1994
Sachverständigenrat zur Begutachtung der gesamtwirtschaftlichen Entwicklung	Jahresgutachten1994/95, Bundesdrucksache 13/26 vom 21.11.94; Jahresgutachten 1997/98, Bundesdrucksache 13/9090 vom 18.11.97

11. VOLKSVERMÖGEN

11.1 Grundfragen

Während sich die Kreislaufanalyse mit Strömen und Bestandsänderungen befaßt, sollen mit der Gesamtwirtschaftlichen Vermögensrechnung Vermögensbestände zu bestimmten Stichtagen ermittelt werden.
Dies wirft die grundsätzliche Frage nach den Zielen einer Volksvermögensrechnung auf.

Im Mittelpunkt der Überlegungen steht ohne Zweifel das Ziel, umfassende Informationen für die Wirtschaftspolitik, die Wirtschaftstheorie und eventuell für einzelwirtschaftliche Entscheidungen zu bekommen[1], und zwar über

- die relative (quantitative) Bedeutung der Vermögensgegenstände,
- die Vermögensverteilung,
- die Veränderung des Volksvermögens im Zeitablauf und
- als Basis eines internationalen Vergleichs der Volksvermögen.

Wie bereits an anderer Stelle dargelegt, gibt der Indikator „Inlandsprodukt" nur begrenzt Auskunft über den „Wohlstand" einer Volkswirtschaft. Der Indikator „Inlandsprodukt" kann sogar irreführend sein. Die Höhe des Volksvermögens müßte daher diesen Indikator ergänzen.
Ein Beispiel aus den Entwicklungsländern soll dies deutlich machen:
Wird der Urwald eines Landes abgeholzt, so steigt das Inlandsprodukt eines Landes genauso wie wenn Bodenschätze (Öl, Eisenerz) gehoben und auf dem Weltmarkt verkauft werden. Das Land hat aber eine unwiderrufliche Abnahme seiner Bestände, d.h. einen Substanzverlust zu verzeichnen. Sind die Vorräte erschöpft und die Einkommen nicht in neue Branchen investiert, so sinkt das Inlandsprodukt wieder ab.
Eine Situation, die auch am Beispiel eines europäischen Landes demonstriert werden kann, nämlich an Rumänien: Die rumänischen Ölvorräte sind erschöpft, das Land ist verarmt, da die Erlöse nicht in neue Industrien investiert wurden.

Gerade beim ESVG 95 spielt deshalb die Ermittlung der Vermögensbestände eine wichtige Rolle, was bereits mit der Einführung von sektoralen Vermögensbilanzen deutlich wurde.

Daneben erfordert die **Berechnung der Abschreibungen** für das Nettoinlandsprodukt und die **Berechnung anderer gesamtwirtschaftlicher Indikatoren** wie beispielsweise des Kaptialkoeffizienten eine Ermittlung des Bestandes an Vermögensgütern.

Bei der Ermittlung des Volksvermögens ergeben sich immer noch erhebliche methodische und statistische Probleme.

So ist die in Kapitel 2 angestrebte Möglichkeit einer Konsolidierung von einzelwirtschaftlichen Vermögensrechnungen (in Form einer Totalerhebung) in der statistischen Praxis nicht durchführbar, da die überwiegende Zahl der privaten Haushalte und auch ein Teil der Unternehmen keine Vermögensrechnungen erstellt.

---

[1] Vgl. Stobbe, A.: Volkswirtschaftslehre I, Volkswirtschaftliches Rechnungswesen, 5. Auflage, Berlin 1980, S. 93 f.

Aufgrund dieser Schwierigkeiten ist die Vermögensrechnung der staatlichen Stellen in der Bundesrepublik Deutschland immer noch unterentwickelt.
So erfaßt das Statistische Bundesamt das „Reproduzierbare Sachvermögen"[1] aber auch das Gebrauchsvermögen der privaten Haushalte.[2]
Die Deutsche Bundesbank ermittelt dagegen das „Geldvermögen"[3].
Beide Institute erstellen damit nur **Teilvermögensrechnungen**.

Das folgende Konto 11.01 zeigt die von A. Stobbe vorgeschlagene **umfassende Volksvermögensrechnung**.[4]

Die Aktivseite gliedert sich dabei in Sachvermögen, immaterielles Vermögen und Auslandsforderungen.
Beim Sachvermögen wird zwischen nichtreproduzierbarem und reproduzierbarem Sachvermögen unterschieden.
Zum **nichtreproduzierbaren Sachvermögen** zählen Vermögensgegenstände wie Boden, Bodenschätze, Kunstwerke und Sammlungen. Dabei treten neben den Erfassungsproblemen (Bodenschätze) auch Bewertungsprobleme (Kunstwerke) auf.
Die Einbeziehung von Kunstwerken und Sammlungen zeigt, daß Stobbe über ein rein produktionsorientiertes Volksvermögen hinausgeht.

Das **reproduzierbare Sachvermögen** ist das Teilvermögen, das bisher vom Statistischen Bundesamt untersucht wurde. Dabei steht im Vordergrund das Produktivvermögen in den Unternehmen, um bestimmte gesamtwirtschaftliche Indikatoren wie den Kapitalkoeffizienten als Verhältnis zwischen dem vorhandenen Produktivvermögen (auch Kapitalstock genannt) und dem Bruttoinlandsprodukt zu ermitteln.
Daneben können auch das Produktionspotential (die Produktionskapazität) und die Kapitalintensität (eingesetzter Kapitalstock je Erwerbstätiger) aus dem Produktivvermögen abgeleitet werden.[5]
Schließlich spielen die Lagerbestände bei der Konjunkturbeurteilung eine Rolle.
Das reproduzierbare Sachvermögen umfaßt nach der Gliederung von Stobbe auch das Haushaltsvermögen, das in der Hauptsache aus Haus- und Grundbesitz aber auch aus dauerhaften Konsumgütern besteht. Die Erfassung des Bestandes an dauerhaften Konsumgütern ist deshalb notwendig, da ja das Inlandsproduktskonzept den Kauf derartiger Güter durch private Haushalte (im engeren Sinne) nicht als Vermögensänderung sondern als Konsum behandelt. Dies bedeutet, daß die Annahme gemacht wird, daß diese Güter noch in der gleich Periode verbraucht werden.[6]

---

[1] Vgl. Statistisches Bundesamt: Vermögensrechnungen 1950 bis 1991, Bundesergebnisse (früheres Bundesgebiet), Stuttgart 1992, S. 8 ff., im folgenden zitiert als: VGR, Vermögensrechnung.
[2] Auf eine Darstellung des Gebrauchsvermögens der privaten Haushalte soll verzichtet werden, da dies beim ESVG 95 voraussichtlich entfällt.
[3] Vgl. Deutsche Bundesbank: Ergebnisse der gesamtwirtschaftlichen Finanzierungsrechnung für Deutschland 1990 bis 1997, Juni 1998
[4] Vgl. Stobbe, A.: VWL I, S.94
[5] Zur Berechnung des Produktionspotentials durch die Deutsche Bundesbank für ihr Geldmengenziel vgl. „Das Produktionspotential in Deutschland und seine Bestimmungsfaktoren", in: MB 8/95, S. 41 ff.
[6] Zur Erfassung des Gebrauchsvermögens vgl. Schäfer, D.: Wert des Gebrauchsvermögens der privaten Haushalte, in: WiSta 2/1985, S. 110 ff.; Schäfer, D./Bolleyer, R.: Gebrauchsvermögen privater Haushalte, in: WiSta 8/1993, S. 527 ff.

Konto 11.01: Volksvermögensrechnung

Aktiva	Passiva

1. Sachvermögen
  1.1 Nichtreproduzierbares
    1.11 Boden, gegliedert nach
        Nutzungsarten
    1.12 Bodenschätze
    1.13 Kunstwerke, Sammlungen
  1.2 Reproduzierbares Sachvermögen
    1.21 Produktionsapparat, gegliedert
        nach Wirtschaftszweigen
      1.211 Anlagevermögen
      1.212 Lagerbestände
    1.22 Haushaltsvermögen
      1.221 Gebrauchsvermögen
      1.222 Lagerbestände
 	
2. Immaterielles Vermögen
  2.1 Patente, Lizenzen
  2.2 Urheber- und Markenrechte
 	
3. Auslandsforderungen
  3.1 Monetäre Metalle
  3.2 Langfristige Forderungen
  3.3 Kurzfristige Forderungen
	1. Auslandsverbindlichkeiten
	  1.1 Langfristige Verbindlichkeiten
	  1.2 Kurzfristige Verbindlichkeiten
	
	2. Reinvermögen einer Volkswirtschaft
	   (Volksvermögen)
	
	  2.1 Private Haushalte
	  2.2 Private Organisationen ohne
	     Erwerbszweck
	  2.3 Öffentliche Haushalte

Die Position 2 auf der Aktivseite des Kontos 11.01 umfaßt das immaterielle Vermögen, das bei der Gliederung von Stobbe aus Patenten, Lizenzen, Urheber- und Markenrechte besteht. Dies sind Vermögensgegenstände, die auch nach handelsrechtlichen Vorschriften unter bestimmten Bedingungen aktivierungsfähig sind. Nicht aufgeführt ist das immaterielle Vermögen in Form von wissenschaftlichen Erkenntnissen aber auch in Form von personengebundenen Fähigkeiten, **Humankapital** genannt. Eine Berechnungsmöglichkeit besteht hier über eine Kapitalisierung der erwarteten Lebenseinkommen.[1]

Die Position 3 auf der Aktivseite der Volksvermögensrechnung erfaßt den Forderungsbestand des Inlandes an das Ausland, wobei monetäre Metalle als Forderungen an das Ausland erscheinen, da mit ihnen internationale Kaufkraft ausgeübt werden kann. Die Position 1 auf der Passivseite zeigt schließlich die Verbindlichkeiten gegenüber dem Ausland.
Die Differenz zwischen dem Bestand an Forderungen an das Ausland und den Verbindlichkeiten gegenüber dem Ausland ergibt die **Nettoauslandsposition eines Landes (N)**. Wie bereits an anderer Stelle gezeigt wurde, spielt die Änderung der Nettoauslandsposition (ΔN) eine wichtige Rolle bei der Kreislaufanalyse.

---

[1] Vgl. dazu die Überlegungen Friedmans im Zusammenhang mit der Geldnachfrage und der Konsumnachfrage in: Peto, R.: Makroökonomik, S. 142 ff. und Geldtheorie, S. 122 ff.

Die Positionen auf der rechten Kontenseite des Kontos 11.01 zeigen die Ansprüche einzelner Gruppen von Wirtschaftseinheiten an das Volksvermögen. So haben sowohl inländische als auch ausländische Wirtschaftseinheiten Ansprüche an das Volksvermögen. Werden die ausländischen Ansprüche von der Summe der Aktiva subtrahiert, ergibt sich das **Reinvermögen der Volkswirtschaft**, auch **Volksvermögen** genannt.

Die Position 2 auf der Passivseite des Kontos 11.01 zeigt eine der möglichen **Volksvermögensverteilungen**, und zwar auf die Gruppen

- private Haushalte,
- private Organisationen ohne Erwerbszweck und
- öffentliche Haushalte.

Dabei wird davon ausgegangen, daß die Unternehmen letztlich diesen Gruppen von Wirtschaftseinheiten gehören.

Eine Aufteilung des Volksvermögens auf die Sektoren, die bei den Volkswirtschaftlichen Gesamtrechnungen Verwendung finden, wird als eine **sektorale Volksvermögensverteilung** bezeichnet.[1]
Außerdem ist eine Analyse des Volksvermögens nach **Vermögensarten** und nach **Wirtschaftsbereichen** (in Anlehnung an die Herkunftsrechnung des Bruttoinlandsprodukts) interessant.
Schließlich besteht noch die Zuordnung nach der **Funktion**, die das Vermögen in der Volkswirtschaft ausübt.[2]

11.2 Die Volksvermögensrechnungen für die Bundesrepublik Deutschland

11.2.1 Teilvermögensrechnungen

11.2.1.1 Die Vermögensrechnungen des Statistischen Bundesamtes

11.2.1.1.1 Die Vermögensrechnungen bis Ende 1998

Das Statistische Bundesamt hat 1971 eine Teilvermögensrechnung in Form einer Sachvermögensrechnung für die Zeit von 1950 bis 1970 in Preisen von 1962 und im Jahre 1972 zu Anschaffungs- und Wiederbeschaffungspreisen vorgelegt.[3]
Diese Rechnung wurde weitergeführt, und hat schließlich 1992 zu einem Sonderband „Volksvermögen" des Statistischen Bundesamtes mit Zeitreihen von 1950 bis 1991 geführt.[4]
Die Berechnungen des Statistischen Bundesamtes bezogen sich aber nur auf das **reproduzierbare Sachvermögen, d. h. auf das Anlagevermögen und auf die Vorräte**.
Das **Anlagevermögen** „umfaßt den Bestand an dauerhaften reproduzierbaren Produktionsmitteln mit Ausnahme dauerhafter militärisch genutzter Güter und dauerhafter

---

[1] Vgl. Sablotny, H.: Gesamtwirtschaftliche Vermögensrechnung, Frankfurt/M. 1977, S. 25
[2] Vgl. ebenda, S. 23 ff.
[3] Vgl. Lützel, H.: Das reproduzierbare Anlagevermögen in Preisen von 1962, in: WiSta Heft 10/1971, S. 593 ff. und ders.: Das reproduzierbare Sachvermögen zu Anschaffungs- und Wiederbeschaffungspreisen, in: WiSta Heft 11/1972, S. 611 ff.
[4] Vgl. VGR Fachserie 18, Reihe S. 17 Vermögensrechnung 1950 bis 1991, Stuttgart 1992

11. Volksvermögen

Güter der privaten Haushalte. Wohngebäude bzw. Wohnungen zählen auch dann zum Anlagevermögen der Unternehmen, wenn sie sich im Eigentum von privaten Haushalten befinden."[1]
Das hier erfaßte Anlagevermögen enthielt weder Grundstücke noch immaterielles Anlagevermögen.
Neben dem Anlagevermögen gehörte auch das **Vorratsvermögen** zum reproduzierbaren Sachvermögen. Unter dem Vorratsvermögen wurden in der Abgrenzung der Volkswirtschaftlichen Gesamtrechnungen alle Vorprodukte, die halbfertigen und die fertigen Erzeugnisse aus eigener Produktion und die Handelswaren verstanden, die der Produktion dienen sollen und zum Bilanzstichtag vorhanden sind.
Die Vorräte des Staates, der privaten Organisationen ohne Erwerbszweck und der privaten Haushalte wurden hier nicht erfaßt, auch nicht die Bodenschätze und das Holz am Stamm.[2]

Das Statistische Bundesamt hatte für das **Anlagevermögen drei Wertansätze** gewählt, und zwar die Bewertung zu konstanten Preisen, zu Wiederbeschaffungspreisen und zu den Anschaffungs- oder Herstellungskosten.
Für das Vorratsvermögen wurde darauf verzichtet, diese drei Wertansätze getrennt anzuwenden. Es wurde überwiegend die Buchwerte der Unternehmen übernommen.[3]
Was nun die **Berechnungsmethoden zur Ermittlung des Anlagevermögens** betrifft, so gibt es keine brauchbaren statistischen Unterlagen über die Sachvermögensbestände der gesamten Volkswirtschaft. Das Anlagevermögen muß daher indirekt berechnet werden, wozu das Statistische Bundesamt auf die von Goldsmith entwickelte Perpetual-Inventory-Methode zurückgegriffen wurde:[4] „Dabei wird von der Überlegung ausgegangen, daß der heute vorhandene Vermögensbestand sich aus den Zugängen in der Vergangenheit zusammensetzt. Wenn man also die Zugänge der zurückliegenden Jahre unter Berücksichtigung der Nutzungsdauer der Anlagegüter kumuliert, so erhält man die Größe des augenblicklichen Bestandes."[5]
Problematisch ist vor allem die Ermittlung der Nutzungsdauer. Hier wurden die steuerlichen AfA-Tabellen als Anhaltspunkt verwendet, danach aber für die einzelnen Gütergruppen Abgangs- und Überlebensfunktionen benutzt.[6]
Die Abschreibungen erfolgten nach international üblichen linearen Abschreibungsmethode.

Mit Tabelle 11.01 soll der **Bestand an Sachvermögen** im Zeitvergleich und seine **Struktur** dargestellt werden.
Zu Wiederbeschaffungspreisen gerechnet, betrug das **Bruttoanlagevermögen des früheren Bundesgebiets** am Jahresanfang 1994 ca. 14.800 Mrd. DM gegenüber 1960 mit ca. 900 Mrd. DM: Zu konstanten Preisen lag der Bestand im Jahre 1994 ca. 13.600 Mrd. DM gegenüber ca. 3.600 Mrd. DM 1960. Zu konstanten Preisen hat sich das Bruttoanlagevermögen damit in 35 Jahren etwa vervierfacht.

---

[1] VGR Fachserie 18, Reihe S. 17 Vermögensrechnung 1950 bis 1991, Stuttgart 1992, S.8
[2] Vgl. Lützel, H., a.a.O., S. 617 ff. ; vgl. außerdem zum Waldbestand: Köhler, S.: Bewertung des Waldes im Rahmen der gesamtwirtschaftlichen Vermögensrechnung, Möglichkeiten und Grenzen, in der Reihe: Spektrum Bundesstatistik, Bd. 2, 1994
[3] Vgl. Lützel, H., ebenda
[4] Vgl. Goldsmith, R.W.: A Perpetual Inventory of National Wealth, in: National Bureau of Economic Research (Hg.): Studies in Income and Wealth, Volume 14, New York 1951
[5] Lützel, H., ebenda, S. 595
[6] Vgl. ebenda, S. 595 ff.

Für **Deutschland** insgesamt lag der Bestand an **Bruttoanlagevermögen** am Jahresanfang 1998 bei ca. 18.400 Mrd. DM zu Wiederbeschaffungspreisen und bei ca. 16.500 Mrd. DM zu konstanten Preisen.
Für die Berechnung von **gesamtwirtschaftlichen Indikatoren** ist die **Höhe des Kapitalstocks** entscheidend.
Der **Kapitalstock** ergibt sich (vgl. Zeile E in Tabelle 11.01) als **jahresdurchschnittlicher Bestand des Bruttoanlagevermögens**. Er betrug für das frühere Bundesgebiet 1994 ca. 15.070 Mrd. DM und für Deutschland 1997 ca. 18.170 Mrd. DM zu Wiederbeschaffungspreisen.[1]

Neben der absoluten Höhe des Sachvermögens der deutschen Volkswirtschaft ist die **Struktur des reproduzierbaren Sachvermögens** interessant, wie Tabelle 11.01 (unterer Teil) zeigt[2].
Danach lag der **Anteil des Anlagevermögens** (für das frühere Bundesgebiet) bei ca. 95 %, wobei die Anteile einzelner Vermögensarten doch etwas schwankten. Der Anteil der **Wohnungen** lag im betrachteten Zeitraum bei ca. 38-42 % und war rückläufig, während der Anteil des **öffentlichen Tiefbaus** von 7,6 % (1960) auf beinahe 10 % (ab 1990) gestiegen ist. Ebenfalls zugenommen hat der Anteil der Ausrüstungen von ca. 17 % (1960) auf ca. 19 %, was die Vermutung nahelegt, daß die Produktion kapitalintensiver geworden ist, wie noch zu zeigen sein wird.
Der Anteil der **Vorräte** am gesamten Sachvermögen lag fast konstant bei ca. 4 %.

Auf der Basis der Sachvermögenswerte, der Zahl der Erwerbstätigen im Inland und der Höhe des Bruttoinlandsprodukts können nun unterschiedliche **gesamtwirtschaftliche Indikatoren** berechnet werden, wie aus Tabelle 11.02 zu erkennen ist:

- Kapitalkoeffizient
- Kapitalproduktivität
- Arbeitsproduktivität
- Kapitalintensität

So mißt der **Kapitalkoeffizient** den Kapitaleinsatz im Verhältnis zum Produktionsergebnis (Output), wobei beide Größen bewertet werden müssen.[3]
Der **Kapitalkoeffizient** (Tabelle 11.02) für alle Wirtschaftsbereiche des früheren Bundesgebiets hat sich von 3,7 (1960) auf 5,1 (1994) erhöht. Für Deutschland insgesamt lag er bei 5,0 (1997). Das bedeutet für das frühere Bundesgebiet, daß 1960 Produktionsanlagen mit einem Wert von 3,7 Millionen DM, 1994 von 5,1 Millionen DM und für Deutschland (1997) im Wert von 5,0 Millionen DM (1997) eingesetzt werden mußten, um einen Output von 1 Million DM zu erhalten (in Preisen von 1991).

---

[1] Zur Berechnung des Kapitalstocks fehlen Angaben des Statistischen Bundesamtes über den Anfangsbestand an Bruttoanlagevermögen für 1999. Da dieser Anfangsbestand zugleich der Endbestand für 1998 wäre, kann für 1998 kein jahresdurchschnittlicher Bestand des Bruttoanlagevermögens ermittelt werden.
[2] Da für Deutschland insgesamt die Vorratsbestände fehlen, können die Strukturen nur für das frühere Bundesgebiet verglichen werden.
[3] Zu den folgenden Ausführungen und Definitionen vgl. VGR, Vermögensrechnung, S. 10 ff.

Tabelle 11.01: Reproduzierbares Sachvermögen nach Vermögensarten

Vermögensart	früheres Bundesgebiet			Deutschland		
	1960	1990	1994	1995	1997	1998
Bruttobestand am Jahresanfang (A bis C) zu Wiederbeschaffungspreisen in Mrd. DM						
A. Anlagevermögen	922,8	11164,3	14791,8	17075,6	17962,7	18367,9
darunter:						
Ausrüstungen	233,4	2213,4	2750,9	3089,0	3214,6	3297,6
Bauten	689,4	8951,0	12040,9	13986,6	14748,0	15070,3
Wohnungen	321,5	4430,0	6014,8	6865,7	7336,1	7540,1
Bauten ohne Wohnungen	367,9	4520,9	6026,1	7122,0	7411,9	7530,2
darunter: öffentlicher Tiefbau	96,8	1129,2	1499,3	1702,2	1753,1	1764,3
B.Vorratsbestände	86,3	472,9	493,5	549,9	566,2	
C. Summe A+B						
Reproduzierbares Sachvermögen	1009,1	11637,2	15285,3			
D.Bruttoanlagevermögen am Jahresende	1028,0	12161,1	15352,8	17651,5	18367,9	
E.Kapitalstock (A+D):2	975,4	11662,7	15072,3	17363,5	18165,3	
Bruttobestand am Jahresanfang (A bis C) zu Preisen von 1991 in Mrd. DM						
A. Anlagevermögen	3577,1	12247,7	13618,5	15427,4	16156,2	16511,1
darunter:						
Ausrüstungen	629,0	2325,0	2678,6	3001,9	3121,0	3183,0
Bauten	2948,1	9922,7	10939,9	12425,5	13035,2	13328,1
Wohnungen	1587,9	4916,8	5418,8	6033,2	6361,6	6522,5
Bauten ohne Wohnungen	1360,2	5005,9	5521,2	6392,4	6673,6	6805,6
darunter: öffentlicher Tiefbau	286,0	1258,9	1383,1	1553,2	1620,3	1653,6
B.Vorratsbestände	189,2	487,4	513,2	578,0	600,5	642,4
C. Summe A+B						
Reproduzierbares Sachvermögen	3766,3	12735,1	14131,7	16005,4	16756,8	17153,5
D.Bruttoanlagevermögen am Jahresende	3806,7	12591,7	13904,6	15796,3	16511,1	
E.Kapitalstock (A+D):2	3691,9	12419,5	13761,5	15611,9	16333,7	
Anteile der Vermögensarten zu Preisen von 1991 in %						
A. Anlagevermögen	95,0	96,2	96,4	96,4	96,4	
darunter:						
Ausrüstungen	16,7	18,3	19,0	18,8	18,6	
Bauten	78,3	77,9	77,4	77,6	77,8	
Wohnungen	42,2	38,6	38,3	37,7	38,0	
Bauten ohne Wohnungen	36,1	39,3	39,1	39,9	39,8	
darunter: öffentlicher Tiefbau	7,6	9,9	9,8	9,7	9,7	
B.Vorratsbestände	5,0	3,8	3,6	3,6	3,6	
C. Summe A+B						
Reproduzierbares Sachvermögen	100,0	100,0	100,0	100,0	100,0	

Quelle: VGR Vermögensrechnung, S. 22 ff.und VGR Fachserie 18, Reihe 1.1, 1997

Der Umkehrwert des Kapitalkoeffizienten ist die **Kapitalproduktivität:** Sie gibt an, wieviel Output (BIP) mit einer Kapitaleinheit produziert werden kann.
Sie ist im früheren Bundesgebiet von 0,27 DM (1960) auf 0,20 (1994) gesunken. Die Kapitalproduktivität ist für Deutschland insgesamt auf 0,20 DM gefallen. Das besagt für das frühere Bundesgebiet, daß mit 1000 DM Kapitalstock Güter (BIP-Leistung) im Wert von 270 DM (1960), 200 DM (1994) und für Deutschland 220 DM (1997) produziert werden konnten.

Die **Arbeitsproduktivität** als Verhältnis von Bruttoinlandsprodukt zur Zahl der Erwerbstätigen zeigt (in Preisen von 1991), daß sie sich im früheren Bundesgebiet von 1960 mit 38.369 DM bis 1994 mit 95.810 DM mehr als verdoppelt hat. Für Deutschland insgesamt lag sie 1997 aber nur noch mit 91.320 DM.[1]
Sowohl die Kapitalproduktivität als auch die Arbeitsproduktivität haben das Problem, daß die Produktionssteigerung partiell auf einen der beiden Faktoren zurückgeführt wird, der Produktionsprozeß aber in der Kombination **aller** Produktionsfaktoren besteht, weshalb eine partielle Zurechnung problematisch ist. Gerade die Arbeitsproduktivität wird als Basis bei Lohnverhandlungen genommen, obwohl sie in vielen Fällen erst durch den Einsatz von mehr Kapital (neue, effizientere Maschinen) entstanden ist.[2]

Die **Kapitalintensität** gibt einen Anhaltspunkt dafür, wie hoch der Wert der Produktionsanlagen ist, der durchschnittlich je Erwerbstätiger im Produktionsprozeß eingesetzt wurde.
Geht man vom Kapitalstock zu **Wiederbeschaffungspreisen** aus, so erhält man den durchschnittlichen **Neuwert eines Arbeitsplatzes**, d. h. den Betrag, der in dem jeweiligen Berichtsjahr zu zahlen wäre, wenn man ihn neu einrichten würde. Für das frühere Bundesgebiet hätte man nur 37.425 DM im Jahre 1960 aber 534.744 DM im Jahre 1994 einsetzen müssen.
Nimmt man den **Kapitalstock zu konstanten Preisen,** so erhält man die Kosten, die für einen Arbeitsplatz im Durchschnitt angefallen sind.
Während der Arbeitsplatz im früheren Bundesgebiet (zu Preisen von 1991) 141.653 DM im Jahre 1960 gekostet hat, lagen die Kosten bei 488.239 DM im Jahre 1994. Für Deutschland insgesamt kostete der Arbeitsplatz 534.871 DM im Jahre 1997.

Eine relativ hohe Kapitalintensität zeigt einen entsprechend hohen Mechanisierungsgrad an. Sie deutet außerdem (bei konstanten Preisen) im Falle eines Anstiegs daraufhin, daß sich die Faktorallokation zugunsten des Faktors Kapital geändert hat: Die relative Bedeutung des Faktors Kapital im Verhältnis zur Arbeit hat zugenommen. Gerade die oben genannten Zahlen aus Tabelle 11.02 haben diese Entwicklung für das frühere Bundesgebiet gezeigt.
Vergleicht man auch die Zahl für Deutschland im Jahre 1997 mit der Zahl für das frühere Bundesgebiet im Jahre 1994, ist eine weitere Zunahme der Kapitalintensität zu beobachten.

---

[1] Vgl. S. 104
[2] Vgl. S. 105 ff.

Tabelle 11.02: Kapitalstock und gesamtwirtschaftliche Indikatoren

Basiszahlen:	früheres Bundesgebiet				Deutschland
Jahr:	1960	1994	1960	1994	1997
Zahl der Erwerbstätigen im Inland (in 1000)			26063	28186	33962
Kapitalstock	zu Wiederbe- schaffungspreisen		in Preisen von 1991		in Preisen von 1991
Mrd. DM	975,4	15072,3	3691,9	13761,5	16333,7
Bruttoinlandsprodukt (BIP) (Mrd. DM)			1000,0	2700,5	3624,0
Indikatoren:					
Kapitalkoeffizient =Kapitalstock/BIP			3,7	5,1	4,5
Kapitalproduktivität (DM) =BIP/Kapitalstock			0,27	0,20	0,22
Arbeitsproduktivität (DM) =BIP/Erwerbstätige			38369	95810	91320
Kapitalintensität (DM) =Kapitalstock/Erwerbstätige	37425	534744	141653	488239	5348871

Quelle: VGR, Vermögensrechnung, S. 271 ff.; Tab. 6.01a, Tab. 12.01

11.2.1.1.2 Die Vermögensrechnungen nach dem ESVG 95

Die Vermögensrechnungen nach dem ESVG 95 sehen auf der einen Seite eine Erweiterung des Investitionsbegriffs und der Abschreibungen vor, andererseits werden wird die Ermittlung der Vermögen nur zu Wiederbeschaffungspreisen verlangt.[1]

Das Statistische Bundesamt geht von der folgenden Grundstruktur einer Vermögensbilanz aus:

Konto 11.02: Vermögensbilanz

Aktiva	Verbindlichkeiten und Reinvermögen
Vermögensgüter Forderungen	Verbindlichkeiten Reinvermögen (Volksvermögen)

Vermögensgüter umfassen das nichtfinanzielle Vermögen:

1. Produzierte Vermögensgüter
1.1 **Anlagegüter** (Sachanlagen, immaterielle Anlagegüter)
1.2 Vorräte (Vorleistungsgüter, unfertige Erzeugnisse, Fertigerzeugnisse, Handelsware)
1.3 Wertsachen (Edelmetalle und Edelsteine, Antiquitäten und Kunstgegenstände, Sammlungen u.a.)

---

[1] Vgl. Statistisches Bundesamt: Fachausschuß „Vermögensrechnung" vom 20.11.96

2. Nichtproduzierte Vermögensgegenstände

2.1 nichtprodziertes Sachvermögen (Grund und Boden, Bodenschätze, freie Tier- und Pflanzenbestände, Wasserreserven)

2.2 immaterielle nichtproduzierte Vermögensgüter (Patente, Nutzungsrechte, aktivierter Firmenwert, evtl. sonstige)

Aus dieser Aufzählung der Vermögensgegenstände ist ein statistische Programm erkennbar, das den Vorstellungen einer Volksvermögensrechnung von Stobbe sehr nahe kommt.

Allerdings werden vollständige sektorale Vermögensbilanzen in den nächsten Jahren wegen knapper Kapazitäten des Statistischen Bundesamtes nicht möglich sein.

Auch aufgrund der großen Schwierigkeiten, insbesondere die nichtproduzierbaren Vermögensgegenstände zu erfassen, beschränkt sich das Lieferprogramm des Statistischen Bundesamtes an Eurostat nur auf die **Anlagegüter**.

(Selbst das bisher berechnet Vorratsvermögen entfällt.)

Unter **Anlagegüter** werden beim ESVG 95 folgende Güter verstanden:

1. **Sachanlagen** (Bauten, Ausrüstungen, Nutztiere, Nutzpflanzungen)
2. **Immaterialle Anlagegüter** (Suchbohrungen, Computerprogramme, Urheberrechte)

Die bisherige Vermögensrechnung des Statistischen Bundesamtes umfaßte Bauten und Ausrüstungen. Nutztiere waren im Vorratsvermögen enthalten.

Neu erfaßt werden nun militärisch genutzte Bauten und Ausrüstungen, wenn sie auch zivil genutzt werden können (z. B. Flugplätze, Fahrzeuge).

Für Nutzpflanzungen (z. B. Obstbäume, Weinstöcke) gibt es im Augenblick für Deutschland keine Berechnungen.

Die Bewertung der Anlagegüter soll zu konstanten Preisen und zu Wiederbeschaffungspreisen erfolgen.

Dabei soll der Wert des Vermögens brutto und netto (d.h. abzüglich Abschreibungen) dargestellt werden.

Abgeschrieben wird jetzt das gesamte Anlagevermögen. Gegenüber der bisherigen Vermögensrechnung gibt es nun folgende wesentliche Änderungen:

1. Öffentliche Tiefbauten wurden zwar bisher in der Vermögensrechnung erfaßt, aber nicht abgeschrieben. Nach dem ESVG 95 müssen sie abgeschrieben werden.
2. Das Anlagevermögen wird um militärische Anlagen, Nutzpflanzungen und immaterielle Anlagen erweitert, die alle abzuschreiben sind.

Die Anlagen sind abzuschreiben innerhalb der erwarteten Nutzungsdauer.

11.2.1.2 Die Geldvermögensrechnung der Deutschen Bundesbank

Wie bereits erwähnt, führt auch die Deutsche Bundesbank eine Teilvermögensrechnung durch, und zwar in bezug auf das Geldvermögen.[1]

Aus der Gegenüberstellung der Geldvermögensrechnung zweier Jahre ergibt sich die bereits an anderer Stelle analysierte Finanzierungsrechnung als Bestandsänderungsrechnung einer Volkswirtschaft.[2]
Die Einteilung der Sektoren bei der Geldvermögensrechnung in Tabelle 11.03 entspricht dabei der Einteilung bei der Finanzierungsrechnung.
Die Geldvermögensrechnung bringt eine Gegenüberstellung der Bestände an Forderungen (Geldvermögen) und der Bestände an Verbindlichkeiten (Verpflichtungen und Aktienumlauf) nach Sektoren gegliedert, wobei wieder gilt – sofern der Saldo des Sektors „Ausland" mit einbezogen wird -, daß die Summe der Forderungen einer Volkswirtschaft gleich der Summe der Verbindlichkeiten ist.
Die sektorielle Gliederung bietet schließlich eine Struktur der Geldanlage und der Verschuldung, d. h. die intersektorielle, finanzielle Verflechtung wird quantitativ dargestellt.
Aus der Geldvermögensrechnung kann außerdem die Nettoauslandsposition der Bundesrepublik Deutschland entnommen werden.

Tabelle 11.04 zeigt speziell die **Bruttogeldvermögensstruktur der privaten Haushalte** durch eine Prozentuierung der einzelnen Anlagearten zum gesamten Geldvermögen.
Sie bietet außerdem einen Vergleich der zeitlichen Entwicklung zwischen zwei Jahren. Dabei ist zu beobachten, daß der Anteil der Spareinlagen mit 21 % (1998) immer noch relativ hoch ist. Der Rückgang des Anteils der Termingelder 1998 gegenüber 1992 ist sicher durch Änderung der Zinsstruktur bedingt.

Was die Geldanlagen bei Versicherungen betrifft, so setzt sich der seit langem zu beobachtender Trend fort: Auch 1998 ist noch eine kleine Steigerung der Anlagen bei Versicherungen gegenüber dem Jahre 1992 zu verzeichnen. Besonders interessant ist bei Tabelle 11.04 aber, daß die Geldanlage in Form von Investmentzertifikaten und von Aktien signifikant zugenommen hat. Sie hat sich anteilmäßig praktisch verdoppelt. Sicher nicht zuletzt durch die günstige Entwicklung an den Aktienmärkten bedingt.

---

[1] Die Deutsche Bundesbank veröffentlicht in den Monatsberichten Mai und Oktober jedes Jahr eine Geldvermögensrechnung. Außerdem gibt es jährliche Sonderveröffentlichungen der Deutschen Bundesbank, zuletzt: Ergebnisse der gesamtwirtschaftlichen Finanzierungsrechnung für Deutschland 1990 bis 1998, Juli 1999
[2] Vgl. S. 78 ff.

Tabelle 11.03: Geldvermögen und Verpflichtungen der Sektoren im Jahr 1998

Mrd. DM	Private Haushalte	Unternehmen Produktionunternehmen	Wohnungswirtschaft	Öffentliche Haushalte	Banken
Geldvermögen					
Geldanlagen bei Banken	2057,40	960,90	23,70	313,40	
Bargeld und Sichteinlagen	500,40	749,70	23,70	38,10	
Termingelder	363,50	202,20		268,90	
Spareinlagen	1193,50	9,00		6,40	
Geldanlagen bei Bausparkassen	178,60	3,40		1,20	2,40
Geldanlagen bei Versicherungen	1261,10	115,90		4,10	
Geldanlage in Geldmarktpapieren	2,40	18,40		0,30	29,10
Geldanlage in Rentenwerten	762,80	93,50		25,40	1526,70
Geldanlage in Investmentzertifikaten	566,20	160,30		17,80	178,80
Geldanlage in Aktien	491,70	1002,40		62,80	338,50
Auslandsposition der Bundesbank					135,10
Bankkredite					6212,20
kurzfristige Bankkredite					1524,70
längerfristige Bankkredite					4687,50
Darlehen der Bausparkassen					
Darlehen der Versicherungen					
Sonstige Forderungen	362,60	800,50		205,20	
an das Inland	349,00	7,40		99,00	
an die übrige Welt	13,60	793,10		106,20	
Innersektorale Forderungen		7,50			
Insgesamt	5682,80	3162,80	23,70	630,20	8422,80
Verpflichtungen und Aktienumlauf					
Geldanlagen bei Banken					5385,70
Bargeld und Sichteinlagen					1726,80
Termingelder					2424,70
Spareinlagen					1234,20
Geldanlagen bei Bausparkassen					
Geldanlagen bei Versicherungen					
Verpflichtungen aus Geldmarktpap.		6,70		25,80	48,20
Verpflichtungen aus Rentenwerten		90,10		1395,50	2273,50
Umlauf von Investmentzertifikaten					
Umlauf von Aktien		1842,10	8,50		284,70
Auslandsposition der Bundesbank					19,00
Bankkredite	390,30	2155,70	1577,30	880,50	
kurzfristige Bankkredite	90,60	687,40	38,50	55,70	
längerfristige Bankkredite	299,70	1468,30	1538,80	824,80	
Darlehen der Bausparkassen		0,00	195,40	2,50	0,30
Darlehen der Versicherungen	19,70	124,00	118,30	36,00	
Sonstige Verpflichtungen	7,40	954,60	18,20	53,60	28,10
an das Inland	7,40	388,30	18,20	0,10	28,10
an die übrige Welt		566,30		53,50	
Innersektorale Verpflichtungen			7,50		
Insgesamt	417,40	5173,20	1925,20	2393,90	8039,50
Nettogeldvermögen	5265,40	-2010,40	-1901,50	-1763,70	383,30

Quelle: Deutsche Bundesbank: Ergebnisse der gesamtwirtschaftlichen Finanzierungsrechnung 1990 bis 1998 für Deutschland, Statistische Sonderveröffentlichung 4, Juli 1999, S. 98 f.

Bauspar-kassen	Versiche-rungen	Investment-fonds	Übrige Welt	Sektoren insgesamt	Mrd. DM
					Geldvermögensbildung
30,20	629,40	76,80	1293,80	7390,60	Geldanlagen bei Banken
4,40	13,90	19,60	377,10	6697,50	Bargeld und Sichteinlagen
25,80	613,50	57,20	893,50	7118,30	Termingelder
	2,00		23,20	3388,00	Spareinlagen
			1,20	2285,60	Geldanlagen bei Bausparkassen
			6,20	4743,20	Geldanlagen bei Versicherungen
		5,30	43,80	3969,30	Geldanlage in Geldmarktpapieren
24,80	201,60	545,90	1140,00	7534,40	Geldanlage in Rentenwerten
12,80	371,60		6,60	5183,10	Geldanlage in Investmentzertifikaten
0,60	451,50	425,30	514,00	6637,30	Geldanlage in Aktien
			19,00	2972,60	Auslandsposition der Bundesbank
				8242,70	Bankkredite
				8072,60	kurzfristige Bankkredite
				12951,80	längerfristige Bankkredite
200,60				7387,60	Darlehen der Bausparkassen
	326,80			6282,80	Darlehen der Versicherungen
		28,20	619,80	2664,30	Sonstige Forderungen
		0,70	619,80	2471,70	an das Inland
		27,50		9739,90	an die übrige Welt
				8351,60	Innersektorale Forderungen
269,00	1980,90	1081,50	3644,40	25818,50	Insgesamt
					Verpflichtungen und Aktienumlauf
				23308,00	Geldanlagen bei Banken
				7112,50	Bargeld und Sichteinlagen
				9724,00	Termingelder
				6959,80	Spareinlagen
186,80				5251,70	Geldanlagen bei Bausparkassen
	1387,30			3201,80	Geldanlagen bei Versicherungen
			18,70	1975,10	Verpflichtungen aus Geldmarktpapieren
3,60			558,00	6867,10	Verpflichtungen aus Rentenwerten
		1132,6	181,50	6440,60	Umlauf von Investmentzertifikaten
6,80	423,80		721,00	8389,40	Umlauf von Aktien
			135,10	4150,20	Auslandsposition der Bundesbank
50,4	6,4	15,8	1135,70	9574,80	Bankkredite
10,40	2,50	8,90	630,70	7105,70	kurzfristige Bankkredite
40,10	3,90	6,90	505,00	10594,70	längerfristige Bankkredite
			2,30	6187,90	Darlehen der Bausparkassen
1,5			27,40	6566,10	Darlehen der Versicherungen
	14,30		940,40	3467,50	Sonstige Verpflichtungen
	14,30		940,40	2756,70	an das Inland
				9073,20	an die übrige Welt
				8045,20	Innersektorale Verpflichtungen
249,10	1831,80	1148,40	3720,10	25552,30	Insgesamt
19,90	149,10	-66,90	-75,70	17956,20	Nettogeldvermögen

Tab. 11.04: Bruttogeldvermögensstruktur der privaten Haushalte

	1992 Mrd. DM	1992 %	1998 Mrd. DM	1998 %
Geldanlagen bei Banken	1600,80	43,01	2057,40	36,20
Bargeld und Sichteinlagen	334,40	8,99	500,40	8,81
Termingelder	505,40	13,58	363,50	6,40
Spareinlagen	761,00	20,45	1193,50	21,00
Geldanlagen bei Bausparkassen	138,70	3,73	178,60	3,14
Geldanlagen bei Versicherungen	748,10	20,10	1261,10	22,19
Geldanlage in Geldmarktpapieren	14,20	0,38	2,40	0,04
Geldanlage in Rentenwerten	550,70	14,80	762,80	13,42
Geldanlage in Investmentzertifikaten	212,70	5,72	566,20	9,96
Geldanlage in Aktien	176,50	4,74	491,70	8,65
Sonstige Forderungen	279,80	7,52	362,60	6,38
an das Inland	263,50	7,08	349,00	6,14
an die übrige Welt	16,30	0,44	13,60	0,24
Geldvermögen insgesamt	3721,50	100,00	5682,80	100,00

Quelle: Vgl. Tab. 12.03, eigene Berechnungen

11.2.2 Gesamtvermögensrechnung

Für die Bundesrepublik Deutschland wurden mit den Veröffentlichungen von Engels/Sablotny/Zickler (1974) und von Sablotny (1977) zum ersten Mal Vermögensrechnungen präsentiert, die als Gesamtvermögensrechnungen bezeichnet werden können.[1]
Sie orientierten sich an der Vermögensdefinition und am Gliederungsvorschlag von Stobbe. Diese Untersuchungen konzentrierten sich u.a. auch auf das nichtreproduzierbare Sachvermögen und gingen damit über die bisherigen Rechnungen des Statistischen Bundesamtes hinaus.
Allerdings konnten die Vorstellungen Stobbes in mehreren Punkten nicht erfüllt werden[2]: So fehlten insbesondere Wertangaben für die Bodenschätze, Kunstwerke, Sammlungen, Lagerbestände, das Gebrauchsvermögen der privaten Haushalte und für das immaterielle Vermögen.
Trotz dieser Restriktionen ist es doch interessant, die Struktur des Volksvermögens von der Entstehungsseite und von der Verteilungsseite anhand von Zahlen für 1970 im der Volksvermögensbilanz (Konto 11.03) zu betrachten.

Auf der Entstehungsseite ist bemerkenswert, daß das reproduzierbare Sachvermögen allein ca. 70 % des gesamten, erfaßten und bewerteten Vermögens ausmacht. Die „Ausrüstungen" sind mit 15 % nur ein relativ geringer Teil des Bruttovermögens.

---

[1] Vgl. Engels, W./Sablotny, H./Zickler, D.: Das Volksvermögen, Seine verteilungs- und wohlstandspolitische Bedeutung, Frankfurt/M., 1974; Sablotny, H.: Gesamtwirtschaftliche Vermögensrechnung, Frankfurt/M. 1977
[2] Vgl. Engels, W. u.a., ebenda, S. 87 ff.

Durch die Einbeziehung des nichtreproduzierbaren Sachvermögens, vor allen Dingen der Bauten und der Grundstücke, ergeben sich andere Einsichten gegenüber früheren Untersuchungen wie beispielsweise von Krelle (1968), der sich nur auf eine Analyse des Produktivvermögens und seiner Verteilung konzentriert hat. Er stellte dabei fest, daß 1,7 % der Bevölkerung 70 % des Produktivvermögens besitzen. Eine Aussage, die zwar in der vermögenspolitischen Diskussion der 60er Jahre eine große Rolle spielte, da sie völlig anders interpretiert wurde, die aber nichts weiter bedeutet als: die Unternehmen (das Produktivvermögen) gehören überwiegend den Unternehmern.[1]

Die Verteilungsrechnung von Sablotny bieten gegenüber der Aussage von Krelle ein anderes Bild der Eigentumsverhältnisse im Jahre 1970 in der Bundesrepublik Deutschland. So zeigt die sogenannte **personelle Verteilungsrechnung** in Konto 11.03, daß die Selbständigenhaushalte ca. 35 % und die Unselbständigenhaushalte ca. 25 % des Volksvermögens im Jahre 1970 besaßen. Bedenkt man außerdem, daß der Anteil der Selbständigenhaushalte an den privaten Haushalten nur ca. 10 % betrug, so bestand tatsächlich eine ungleichmäßige Vermögensverteilung, allerdings nicht in einer so krassen Form wie Krelle sie ermittelt hat.[2]

Konto 11.03 bietet zusätzlich einen weiteren interessanten Aspekt, nämlich den Anteil der öffentlichen Haushalte am Volksvermögen, der mit ca. 30 % angegeben wird. Dies ist eine Tatsache, die der These der sozialen Asymmetrie zwischen privatem Reichtum und öffentlicher Armut von Galbraith für die Bundesrepublik Deutschland im Jahre 1970 widerspricht.[3]

---

[1] Vgl. Krelle, W./Schunck, J./Siebke, J.: Überbetriebliche Ertragsbeteiligung der Arbeitnehmer Band I und Band II, Tübingen 1968
[2] Vgl. dazu auch die Zeitreihenuntersuchungen von Engels u.a., a.a.O., S. 133 ff.
[3] Vgl. Galbraith, J.K.: The Affluent Society, Harmondsworth 1962

Konto 11.03: Volksvermögensrechnung für die Bundesrepublik Deutschland zum 31.12.1970

Aktiva (Entstehungsrechnung)	Mrd. DM	%	Passiva (Verteilungsseite)	Mrd. DM	%
I. Nichtreproduzierbares Sachvermögen	789,1	26,3	I. Private Haushalte	1792,2	59,8
1. Besiedelte Fläche			1. Selbständigenhaushalte	1052,2	35,1
1.1 Wohngrundstücke	259,7		2. Unselbständigenhaushalte	740,0	24,7
1.2 Gewerbliche Grundstücke	137,3				
1.3 Bebaute Verwaltungsgrundstücke	26,0		II. Private Organisationen		
1.4 Wegeland (Straßen, Eisenbahn)	68,9		ohne Erwerbszweck	64,4	2,2
1.5 Freiflächen	29,1				
			III. Öffentliche Haushalte	890,9	29,7
2. Unbesiedelte Flächen					
2.1 landwirtschaftliche Nutzfläche	193,0		IV. Ausländische		
2.2 Forstflächen	71,8		Wirtschaftseinheiten	154,3	5,2
2.3 Moorland, Ödland und Umland	0,6				
2.4 Anbauflächen	2,7		V. Ausgleichsposten,		
			Bewertungsdifferenz	93,0	3,1
II. Reproduzierbares Sachvermögen	2138,7	71,4			
1. Bauten					
1.1 Hochbauten					
1.1.1 Wohnungsvermögen	642,6				
1.1.2 sonstige Hochbauten	566,0				
1.2 öffentlicher Tiefbau	310,0				
2. Ausrüstungen	437,6				
3. Vorräte					
3.1 Gewerbliche Vorräte	162,2				
3.2 Landwirtschaftliche Vorräte	20,3				
III. Geldvermögen					
1. Nettoforderungen gegenüber dem Ausland	67,0	2,2			
Summe	2994,8	100,0	Summe	2994,8	100,0

Quelle: Slabontny, a.a.O., S. 28

Kontrollfragen zu Kapitel 11

1. Warum ist es notwendig, neben dem Indikator „Inlandsprodukt" auch den Indikator „Volksvermögen" zu ermitteln?
2. Welches Vermögen ermittelt das Statistische Bundesamt?
3. Wie könnte man das Humankapital berechnen?
4. Welche Teilvermögensrechnung erstellt die Deutsche Bundesbank, und welche Erkenntnisse möchte man daraus gewinnen?
5. Was ist unter dem „immateriellen Vermögen" zu verstehen?
6. Was versteht man unter dem Kapitalstock einer Volkswirtschaft?
7. Was sagen die Indikatoren „Kapitalkoeffizient" und „Kapitalintensität" aus?
8. Welcher Wertansatz des Vermögens dient zur Berechnung der Abschreibungen?
9. Wie groß war der Anteil des nichtreproduzierbaren Sachvermögens am Gesamtvermögen (nach Slabotny) im Jahre 1970?
10. Inwiefern ist die Aussage von Krelle irreführend, daß 1,7 % der Bevölkerung 70 % des Produktivvermögens besitzen?
11. Wie hoch war der Aktienanteil der privaten Haushalte im Jahre 1998 an ihrem Bruttogeldvermögen?

Literaturhinweise zu Kapitel 11

Baßeler, U.	Finanzierungsrechnung und volkswirtschaftliche Gesamtrechnungen, Tübingen 1971
Deutsche Bundesbank	Ergebnisse der gesamtwirtschaftlichen Finanzierungsrechnung für Deutschland 1990 bis 1998, Juli 1999
Engels, W./Sablotny, H./ Zickler, D.	Das Volksvermögen, seine verteilungs- und wohlstandspolitische Bedeutung, Frankfurt/M. 1974
Lützel, H.	Das reproduzierbare Anlagevermögen in Preisen von 1962, in: WiSta Heft 10/1971, S. 593 ff.; Das reproduzierbare Sachvermögen zu Anschaffungs- und Wiederbeschaffungspreisen, in: WiSta Heft 11/1972, S. 611 ff.; Altersaufbau des Anlagevermögens, in: WiSta Heft 6/1979, S. 411 ff.
Sablotny, H.	Gesamtwirtschaftliche Vermögensrechnung, Frankfurt/M. 1977
Statistisches Bundesamt	Vermögensrechnungen 1950 bis 1991, Bundesergebnisse (früheres Bundesgebiet), Stuttgart 1992; Fachausschuß Volkswirtschaftliche Gesamtrechnungen, 20.11.96, TOP 6: Vermögensrechnung
Stobbe, A.	Volkswirtschaftslehre I, Volkswirtschaftliches Rechnungswesen, 5. Auflage, Berlin 1980, S. 93 f.
Stobbe, A.	Volkswirtschaftliches Rechnungswesen, 8. Auflage, Berlin 1994

12. Europäische Währungsunion

12.1 Einleitung

Seit dem 1. Januar 1999 bestimmt das Europäische System der Zentralbanken (ESZB) die Geldpolitik in den 11 europäischen Teilnehmerländern.[1]
Damit gibt es keine eigenständige deutsche Geldpolitik mehr. Es ist daher sinnvoll, monetäre Aggregate der Europäischen Währungsunion (EWU) insgesamt zu analysieren und zusätzlich auch einige wichtige allgemeine Wirtschaftsindikatoren der Teilnehmerländer und der EWU insgesamt zu untersuchen.
Das **ESZB** besteht aus der Europäischen Zentralbank (EZB) und den 11 nationalen Banken.
Die Europäische Zentralbank hat als ausführendes Organ das Direktorium, bestehend aus sechs Mitgliedern.
Oberstes Entscheidungsgremium der Geldpolitik ist der Rat der **Europäischen Zentralbank** (EZB-Rat), der sich aus den sechs Mitgliedern des Direktoriums und den elf Präsidenten bzw. Gouverneuren (Direktoren) der nationalen Zentralbanken zusammensetzt.
Die Entscheidungen fallen in der Regel mit einfacher Mehrheit.

Oberstes Ziel des ESZB ist es, die „**Preisstabilität**" zu gewährleisten (Art. 105 Abs. 1 des Vertrags über die Europäische Union, auch „Maastrichter Vertrag" genannt), dabei soll die **allgemeine Wirtschaftspolitik der Gemeinschaft unterstützt** werden.
Die Umsetzung der vom EZB-Rat beschlossenen Geldpolitik erfolgt dezentral durch die nationalen Zentralbanken.
Zur Realisierung ihres obersten Ziels „Preisstabilität" verfolgt die EZB ein Zwischenziel, nämlich eine bestimmte (optimale) Ausweitung der Geldmenge zu betreiben, eine geldpolitische Konzeption, die bereits die Deutsche Bundesbank bis Ende 1998 in ähnlicher Form verfolgt hat.
Es ist daher notwendig, zuerst der Frage nachzugehen, was unter „Geld" verstanden werden kann, und welche Geldgesamtheiten die EZB im Vergleich zur Deutschen Bundesbank verwendet.
Danach sollen weitere allgemeine Wirtschaftsindikatoren des Eurogebiets dargestellt werden, die bei den Entscheidungen der EZB eine Rolle spielen.

12.1.1 Monetäre Indikatoren

12.1.1.1 Gelddefinition

Bei der Darstellung des Inlandsprodukts haben wir monetäre Ströme verwendet und bereits gesehen, daß Geld nicht nur als **Tauschmittel** für den Gütertausch (einschließlich der Produktionsfaktoren), sondern auch als **Wertübertragungsmittel** bei einseitigen Transaktionen (wie beispielsweise bei Subventionen an Unternehmen) notwendig ist.
Daneben dient Geld in einer Geldwirtschaft als **Wertmaßstab** zur Bewertung der Transaktionen und der Wertzuwächse.
Die Finanzierungsrechnung hat außerdem die weitere Aufgabe des Geldes als **Wertaufbewahrungsmittel** deutlich gemacht.

---

[1] Vgl. zum ESZB die ausführliche Darstellung, auch über die Frage der Autonomie, in: Peto: Geldtheorie und Geldpolitik, München 1993, S. 252 ff., im folgenden zitiert als „Geldtheorie".

Im ökonomischen Sinne liegt daher ein **allgemein anerkanntes Zahlungsmittel** vor – und damit Geld -, wenn das Zahlungsmittel die Funktionen als

- Tauschmittel,
- Wertübertragungsmittel,
- Wertmaßstab (Recheneinheit) und
- Wertaufbewahrungsmittel

erfüllt.[1]

Das **gesetzliche Zahlungsmittel** einer Volkswirtschaft gilt nur dann im ökonomischen Sinne als Geld, wenn es diese Funktionen erfüllt, und damit von jeder Wirtschaftseinheit einer Volkswirtschaft zur Bezahlung von Gütern oder zur Zahlung anderer Verpflichtungen angenommen wird.

In modernen Volkswirtschaften tritt Geld in Form von

- Münzen,
- Banknoten und
- Buch- oder Giralgeld (Forderungen an Banken auf einem laufenden Konto = Sichtguthaben oder Sichteinlagen)

auf.

Neben diesen Geldarten gibt es Forderungen (Finanzaktiva) und Güter, die relativ rasch in Geld umgewandelt werden können wie beispielsweise Wertpapiere, weshalb sie als „Near Money" bezeichnet werden.

12.1.1.2 Geldmengen und geldpolitische Strategien

Die Zentralbank versucht, über die Ausgabe von Bargeld (Münzen und Banknoten), aber auch durch die Beeinflussung des Bestandes an Giralgeld, die gesamte Geldmenge einer Volkswirtschaft zu beeinflussen, um damit ihr wichtigstes Ziel „Preisstabilität" zu erreichen.

In der Bundesrepublik Deutschland hatte die Bundesbank bis zum 31.12.98 unterschiedliche Geldmengen definiert, um die Liquidität der Volkswirtschaft zu beobachten und zu beeinflussen.

Um sinnvolle Geldmengen definieren zu können, müssen die Wirtschaftseinheiten in Sektoren eingeteilt werden. Die Zentralbanken bemühen sich dabei, zwischen **geldschaffenden** und anderen Sektoren zu unterscheiden.

Die Zentralbanken interessieren sich besonders für die Geldmenge der nicht geldschaffenden Sektoren, da sie befürchten, daß eine übermäßige Ausweitung der Geldmenge zu einer Nachfrageerhöhung nach Gütern und dann unter Umständen zu einer Inflation führen könnte. Das Ziel „Preisstabilität" wäre dann verletzt.

Die **Deutsche Bundesbank** hat bei der Sektorenabgrenzung zwischen dem Banken- und dem Nichtbankensektor unterschieden, wobei zum Nichtbankensektor die öffentlichen Haushalte (= Staat) und der private Sektor (= private Haushalte und Nichtbankunternehmen) gezählt wurden.

Diese Unterscheidung ist deshalb von Bedeutung, da es sich bei einer Forderung gegenüber einer Bank um Buchgeld handelt, wenn über diese Forderung mit einem Scheck oder mit einer Überweisung jederzeit verfügt werden kann, während eine Forderung

---

[1] Vgl. Peto, R.: Geldtheorie, S. 5 ff.

gegenüber einer Nichtbank kein „Geld" im engeren Sinne darstellt, da über diese Forderung nicht sofort verfügt werden kann.
Wie die nachfolgende Synopse zeigt, hat die Bundesbank den Bankensektor (Geldschöpfungssektor) noch weiter in Zentralbank und Kreditinstitute unterteilt. Der Sektor „Kreditinstitute" wird auch als „Geschäftsbankensektor" bezeichnet.

Beim **Europäischen System der Zentralbanken** wird zwischen dem Sektor „**Monetäre Finanzinstitute (MFIs) und Nicht-Monetäre Finanzinstitute** unterschieden.
Der Sektor „Monetäre Finanzinstitute" ist der Geldschöpfungssektor. Er umfaßt die Zentralbanken, die Kreditinstitute im Sinne des Gemeinschaftsrechts und alle anderen gebietsansässigen Finanzinstitute, deren wirtschaftliche Tätigkeit darin besteht, Einlagen bzw. Einlagensubstitute im engeren Sinne von Nicht-MFIs entgegenzunehmen und auf eigene Rechnung Kredite zu gewähren und/oder in Wertpapiere zu investieren.
In Deutschland handelt es sich um die Einbeziehung der Geldmarktfonds und der Bausparkassen.
Abbildung 12.01 zeigt die unterschiedlichen Sektoreneinteilungen.

Abbildung 12.01:

Sektoreneinteilungen zur Ermittlung von Geldmengen

Deutsche Bundesbank bis Ende 1998	ESZB ab Anfang 1999

1. Bankensektor
   a) Zentralbank
   b) Kreditinstitute
      (Geschäftsbankensektor)
	1. Monetäre Finanzinstitute (MFIs)
	   a) Zentralbanken
	   b) Kreditinstitute und andere
	      Finanzinstitute

2. Nichtbankensektor
   a) Privater Sektor (= private
      Haushalte und
      Nichtbankunternehmen)
   b) öffentliche Haushalte (Staat)
	2. Nicht-MFIs
	   a) Privater Sektor (private Haushalte
	      und Nicht-MFI-Unternehmen)
	   b) öffentliche Haushalte (Staat)

Im einzelnen sollen folgende Geldgesamtheiten kurz erläutert werden:

1. Bargeldumlauf

Der **gesamte Bargeldumlauf** setzt sich aus dem Banknotenumlauf und dem Umlauf an Münzen **außerhalb** der Zentralbank zusammen.
Diese Größe kann von der Zentralbank direkt beeinflußt werden, da sie das Recht der Notenausgabe (Banknotenregal) besitzt und die Münzen im Auftrag der Regierung ausgibt, die das Münzregal hat.
(Die Regierung darf allerdings nur einen begrenzten Betrag an Münzen prägen.)
Die Zentralbank ermittelt den **Bargeldumlauf im Nichtbankensektor** (Bundesbankkonzept) bzw. im **Nicht-MFIs-Sektor** (ESZB-Konzept) dadurch, daß sie vom gesamten Bargeldumlauf die Kassenbestände der Kreditinstitute (Bundesbank) bzw. der Kreditinstitute und der sonstigen Finanzinstitute (ESZB) abzieht.

2. Geldmengen

Die Bundesbank und das Europäische System der Zentralbanken haben unterschiedliche Geldmengen entwickelt, wobei es sich ausschließlich um **Geldmengen des Nichtbankensektors** bzw. **Nicht-MFIs-Sektor** handelte.

Die **Geldmengen M1** umfassen den Bestand am Geld im engeren Sinne:

Deutsche Bundesbank bis Ende1998	ESZB ab Anfang 1999
= Bargeldumlauf (abzüglich Kassenbestände der Kreditinstitute) und Sichteinlagen inländischer Nichtbanken bei inländischen Kreditinstituten (ohne Einlagen des Bundes)	= Bargeldumlauf zuzüglich täglich fällige Einlagen (einschließlich elektronisches Geld auf vorausbezahlten Karten)

Die Geldmengendefinition M1 des ESZB ist im Prinzip etwas enger als die Definition der Deutschen Bundesbank, da sie nicht die Einlagen mit einer Fälligkeit von über einem Tag bis zu einem Monat enthält.

Die **Geldmengen M2** sind wie folgt definiert:

Deutsche Bundesbank bis Ende1998	ESZB ab Anfang 1999
M1 zuzüglich Termineinlagen mit einer Befristung bis unter 4 Jahren	M1 zuzüglich Einlagen mit einer vereinbarten Laufzeit von bis zu zwei Jahren und Einlagen mit einer vereinbarten Kündigungsfrist von bis zu drei Monaten.

Die Geldmenge M2 des ESZB entspricht weitgehend der Geldmenge M3 der Deutschen Bundesbank wie die Definitionen der M3-Geldmengen zeigen, denn in der Geldmenge M3 der Bundesbank waren auch die Spareinlagen mit vereinbarter Kündigungsfrist von drei Monaten enthalten.

Interessant ist bei der Geldmenge M3 der EZB, daß sie nicht nur Verbindlichkeiten des Geldschöpfungssektors gegenüber den Nicht-MFIs enthält, sondern auch Verbindlichkeiten der Zentralregierungen gegenüber diesem Sektor.
Es handelt sich hier um die Verbindlichkeiten von Post- und Schatzämter sowie staatliche Sparkassen, sofern sie keine Kreditinstitutseigenschaften haben, aber Einlagen annehmen können.[1]

---

[1] In Deutschland nicht relevant

Die unterschiedlichen Geldmengen wurden geschaffen, um einerseits reine Umschichtungen bei den Geldanlagen erkennen zu können, andererseits aber auch um diese Umschichtungseffekte zu eliminieren.

Geldmengen M3:

Deutsche Bundesbank bis Ende 1998	ESZB ab Anfang 1999
Bargeldumlauf + Sichteinlagen (= Einlagen mit Befristung bis unter einem Monat; einschließlich Repogeschäfte[1]) + Termineinlagen mit vereinbarter Laufzeit bis unter vier Jahren einschließlich Repogeschäfte + Spareinlagen mit vereinbarter Kündigungsfrist von drei Monaten	Bargeldumlauf + Täglich fällige Einlagen (einschließlich monetäre Verbindlichkeiten der Zentralregierungen) + Einlagen mit vereinbarter Laufzeit bis zu zwei Jahren (einschl. monetäre Verbindlichkeiten der Zentralregierungen) + Einlagen mit vereinbarter Kündigungsfrist bis zu drei Monaten (einschl. monetärer Verbindlichkeiten der Zentralregierungen) + Begebene Geldmarktfondsanteile und Geldmarktpapiere (netto) + Begebene Schuldverschreibungen mit vereinbarter Laufzeit von bis zu zwei Jahren (netto) + Repogeschäfte

Ein Beispiel anhand der Geldmengen der Deutschen Bundesbank soll dies erläutern: Wandelte eine Nichtbank Termineinlagen in Sichteinlagen um, so stieg M1 und M2 nahm ab. Eine derartige Umschichtung ist für eine Zentralbank nicht uninteressant, da diese Umschichtung eventuell zu einer erhöhten Nachfrage nach Gütern führen könnte. Es könnte aber auch sein, daß die Nichtbank das Sichtguthaben hält, um später Wertpapiere kaufen zu können, um eine höhere Rendite zu erzielen im Vergleich zu der Verzinsung als Termineinlage.

Bei einer Umschichtung von Termineinlagen zu Spareinlagen handelt es sich um eine reine Portfolio-Umschichtung einer Nichtbank in Form einer Umwandlung von Termineinlagen in Spareinlagen.

---

[1] Unter Repo (repurchasing operations) werden Offenmarktgeschäfte mit Rückkaufvereinbarung verstanden, auch Wertpapierpensionsgeschäfte genannt, die entweder zwischen der Zentralbank und den Geschäftsbanken oder zwischen den Geschäftsbanken und Nichtbanken bzw. Nicht-MFIs abgeschlossen werden können.
Die Nichtbanken verkaufen beispielsweise Wertpapiere an die Geschäftsbanken, mit der Vereinbarung, sie zu einem bestimmten Termin wieder zurückzukaufen. (Vgl. dazu auch Peto, R.: Geldtheorie, S. 206 ff.)

Diese Umschichtungen sind damit in aller Regel im Zusammenhang mit Zinssatzänderungen (Renditeüberlegungen) zu sehen.

Um auch diese Umschichtungseffekte (Portfolioeffekte) zu eliminieren, hat die Bundesbank die Geldmenge M3 geschaffen, die auch die Spareinlagen umfaßt.
Mit **M3** wurde daher eine sehr breite Geldmenge definiert, die zinsbedingte Umschichtungen zwischen Termin- und Spareinlagen ausschaltete. Sie war deshalb nach Meinung der Deutschen Bundesbank in besonderem Maße als Indikator für die Zentralbank geeignet.[1]
Sie dient aber auch von 1987-1998 gleichzeitig als **Zwischenzielgröße** für die Zentralbank.[2]

Die Bundesbank ging dabei davon aus, daß dieser Indikator

- hinlänglich von ihr kontrollierbar sei,
- die Grundtendenz der monetären Entwicklung richtig wiedergäbe und
- in engem Zusammenhang mit der wirtschaftlichen Entwicklung stehe.

Diese Zwischenzielgröße sollte kontinuierlich ausgeweitet werden, denn das Ziel der Deutschen Bundesbank war es nicht, eine antizyklische Konjunkturpolitik zu betreiben, sondern nur die Preisstabilität anzustreben als Voraussetzung für eine Konjunkturstabilisierung.
Sie war auf der Suche nach der **optimalen Geldmenge,** einer Geldmenge, die einerseits in dem Maße wächst, um ein angemessenes Wirtschaftswachstum zu ermöglichen aber andererseits nicht zu groß ist, um das Ziel „Preisstabilität" zu gefährden. Sie verfolgte damit ein **monetaristisches Konzept**.[3]

Die Festlegung des jährlichen Geldmengenziels erfolgt jeweils im 4. Quartal.
Dabei werden folgende Größen berücksichtigt:
1. Die Wachstumsrate des realen Bruttoinlandsprodukts,
2. die erwartete Inflationsrate und
3. die Umlaufsgeschwindigkeit.[4]

Die Bundesbank wollte mit der Festlegung und Veröffentlichung eines Geldmengenziels für alle Wirtschaftssubjekte eine Orientierungsgröße geben, die ihre geldpolitischen Absichten deutlich machte.
Beobachtet man die Entwicklung seit Einführung des Geldmengenziels, so ist festzustellen, daß die Bundesbank zwar ihr Geldmengenziel als Zwischenziel nur in etwa 50 % der Fälle erreicht hat, ihr oberstes Ziel „Preisstabilität" aber zu 90 %.[5]

---

[1] Die Bundesbank war auch mit dieser M3-Größe nicht zufrieden und hat daher die erweiterte Geldmenge M3e geschaffen, die auch Einlagen inländischer Nichtbanken bei Auslandsfilialen und Auslandstöchtern inländischer Kreditinstitute sowie den Bestand an Inhaberschuldverschreibungen erfaßte
[2] Von 1974 bis 1987 hatte die Bundesbank den Indikator „Zentralbankgeldmenge" verwendet. (Vgl. Peto, R.: Geldtheorie, S. 20 ff., S. 220 ff.)
[3] Zum monetaristischen Konzept und zur Geldmengenpolitik der Deutschen Bundesbank vgl. Peto, R.: Geldtheorie, S. 141 ff. und S. 220 ff.
[4] Die Bundesbank verwendete allerdings nicht das Bruttoinlandsprodukt sondern das „Produktionspotential" (also das „mögliche" Bruttoinlandsprodukt), das sie zu diesem Zwecke mit Hilfe einer makroökonomischen Produktionsfunktion ermittelte (Vgl. MB 8/95, S. 431 ff. ; Peto, R.: Geldtheorie, S. 220 ff.).
[5] Zu Frage der Realisierung des Geldmengenziels seit 1975 vgl. Peto: Geldtheorie, S. 225ff.

Trotz dieser Tatsache hat die Bundesbank an ihrem Konzept festgehalten und es in das Europäische System der Zentralbanken (ESZB) eingebracht.

Allerdings verfolgt die **Europäische Zentralbank zwei Strategien**, und zwar

- die Festlegung eines Geldmengenziels als Zwischenziel und die
- direkte Festlegung und Ansteuerung eines Preisstabilitätsziels.[1]

Die EZB spricht in diesem Zusammenhang nicht von einem Geldmengenziel, sondern nur von einem **Referenzwert**, da es ihrer Meinung nach für ein Ziel klare zeitliche Vorgaben mit der Verpflichtung gäbe, Rechenschaft abzulegen.[2]
Bei der Festlegung des Referenzwertes am 1.12.98 für 1999 von 4,5 % Wachstum der M3-Geldmenge ging die EZB von drei Annahmen aus:

- Der Anstieg des HPVI gegenüber dem Vorjahr muß unter 2 % liegen.
- Das mittelfristige Trendwachstum des realen BIP soll zwischen 2 % und 2,5 % pro Jahr liegen.
- Die Umlaufsgeschwindigkeit von M3 verringert sich mittelfristig um ca. 0,5 bis 1 % jährlich.

Die nachfolgende Tabelle 12.01 zeigt die zeitliche Entwicklung der Geldmengen des Euroraumes mit ihren Komponenten.
Es ist hier die bereits erwähnte Tatsache zu beobachten, daß es zwar erhebliche Änderungen bei den einzelnen Teilkomponenten durch Portfolioumschichtungen geben kann, die sehr weite Geldmenge M3 der EZB aber fast unberührt bleibt.
So gab es im Dezember 1998 eine Verminderung der Schuldverschreibungen bis zu zwei Jahren um 16,3 % und eine Erhöhung der täglich fälligen Einlagen um 5,3 %. Während sich die Geldmenge M2 um 3,4 % erhöhte, wirkten sich alle Umschichtung auf die Geldmenge M3 nur minimal aus: Sie erhöhte sich nur um 1,7 %.
Diese Effekte können auch aus Abbildung 12.01 entnommen werden: Während bei den Geldmengen M1 und M2 starke Schwankungen zu verzeichnen sind, verlief die Entwicklung der Geldmenge M3 relativ gleichmäßig.
Abbildung 12.01 zeigt nochmals graphisch die tatsächliche Entwicklung der Geldmengen M1, M2 und M3 der EZB.
Seit Anfang 1999 wurde die Referenzgröße für M3 bisher leicht überschritten, wie der Graphik zu entnehmen ist.
Das besagt allerdings noch nichts über die Gesamtentwicklung 1999, da die Geldmenge ja im Durchschnitt wachsen soll. Die EZB benutzt für ihre Darstellung gleitende Dreimonatsdurchschnitte, so daß Zufallsschwankungen in der einzelnen Monate etwas ausgeschaltet werden.

---

[1] Vgl. dazu: Europäisches Währungsinstitut: Die einheitliche Geldpolitik in Stufe 3 – Festlegung eines Handlungsrahmens, Januar 1997 und Deutsche Bundesbank: Geldpolitische Strategien in den Ländern der Europäischen Union, in: MB 1/98, S. 33 ff.
[2] Zu den folgenden Ausführungen vgl. EZB Jahresbericht 1998, S. 52 ff.

Tabelle 11.01: Geldmengen des Nicht-MFI-Sektors
(Mrd. Euro)

Ende	M3	M2	M1	Bargeld	täglich fällige Einlagen	Einlagen bis zu 2 J.	Einlagen bis zu 3 Mon.	Repogeschäfte	Geldmarktpapiere	Schuldverschreib. bis 2 J.
1/98	4251	3651	1565	311	1254	908	1178	217	308	74,8
2/98	4258	3653	1566	312	1254	905	1182	216	310	79,7
3/98	4267	3658	1596	312	1284	879	1183	212	311	85,9
4/98	4302	3688	1611	315	1296	893	1185	207	321	86,4
5/98	4325	3708	1630	317	1313	889	1189	208	319	89,5
6/98	4310	3703	1642	316	1362	871	1189	203	315	88,7
7/98	4322	3690	1628	321	1322	873	1190	216	322	94,3
8/98	4339	3715	1643	315	1313	879	1193	208	326	88,9
9/98	4318	3706	1649	312	1331	865	1193	208	323	81,2
10/98	4344	3712	1649	313	1335	867	1196	218	329	84,6
11/98	4373	3761	1691	314	1377	871	1199	198	332	81,8
12/98	4448	3889	1773	324	1449	885	1231	178	312	68,5
1/99	4492	3916	1787	314	1474	881	1247	173	349	55,5
2/99	4480	3874	1755	313	1442	867	1251	185	364	57,3
3/99	4494	3898	1772	318	1455	876	1249	180	368	48,9
4/99	4525	3917	1793	320	1473	870	1254	173	382	53,7
Veränderung gegenüber dem Vormonat										
2/98	0,2	0,0	0,1	0,1	0,0	-0,4	0,3	-0,4	0,6	6,6
3/98	0,2	0,1	1,9	0,0	2,4	-2,9	0,2	-1,9	0,5	7,8
4/98	0,8	0,8	0,9	1,0	0,9	1,6	0,1	-2,6	3,1	0,6
4/98	0,5	0,5	1,2	0,8	1,3	-0,4	0,3	0,8	-0,5	3,6
6/98	-0,4	-0,2	0,7	-0,5	3,7	-2,0	-0,0	-2,3	-1,3	-0,9
7/98	0,3	-0,3	-0,9	1,6	-2,9	0,1	0,1	5,9	2,3	6,3
8/98	0,4	0,7	1,0	-1,8	-0,7	0,8	0,3	-3,4	1,2	-5,7
9/98	-0,5	-0,2	0,3	-1,0	1,4	-1,7	0,0	-0,2	-1,1	-8,7
10/98	0,6	0,2	0,0	0,5	0,3	0,3	0,3	5,1	1,9	4,2
11/98	0,7	1,3	2,6	0,3	3,1	0,4	0,2	-9,1	1,0	-3,3
12/98	1,7	3,4	4,8	3,0	5,3	1,6	2,7	-10,3	-6,0	-16,3
1/99	1,0	0,7	0,8	-3,2	1,7	-0,4	1,3	-3,1	11,7	-19,0
2/99	-0,3	-1,1	-1,8	-0,2	-2,2	-1,6	0,3	7,1	4,4	3,2
3/99	0,3	0,6	1,0	1,5	0,9	1,0	-0,2	-2,8	1,0	-14,7
4/99	0,7	0,5	1,2	0,7	1,3	-0,7	0,4	-3,7	3,8	9,8

Die Geldmengenaggregate umfassen die monetären Verbindlichkeiten der MFIs und des
Zentralstaates (Post, Schatzämter) gegenüber im Eurogebiet ansässigen Nicht-MFIs
(ohne Zentralstaat)
Quelle: EZB MB 6/99, S. 14*

In Abbildung 12.01 ist auch die anteilige Entwicklung der EZB-Geldmenge M3 (D) in Deutschland dargestellt, die immerhin etwa ein Viertel der gesamten Geldmenge ausmacht, weshalb sie ingesamt den gleichen Trend anzeigt wie die gesamte Geldmenge des Europäischen Währungsgebiets.

Abb.12.01: Geldmengen
Ziel und laufende Entwicklung

Quelle: EZB MB 6/99,14*;MB 6/99,13*

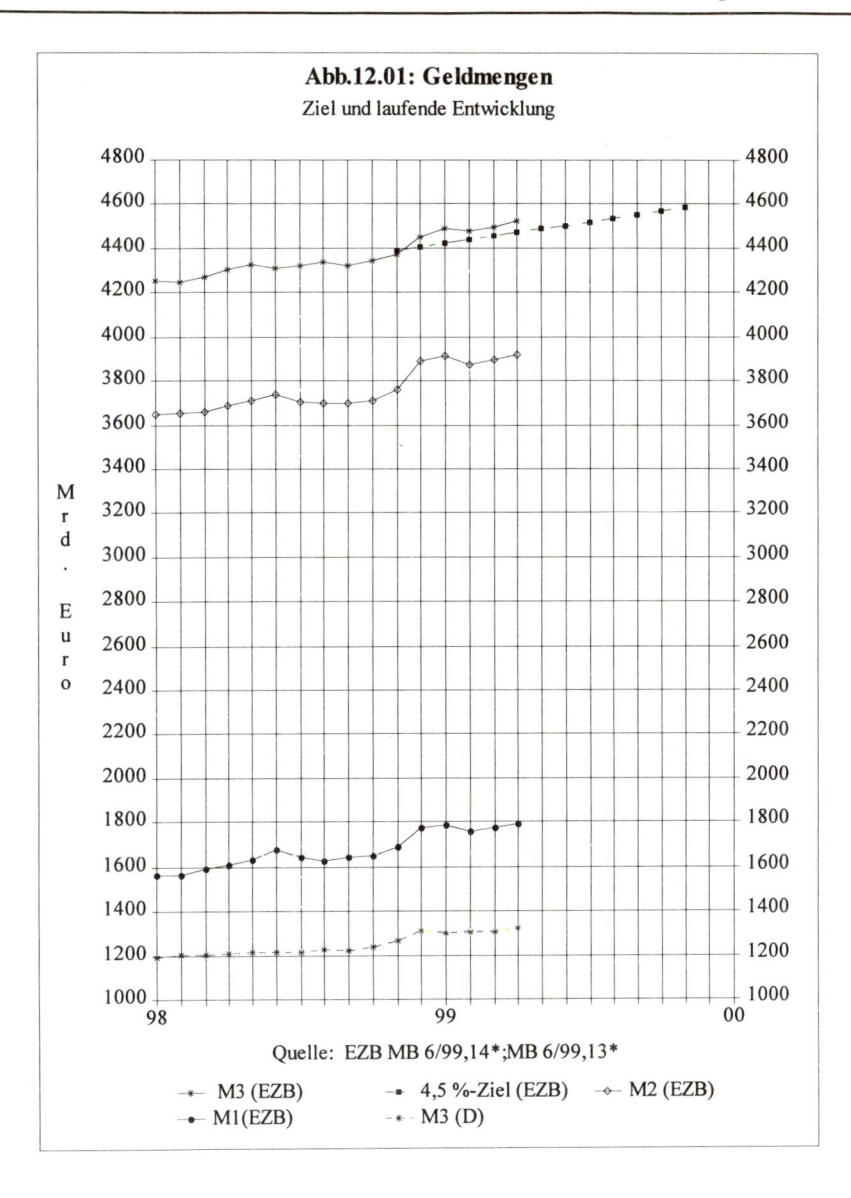

— M3 (EZB)   — 4,5 %-Ziel (EZB)   — M2 (EZB)
— M1(EZB)   — M3 (D)

12.1.2 Allgemeine Wirtschaftsindikatoren

Aus der Vielzahl der Indikatoren sollen
- die Inflationsraten,
- die Arbeitslosenquoten,
- die realen Wachstumsraten des Bruttoinlandsprodukts und seine Verwendung und
- die Staatverschuldung

dargestellt werden.

12.1.2.1 Inflationsraten

Wie bereits dargelegt, ist das primäre Ziel der Europäischen Zentralbank (nach dem Vertrag von Maastricht) die „Preisstabilität".
Die EZB hat diesen Indikator quantitativ definiert: Nach Ansicht des EZB-Rates, liegt Preisstabilität bei
„einem Anstieg des Harmonisierten Verbraucherpreisindex (HPVI) für das Euro-Währungsgebiet von unter 2 % gegenüber dem Vorjahr"[1]
vor.
Genauso wie die Deutsche Bundesbank begründet der EZB-Rat diese Toleranzgrenze, daß ein Teil der Preiserhöhungen systematisch bedingt ist, und zwar durch die Verwendung des Laspeyres-Preisindex'.[2] Der EZB-Rat betont allerdings auch, daß seiner Meinung nach anhaltende Rückgänge des HPVI-Index' (Deflation) ebenfalls mit der Preisstabilität unvereinbar wären.
Tabelle 12.02 macht deutlich, daß die Inflationsrate 1998 innerhalb der EWU von 1,6 % im Vorjahr weiter auf 1,1 % gesunken ist. Dies ist allerdings vor allen Dingen auch auf die gesunkenen Energiepreise (und Rohstoffpreise) im Jahre 1998 (–2,6 %) gegenüber 1997 zurückzuführen.
Die Warenpreise insgesamt stiegen nur um 0,6 %. Auch der Preisanstieg für Dienstleistungen ging 1998 auf 2 % zurück.

Eine Analyse der Inflationsraten der Mitglieder der Europäischen Währungsunion in Tabelle 12.03 bestätigt diese Tendenz: Bis auf Irland und Portugal lag die Inflationsrate in allen Ländern unter 2 % im Jahre 1998 und Anfang 1999.
Die Inflationsraten von Irland und Portugal waren aber sehr nahe an der 2 %-Marke.

Man kann also sagen, daß das Ziel „Preisstabilität" bis jetzt in der Europäischen Währungsunion erreicht ist.

---

[1] EZB Jahresbericht 1998, S. 51
[2] Vgl. S. 150 f.

Tab. 12.02: Preisentwicklung im Euro-Währungsgebiet
 (Harmonisierter Verbraucherpreisindex
 und seine Komponenten)
 (in % des Vorjahres, bzw. des Vorjahresquartals)

	1996	1997	1998	1. Quartal 1999
Gesamtindex	2,2	1,6	1,1	0,8
darunter:				
Waren	1,8	1,1	0,6	0,3
Nahrungsmittel	1,9	1,4	1,6	1,3
Verarbeitete Nahrungsmittel	1,9	1,4	1,4	1,2
Unverarbeitete Nahrungsmittel	1,8	1,4	2,0	1,4
Industrieerzeugnisse	1,8	1,0	0,1	-0,2
Industrieerzeugnisse (außer Energie)	1,6	0,5	0,9	0,8
Energie	2,6	2,8	-2,6	-3,8
Dienstleistungen	2,9	2,4	2,0	1,7

Quelle: EZB MB 6/99, S. 20

Tab. 12.03: Verbraucherpreisindizes der einzelnen Länder der EWU
 (HVPI in %)

	1996	1997	1998	1/99	2/99	3/99
EWU	2,2	1,6	1,1	0,9	0,8	0,8
Belgien	1,8	1,5	0,9	0,7	0,6	0,7
Deutschland	1,2	1,5	0,6	0,4	0,4	0,2
Finnland	1,1	1,2	1,4	1,1	0,9	0,8
Frankreich	2,1	1,3	0,7	0,5	0,2	0,3
Irland	2,2	1,2	2,1	2,6	2,2	2,2
Italien	4,0	1,9	2,0	1,9	1,7	1,7
Luxemburg	1,2	1,4	1,0	0,5	0,5	0,4
Niederland	1,4	1,9	1,8	1,5	1,5	1,5
Österreich	1,8	1,2	0,8	0,7	0,5	0,5
Portugal	2,9	1,9	2,2	2,5	2,6	2,8
Spanien	3,6	1,9	1,8	1,6	1,4	1,4

Quelle: MB 6/99, S. 7*

12.1.2.2 Bruttoinlandsprodukt

Die Wachstumsrate des Bruttoinlandsprodukts der EWU ist von 2,5 % (1997) auf 3 % (1998) gestiegen, aber im 1. Quartal 1999 auf 1,8 % zurückgegangen, wie aus Tabelle 12.04 zu erkennen ist.
Dieser Rückgang Anfang 1999 ist nicht zuletzt auch auf die Entwicklung in Deutschland zurückzuführen, denn die Wachstumsrate in Deutschland ging von 2,3 % (1998) auf 0,7 % (1. Quartal 1999) zurück. Hohe Wachstumsraten sind dagegen in Irland und Finnland zu verzeichnen.

Tab. 12.04: reale Wachstumsraten des BIP der einzelnen Länder der EWU (in %)

	1996	1997	1998	1. Quartal 1999
EWU	1,3	2,3	2,8	1,8
Belgien	0,9	3,2	2,9	1,6
Deutschland	0,8	1,8	2,3	0,7
Finnland	3,6	6,0		
Frankreich	1,6	2,3	3,2	
Irland	7,4	9,8		
Italien	0,7	1,5	1,4	
Luxemburg	3,0	3,7		
Niederlande	3,1	3,6	3,8	3,0
Österreich	2,0	2,5	3,3	1,1
Portugal	3,2	3,5		
Spanien	2,4	3,5	3,8	

Diese stark differierenden Wachstumsraten zeigen, daß im der EWU noch keine einheitliche konjunkturelle Entwicklung festzustellen ist. Für die EZB bestehen damit nur begrenzte Möglichkeiten, bei ihrer Geldpolitik die konjunkturelle Situation zu berücksichtigen.
Der Rückgang im ersten Quartal 1999 des BIP auf 1,8 % läßt weitere Probleme mit der Beschäftigung befürchten, da diese Wachstumsrate sicher nicht ausreichend ist für eine höhere Beschäftigung.

Was nun die insgesamt positive Entwicklung des Wachstums im Jahre 1998 für die EWU betrifft, so ist diese Entwicklung vor allen Dingen auf die Steigerungen des Exports von 6 % (1998) und weniger auf die Steigerung der Inlandsnachfrage von 3,4 % (1998) zurückzuführen (Tab. 10.05).
Weiterhin interessant ist die Verwendungsstruktur des realen Bruttoinlandsprodukts der Europäischen Währungsunion (Tab. 12.05): Während die Konsumquote in Prozent des Inlandsprodukts bei 56 % (1998) lag, betrug der staatliche Konsum ca. 20 %. Hier ergeben sich keine gravierenden Unterschiede zu den der Verwendungsrechnung für die Deutschland.

Allerdings liegen die Exportquoten mit 33,4 % und mit Importquote mit 31,2 % in der Europäischen Währungsunion höher als in Deutschland.

Tab. 12.05: reale Wachstumsraten des BIP der EWU
(und Änderungsraten der Verwendungsseite
gegenüber dem Vorjahr in %)

	1996	1997	1998
BIP (real)	1,6	2,5	3,0
darunter:			
Inlandsnachfrage	1,1	1,9	3,4
Privater Konsum	1,9	1,4	3,0
Staatskonsum	1,7	0,3	0,4
Bruttoanlageinvestition	0,4	2,1	4,2
Vorratsveränderung	-0,4	0,5	0,5
Außenbeitrag	0,4	0,7	-0,2
Export	4,4	10,3	6,0
Import	3,3	9,0	7,3

Tab. 12.06: Verwendung des Bruttoinlandsprodukts der EWU
(in Preisen von 1995)

	Mrd. Euro, bis Ende 98 in ECU			
	1995	1996	1997	1998
BIP (real)	5280,6	5356,9	5486,8	5631,7
darunter:				
Inlandsnachfrage	5150,8	5221,1	5307,1	5439,7
Privater Konsum	2990,2	3033,3	3084,9	3155,5
Staatskonsum	1084,6	1097,6	1100,5	1118,1
Bruttoanlageinvestition	1076,0	1090,2	1121,7	1166,1
Vorratsveränderung	27,9	10,9	33,3	68,9
Außenbeitrag	101,9	124,9	146,4	123,1
Export	1549,6	1622,7	1775,2	1882,2
Import	1447,7	1497,8	1628,8	1759,1

Quelle: EZB Monatsbericht 7/99, S. 26*

12.1.2.3 Arbeitslosenquote

Das Ziel „Vollbeschäftigung", das im Vertrag über die EU mit „hohes Beschäftigungsniveau" bezeichnet wird, ist nach den Tabellen 12.07 und 12.08 in der EWU mit einer Arbeitslosenquote (genauer: Erwerbslosenquote) von 10,4 % (Ende April 1999) nicht erreicht.
Deutschland liegt mit 9,1 % (Ende April 1999) etwas unter der EWU-Quote.

Sicher ist die Europäische Zentralbank überfordert, wenn von ihr gefordert wird, mit Hilfe der Geldpolitik eine Vollbeschäftigungspolitik zu betreiben. Sie ist aber dennoch gefordert, ihren Beitrag zu leisten, indem sie mit einer Niedrigzinspolitik die Voraussetzung für ein

Tab. 12.07: Arbeitslosenquoten in der EWU

	1996	1997	1998	Ende April 1999
EWU	11,6	11,6	10,9	10,4
Belgien	9,7	9,4	9,5	9,0
Deutschland	8,9	9,9	9,4	9,1
Finnland	14,6	12,7	11,4	10,6
Frankreich	12,4	12,3	11,7	11,3
Irland	11,6	9,8	7,8	6,8
Italien	12,0	12,1	12,2	
Luxemburg	3,0	2,8	2,8	2,9
Niederlande	6,3	5,2	4,0	
Österreich	4,4	4,4	4,7	4,5
Portugal	7,3	6,8	4,9	4,3
Spanien	22,2	20,8	18,8	17,3

Es handelt sich um standardisierte Quoten in % der zivilen Erwerbspersonen (Erwerbslosenquote)
Quelle: MB 6/99, S. 7*

Wirtschaftswachstum und damit für Vollbeschäftigung schafft.

12.1.2.4 Haushaltsdefizit

Eines der Hauptprobleme im Hinblick auf die Sicherung der Preisstabilität sind vorhandene Defizite in den Staatshaushalten der einzelnen Länder.

Nicht ohne Grund wurde gerade für die Aufnahme der Länder in die EWU u.a. die Einhaltung bestimmter **Konvergenzkriterien** bezüglich der Staatsverschuldung gefordert: So durfte das geplante und tatsächliche Finanzierungsdefizit der öffentlichen Haushalte eines Landes 3 % des Bruttoinlandsprodukts zu Marktpreisen nicht übersteigen.[1]

Während diese Grenze von vielen Ländern (auch von Deutschland) noch 1996 überschritten wurde (Tabelle 12.08), kann für 1997 und 1998 insgesamt ein Rückgang unter 3 % und für die EWU insgesamt auf 2,1 % festgestellt werden. Sicher ein großer Erfolg der EWU.

Trotzdem sind die Neuverschuldungen einzelner Länder wie Belgien und Italien immer noch zu hoch wie Tabelle 12.08 deutlich macht.

---

[1] Vgl. Peto, R.: Geldtheorie, S. 250

Tab. 12.08: Haushaltsüberschüsse (+) oder -defizite (-) der Länder der EWU (in % des BIP)

	1995	1996	1997	1998
EWU	-4,8	-4,1	-2,5	-2,1
Belgien	-4,0	-3,1	-1,9	-1,3
Deutschland	-3,3	-3,4	-2,7	-2,1
Finnland	-4,6	-3,1	-1,2	1,0
Frankreich	-4,9	-4,1	-3,0	-2,9
Irland	-2,1	-0,3	1,1	2,3
Italien	-7,7	-6,6	-2,7	-2,7
Luxemburg	1,8	2,8	2,9	2,1
Niederlande	-4,0	-2,0	-0,9	-0,9
Österreich	-5,1	-3,7	-1,9	-2,1
Portugal	-5,7	-3,3	-2,5	-2,3
Spanien	-7,1	-4,5	-2,6	-1,8

Die nationalen BIP- und Defizitgrößen wurden zur Berechnung der Aggregate für das Euro-Währungsgebiet zum jeweiligen Jahresdurchschnittswechselkurs in ECU gerechnet.
Quelle: EZB Jahresbericht, S. 35

Tab. 12.09: Bruttoverschuldungszunahme der Länder der EWU (in Mrd. ECU)

	1995	1996	1997	1998
EWU	73,4	75,0	74,6	73,8
Belgien	132,2	128,0	123,4	117,3
Deutschland	58,3	60,8	61,5	61,0
Finnland	58,1	57,8	54,9	49,6
Frankreich	52,8	55,7	58,1	58,5
Irland	78,9	69,4	61,3	52,1
Italien	125,3	124,6	122,4	118,7
Luxemburg	5,8	6,3	6,4	6,7
Niederlande	79,0	77,0	71,2	67,7
Österreich	69,4	69,8	64,3	63,1
Portugal	65,9	64,9	61,7	57,8
Spanien	64,2	68,6	67,5	65,6

Die nationalen Schuldenstände wurden zur Berechnung der Aggregate für das Euro-Währungsgebiet zu Wechselkursen zum Jahresende in ECU umgerechnet.
Quelle: EZB Jahresbericht, S. 35

Ein weiterer interessanter Aspekt ist die Frage, welche Länder das zweite Verschuldungskriterium des Maastrichter Vertrages zur Teilnahme an der Europäischen Währungsunion erfüllt haben, nämlich einen Bruttoschuldenstand der öffentlichen

**Tab. 12.10: Staatliche Verschuldung in % des BIP
der Länder der EWU (Maastricht-Kriterium)
(in Mrd. ECU)**

	1997	1998
Belgien	123,4	117,3
Deutschland	61,5	61,1
Finnland	54,9	49,6
Frankreich	58,1	58,5
Irland	61,3	52,1
Italien	122,4	118,7
Luxemburg	6,4	6,7
Niederlande	71,2	67,7
Österreich	64,3	63,1
Portugal	61,7	57,8
Spanien	67,5	65,6

Quelle: MB 8/99, S. 7*

Haushalte eines Landes von maximal 60 % des Bruttoinlandsprodukts aufzuweisen.[1]
Tabelle 12.10 gibt darüber Auskunft:
Die Länder mit dem besonders hohen Schuldenstand waren Belgien und Italien, während sechs Länder etwas darüber lagen (Deutschland, Irland, Niederlande, Österreich, Portugal, Spanien) und nur drei Länder (Finnland, Frankreich, Luxemburg) das Kriterium erfüllten.

---

[1] Zu den Maastricht-Kriterien vgl. Peto, R.: Geldtheorie, S. 250 ff.

Kontrollfragen zu Kapitel 12

1. Welche Funktionen muß das gesetzliche Zahlungsmittel in einer Volkswirtschaft erfüllen, damit es auch im ökonomischen Sinne als Geld anerkannt wird?
2. In welchen Formen tritt Geld in den modernen Volkswirtschaften auf?
3. Was versteht man unter „Near Money"?
4. In welche Sektoren werden die Wirtschaftseinheiten eingeteilt, damit monetäre Globalgrößen gebildet werden können?
5. Erklären Sie die Geldmengen M1, M2 und M3 der Europäischen Zentralbank!
6. Welche Geldmengen enthalten „Near Money"?
7. Welche Nachteile hat die ausschließliche Verwendung der Geldmengen M1 und M3 als Indikatoren?
8. Welche Anforderungen stellte die Bundesbank an einen Indikator, der als Zwischenzielgröße dienen soll?
9. Wie sieht das geldpolitische Konzept der Europäischen Zentralbank aus?
10. Nennen Sie die beiden Maastricht-Konvergenzkriterien im Hinblick auf die staatliche Verschuldung!

Literaturhinweise zu Kapitel 12

Deutsche Bundesbank   Die Geldpolitik der Bundesbank, Oktober 1995

Europäische Zentralbank   Jahresbericht 1998, Frankfurt/Main 1999

Jacob, K.-D.   Geldlehre, Wiesbaden 1981

Peto, R.   Geldtheorie und Geldpolitik, München 1993

Autorenverzeichnis

Auge, M. 130
Bartels, H. 152, 160
Baßeler, U. 202
Böhm-Bawerk, E. von 22
Bolleyer, R. 187
Borchert, M. 148
Brümmerhoff, D. 33, 46, 90, 128, 160
Bücker, R. 160
Carli, G. R. 149
Clark, D. 116
Elbel, G. 160
Engel, E. 152
Engels, W. 198, 202
Essig, H. 98, 103
Fischbach, R. 121, 128
Föhl, C. 22
Fourastié, J. 116 f.
Franke, H. 184
Galbraith, J. K. 199
Glastetter, W. 148
Goldsmith, R. W. 190
Guitton, H. 25
Hamer, G. 134
Hartmann, H. 98, 103
Harvey, W. 25
Haslinger, Fr. 33, 90
Hilzenberger, M. 130
Jacob, K.-D. 220
Kellerer, H. 149, 151 160
Keynes, J.M. 22, 32 f., 163
Köhler, S. 189
Kraus, W. 22, 33
Krelle, W. 33, 46, 199, 201
Krüsselberg, H.-G. 130
Laspeyres, E. 150
Leontief, W. 121
Lützel, H. 98, 189 f., 202
Marx, K. 22
Molinier, J. 22, 25
Neisser, H. 22
Nordhaus, W. 131, 134
Ollmann, P. 134
Paasche, H. 150
Phillips, A.W. 175 ff.
Pohl, R. 160
Quesnay, Fr. 22, 22-26

Rose, K. 148
Ruggles, N. u. R. 90
Sablotny, H. 188, 198 ff., 201 f.
Samuelson, P. A. 131, 134, 164
Sauerheimer, K. 148
Say, J. B. 23
Schachtschabel, H.G. 25
Schäfer, D. 187
Schneider, E. 22, 33, 90
Schunck, J. 199
Schwabe, H. 152
Siebert, H. 177
Siebke, J. 199
Stahmer, C. 132
Stobbe, A. 15, 28, 33, 90, 148, 185 ff., 202
Tobin, J. 131, 134
Villey, D. 25
Wagemann, E. 22
Wagner, A. 118
Walras, L. 121
Woll, A. 160
Zickler, D. 198 f.

Stichwortverzeichnis

Abschreibungen 35
Ab-Werk-Preis 125
Ab-Zoll-Preis 125
Anlagegüter 49
Anlagevermögen 28, 188 ff.
Anschaffungspreis 27
Arbeitnehmerquote 110
Arbeitslose 161 ff.
Arbeitslosenquote 163
Arbeitslosigkeit (Arten) 163 ff.
Arbeitsmarkt 161
Arbeitsproduktivität 105 f., 178, 192
Ausgabenkonzept 56
Ausländer s. Gebietsfremde
Ausland 40
Auslandskonto 69 f.
Außenbeitrag 41
Außenkonto s. Auslandskonto
Bankensektor 78, 205
Bargeldumlauf 205
Basisjahr 151
Berichtsjahr 151
Bestandsänderungsrechnung 17
Bestandsrechnung 17
Betriebsüberschüsse (priv. Haushalte) 53
Bewertung 27
Bilanz der
- Direktinvestitionen 138 f.
- der Erwerbs- und Vermögenseinkommen 136
- der laufenden Übertragugen 137
- des Kreditverkehrs 138
- der Veränderung der Währungsreserven 141
- der Vermögensübertragungen 137 f.
Bruttoanlageinvestition des Staates 55, 64 f.
Bruttoausweis 29
Bruttoinlandsprodukt (zu Marktpreisen) 73, 129
Bruttoinvestition 35
Bruttonationaleinkommen 73 f.
Bruttoproduktionswert 37, 56, 70
Bruttosozialprodukt zu Marktpreisen 73, 129
Bruttovermögen 28
Bruttowertschöpfung 51
Devisenbilanz 141
Dienstleistungsbilanz 136
Dienstleistungsgesellschaft 116 f.
Einkommen der privaten Haushalte 53, 59 f.

Einkommen vor Steuerabzug 88
Einkommensentstehungskonto 92 f.
Einkommenskonto 20
- der Kapitalgesellschaften 38
- nationales 62, 74 ff.
- der privaten Haushalte 59
- des Staates 60 f.
Einkommensumverteilungskonto 92, 94, 96
Einkommensverteilung 59, 74 f., 110 ff.
Einkommensverteilungskonto 92, 94
Einkommensverwendungskonto 92, 95
Elendsindex 177
Ersparnis
  geplante und ungeplante 36 f.
  der Kapitalgesellschaften 58
  der privaten Haushalte 35, 59
  des Staates 40, 60 f.
Erwerbslose 162
Erwerbslosenquote 163
Erwerbspersonen 161 f.
Erwerbstätige 161 f.
ESVG 95: 98, 193 ff.
EWU 203 ff.
ex ante-Analyse 15
Exporteinnahmen 41
Exportquote 118 f.
Export von Gütern 41
ex post-Analyse 15
Faktoreinkommen 40
  an das Ausland 41, 87 f.
  vom Ausland 41, 87 f.
  an private Haushalte 59
  des Staates 61
Faktorkosten 73
Finanzierungskonto 66, 76 f.
Finanzierungsrechnung 78 ff.
Finanzierungssaldo 43
Finanzsektor 42
Fluktuationsarbeitslosigkeit 163 f.
Flußdiagramm 18 f.
Freizeit 130
Gastarbeiterüberweisungen 136
Gebietsansässige 73
Gebietsfremde 73
Geldarten 204
Gelddefinition 204

Geldfunktionen 203 f.
Geldmengen 204 ff.
Geldmengenziele 208 ff.
Geldvermögensbildung 78
Gesamtwirtschaftlicher Nettonutzen 131 f.
Gewinnquote 110
Gewinne (unverteilte) 58
Gleichgewicht
 außenwirtschaftliches 142 ff.
 globales und totales 23
Güter
 gesamt Verwendung 97, 123
Güterkonto (zusammengefaßtes) 97
Gütersteuern 60
Gütersubventionen 61
Handelsbilanz 135 f.
Hausfrauenarbeit 129 f.
Haushalt
 öffentlicher 17 f., 37, 99
 privater 17 f., 99
Haushaltsvermögen 186, 195, 199
Herstellungspreis 27, 100
Humankapital 187
Identitätsgleichung der
 Vermögensänderung 30
Importausgaben 41
Importquote 118 ff.
Import von Gütern 41
Individualkonsum 56, 102
Inflationsraten 155 ff., 212 f.
Inlandseinkommen 35, 58, 62, 72
Inlandsprodukt 73
Inländer s. Gebietsansässige
Inländerprodukt 73
Input 49
Input-Output-Tabellen 21
Investitionen
 Anlagen 63
 Arten von
 Bruttoinvestition 63
 geplante und ungeplante Investitionen 36
 Lagerinvestition 35, 63
Investitionsgüter 49
Investitionsquote 118
Kapitalbilanz 138

Kapitalgesellschaften 18
Kapitalintensität 192 f.
Kapitalkoeffizient 190 f.
Kapitalproduktivität 192
Kapitalstock 192
keynesianische Theorie 22
Klasseneinteilung nach Quesnay 25
klassisch-neoklassische Theorie 22
Kollektivkonsum 56, 102
Konsolidierung 29 f.
Konsum
 der privaten Haushalte 35
 des Staates 55 f.
Konsumfunktion 112 f.
Konsumquote 112 f., 118
Konten 47
 nationale 47
 sektorale 47
Kreislaufanalyse 19 f.
Kreislaufbiler 34 ff.
Kreislaufaxiom 21
Kurvendiagramme 18
Kurzarbeiter 163
Lagerbestandserhöhung
 eigener Erzeugnisse 35, 63
Lebensqualität 129
Leistungsbilanz 137
Löhne 59
Lohnquote 110
Lohnstückkosten 178 ff.
Marktpreis 27, 51
Matrix 21, 121 ff.
Measure of Economic Welfare 131
Merkantilismus 25
Methoden des VRW 18
Monetäre Finanzinstitute 205
Near Money 204
Net Economic Welfare 131
Nettoauslandsposition 195
 Änderung 41
Nettoausweis 30
Nettogläubigerposition 31
Nettoinländerprodukt zu Faktorkosten
 s. Volkseinkommen
Nettoinlandsprodukt zu Faktorkosten 73

Nettoinlandsprodukt (zu Marktpreisen) 58, 72 f.
Nettoinvestition
  geplante und ungeplante 36
Nettoposition 29
Nettoproduktionswert 37, 56, 71
Nettoschuldnerposition 31
Nettosozialprodukt zu Faktorkosten
  s. Volkseinkommen
Nettovermögen 28
Nichtbankensektor 205
Nichtbankunternehmen 205
Nichtmarktaktivität 54 ff.
Nicht-Monetäre Finanzinstitute 205
OECD 24
OEEC 24
offene Stellen 163
Physiokraten 25
Preisindizes 149 ff.
Preisniveaustabilität 15 f., 150
Primärverteilung 58
Private Haushalte 18, 99
Private Organisationen 18, 99
Produktion
  in privaten Haushalten 34, 52 ff.
  des Staates 37 ff., 54 ff.
Produktionsfaktoren 49
Produktionskonto
  einer Kapitalgesellschaft 48 ff.
  der Kapitalgesellschaften 51 ff.
  nationales 56 ff.
  der privaten Haushalte 52 ff.
  des Staates 54 ff.
Produktionskosten 27
Produktionspotential 208
Produktionsprozeß 49
Produktivität 105 ff., 192 ff.
Realvermögen 28
Rechnungswesen
  volkswirtschaftliches 15
Reinvermögen 28
Sachvermögen
  nichtreproduzierbares 186, 199 f.
  reproduzierbares 186, 190, 199 f.
Say'sches Theorem 22
Sektor (primärer, sekundärer und
  tertiärer) 116 ff.
Sektorenbildung17 f. 99

Sekundärverteilung 58
SNA 24
Sozialprodukt 129
Sparen (Definition) 30
Staatsausgaben für Güter 86
Stabilitäts- und Wachstumsgesetz 15 f.
Steuern (direkte und indirekte) 60
Strömerechnung 17
Subventionen 61
Tableau économique 25 f.
Teilvermögensrechnungen 189 ff.
Transaktionen, autonome und induzierte 143
Transferzahlungen an private Haushalte 61
Übertragungen
  an das Ausland und vom Ausland 41, 69 f.
Übertragungsbilanz (laufende) 137
Umlaufsgeschwindigkeit 208
Umweltbelastung 131
Umweltökonomische Gesamtrechnungen 132
Unterbeschäftigung 161
Unternehmen 17
Unternehmensgewinn 35, 53, 102
Verbindlichkeiten 28
Verbrauchskonzept 56
Verflechtungsmatrix s. Matrix
Vermögen
  immaterielles 186 ff., 194
Vermögensänderung 30
Vermögensänderungskonto
  der Kapitalgesellschaften 63
  nationales 65, 76
  der privaten Haushalte 63 f.
  des Staates 64
Vermögensbilanz 28, 193
Vermögensgüter 28
Vermögensrechnung 27
Verteidigungsausgaben 131
Volkseinkommen
  Pro-Kopf- 106 ff.
  Verteilung 74 ff., 110 ff.
  Verwendung des 86
Volksvermögen 27 ff., 185 ff.
Volkswirtschaftliche Gesamtrechnungen 91 ff.
Vollbeschäftigung 161
Vorleistungen 49
Vorprodukte 49
Vorratsvermögen 190, 194

VRW (Aufgaben) 15
Wachstumsraten 106 ff., 213 f.
Wägeschema 152 ff
Warenkorb 152
Wertpapierbilanz 139
Wertschöpfung 51
Wiederbeschaffungspreis 27
Wirtschaftseinheit 17 f.
Wirtschaftstheorie 16, 22 f.
Wohlfahrtsindikator 129
Wohnungsbauinvestitionen
 privater Haushalte 53 ff.
Zahlungsbilanz 135 ff.
Zentralbank 203
Ziele der Wirtschaftspolitik 15 f.